東京マネー・マーケット
〔第8版〕

東短リサーチ株式会社 編
加藤　出 編集代表

有斐閣選書

は し が き
——第8版の刊行にあたって——

『東京マネー・マーケット』の初版（森田達郎・原信編）は，1983（昭和58）年に刊行された。当時の東京市場は，「極東の一ローカル・マーケットから，国際的なセンターをめざしてテークオフしようとしていた時」だったと，第5版（1996年刊）の「はしがき」は回顧している。

初版の「はしがき」を改めて読み直してみたところ，次のような記述があった。

　　「戦後のめざましい経済発展の結果，わが国経済の各層における富の蓄積には著しいものがある。昭和50年代に入り経済成長率は低下し，『モノ』の流れの拡大テンポは鈍化したが，戦後長期にわたって蓄積された富を基盤とする『カネ』の流れはますます大きくなっている。今後わが国経済の国際化，自由化が進展するに伴って，この傾向はなお強まることであろう。」

こうした「『モノ』から『カネ』への経済の大きな流れの変化」が起きているにもかかわらず，

　　「金融市場とりわけいわゆる『マネー・マーケット』で実際に，どのような取引が，どのような仕組みで，どのような参加者によって行なわれているのか，どのような要因で金利が変動しているのかなどの問題を解明した書物はほとんどないといってよい。」

これをモチベーションとして，市場の第一線で実務に携わっていた東京短資株式会社のスタッフなどが執筆陣に加わり，本書の初版が作成されたのである。

それから 36 年が経過した。市場の変化に対応して改訂を重ね続けた結果、本書は、金融市場のプロフェッショナルや、金融当局、研究機関の面々から、「短期金融市場のバイブル」と評価していただける存在になった。そして東短グループ創業 110 周年にあたる本年、この第 8 版の刊行に至ることとなった。

従来と同様、マネー・マーケットの実務に精通した東短グループのブローカー（東短リサーチ研究員兼務）が執筆者の中心となっており、それが本書の最大のアピール・ポイントとなっている。コール、国庫短期証券（T ビル）、レポ、コマーシャル・ペーパー（CP）、譲渡性預金（CD）、外国為替、フォワード、OIS などデリバティブの取引の実際を、第 2 章から第 9 章にかけて、できるだけ平易に、かつ最新情勢も織り込みながら、詳細に解説している。

また第 1 章では、東京マネー・マーケットの概略、資金需給、準備預金制度などの説明に加え、日本銀行の現在のいわゆる異次元緩和策（量的・質的緩和策、マイナス金利、イールドカーブ・コントロールなど）についてもページを割いている。同政策は市場に大きな影響をもたらしているからである。

第 1 章でも触れているように、流動性が厚く、効率性が高いマネー・マーケットが存在することは、日本経済にとって非常に重要である。また近年は、身の回りに市場性の金融商品が増加しており、個人投資家も、金融機関の営業店で顧客に接する人々も、"市場リテラシー"を高めなければならない時代になっている。外国為替証拠金取引など高度の知識が必要とされる取引を行う人々も増えている。企業の財務担当者も、以前にも増して金融市場や金融政策に関する幅広い知識を必要とされる状況になっている。

その点で本書が、金融機関、機関投資家、企業等々の実務家や、研究者、個人投資家など、広範囲の方々のニーズに応えることができれば、執筆者一同にとって望外の幸せである。

なお，本書の作成にあたっては，初版以来の多くの編著者の方々の労作を参考にさせていただいた。初版から第7版までの編著者の方々に対して，執筆者一同，心から敬意と謝意を表したい。

また，今回の執筆に際してご支援やアドバイスをいただいた，東短グループ各社の役職員の方々にも御礼申し上げる。とりわけ，東京短資株式会社の柳田紘一代表取締役会長，後昌司代表取締役社長のご支援・ご協力に，深く感謝申し上げたい。

最後に，有斐閣書籍編集第二部の得地道代氏には，非常にタイトなスケジュールの中，大変なご尽力をいただいた。ここに厚く御礼申し上げる。

　　　2019年10月

　　　　　　東短リサーチ株式会社 代表取締役社長

　　　　　　　　　　加 藤 　 出

執筆者紹介

加藤 出（かとう・いずる） 編集代表，第1章
1988年，東京短資入社。
現在，東短リサーチ代表取締役社長・チーフエコノミスト，兼東京短資取締役。
主な著書に，『日銀は死んだのか？』（日本経済新聞社，2001年），『バーナンキの
FRB』（共著，ダイヤモンド社，2006年），『日銀，「出口」なし！』（朝日新聞出版，
2014年），『デジタル化する世界と金融』（共著，金融財政事情研究会，2020年）。

日向野 慶太（ひがの・けいた） 第1章
2006年，東京短資入社。
現在，東京短資総務部主任調査役，2023年まで東短リサーチ研究員。

加藤 岬造（かとう・こうぞう） 第1章
2008年，東京短資入社。
現在，東京短資総合企画部副部長，2018年まで東短リサーチ研究員。

飯田 潔（いいだ・きよし） 第2章
1990年，東京短資入社。
現在，東京短資総合企画部副部長。

荒井 史彦（あらい・ふみひこ） 第2章
2008年，東京短資入社。
現在，東京短資市場本部マーケットオペレーション部主任調査役，東短リサーチ研
究員。

寺田 寿明（てらだ・としあき） 第3章
1994年，東京短資入社。
現在，東京短資常務執行役員・企画管理本部副本部長兼総合企画部長。

若松 宏和（わかまつ・ひろかず） 第4章
2003年，東京短資入社。
現在，東京短資執行役員・市場本部マーケットオペレーション部長，東短リサーチ
上席研究員。

執筆者紹介　　v

安田　楽人（やすだ・よしひと）　　　　　　　　　　　　　　　　　第5,6章
2008年，東京短資入社。
現在，東京短資総合企画部主任調査役，2018年まで東短リサーチ研究員。

阪井　勇蔵（さかい・ゆうぞう）　　　　　　　　　　　　　　　　　　第7章
1986年，上田ハーロー入社。
現在，上田東短フォレックス営業企画室参与，東短リサーチ研究員。

岩井　基至（いわい・もとし）　　　　　　　　　　　　　　　　　　　第8章
1989年，トウキョウフォレックス入社。
元，トウキョウフォレックス上田ハーロー（現，上田東短フォレックス）FXフォ
　ワード部部長代理，東短リサーチ研究員。

中谷　典夫（なかたに・のりお）　　　　　　　　　　　　　　　　　　第8章
2006年，トウキョウフォレックス上田ハーロー入社。
現在，上田東短フォレックスFXフォワード部部長代理。

仲宗根　豊（なかそね・ゆたか）　　　　　　　　　　　　　　　　　　第9章
2012年，東短ICAP入社。
元，東京短資企画管理本部総合企画部デジタル戦略室調査役，東短リサーチ研究員。

藤本　竜也（ふじもと・たつや）　　　　　　　　　　　　　　　　　　第9章
2007年，東短ICAP入社。
現在，東短ICAP YENスワップデスク。

＊　なお，佐久間信一氏（元，東京短資）には，BOX 1-1をご執筆いただいた。
　また，各章に対して，以下の各氏から貴重なコメントをいただいたことにも，併
　せて感謝申し上げたい（敬称略）。杉野裕之（東京短資），高橋雄一（セントラル
　東短証券），菊池貴之（東京短資），加藤秀章（東京短資），小梶渓太（東京短資），
　石川昌信（元，上田東短フォレックス），三島哲也（東短ICAP），久保田和明
　（東京短資），秋本諭志（元，東短リサーチ），高井雄一郎（東京短資）。

目　　次

第1章　マネー・マーケットと日銀金融政策 ———— 1

第1節　東京マネー・マーケットの機能と構成 ·················· 1

 1. マネー・マーケットと世界経済　1

 2. 東京マネー・マーケットの構成　2

 3. 東京マネー・マーケットの変遷　4

第2節　日本銀行の金融政策とオーバーナイト金利 ·········· 9

 1. 金融調節方針を決める金融政策決定会合　9

 2. なぜ無担保コール・オーバーナイト金利を誘導しているのか　13

 3. 実体経済への波及メカニズム　14

 4. 金融政策の目的は何か　14

第3節　日銀当座預金の資金需給と短期金利 ·················· 17

 1. 日銀当座預金とは　18

 2. 日銀当座預金を増減させる資金過不足要因　20

 3. 週内・月内の資金過不足パターン　22

 4. 年間の資金過不足パターン　27

第4節　準備預金制度と短期金利 ································· 30

 1. 準備預金制度の変遷　30

 2. 準備預金率と法定所要額の計算　32

 3. 準備預金積立ての実行　35

 4. 平均残高方式がもたらすオーバーナイト金利平準化効果　36

 5. 異次元緩和策下での準備預金積立状況　37

第5節　ELB下の非伝統的金融政策の分類 ·················· 39

 1. フォワード・ガイダンス（時間軸政策）　40

2. 量的緩和策　41

3. 信用緩和策（質的緩和策）　44

4. マイナス金利政策　45

5. 長期金利誘導政策　47

第6節　日銀異次元緩和策の変遷 ……………………………… 48
──QQE, マイナス金利, YCC

1. 量的・質的金融緩和（QQE）の導入（2013年4月）　49

2. 「黒田バズーカ第2弾」（2014年10月）　51

3. QQE「補完措置」の導入（2015年12月）　52

4. マイナス金利付きQQE（2016年1月）　53

5. ETF購入増額と追加緩和の行き詰まり（2016年7月）　57

6. 「総括的な検証」（2016年9月その1）　58

7. イールドカーブ・コントロール（YCC）（2016年9月その2）　59

8. 10年金利の変動許容幅拡大（2018年7月）　63

9. 緩和方向への再転換（2019年4～8月）　65

第7節　日銀オペレーションの実際 ……………………………… 69

1. テンポラリー資金供給オペ（期日のある短期オペ）　70

2. テンポラリー資金吸収オペ　72

3. パーマネント資金供給オペ（買切オペ）　72

4. その他のオペレーション　77

5. 貸出支援基金オペ　79

6. 常設制度　83

第2章　インターバンク市場 ──────── 89

第1節　コール市場とは ……………………………………… 89

1. コール市場の歴史　89

2. コール市場残高の推移　90

3. コール市場参加者　91

第2節　無担保コール取引の実務 ……………………… 94

1. 取引の期間　94

2. 受渡日（スタート日）　94

3. 期日（エンド日）　98

4. 取引レートの刻み幅と取引単位　98

5. 取引約定までの流れ　99

6. 取引情報の取扱いについて　101

7. 資金決済の慣行　102

8. 約束手形　108

9. 利　息　108

10. 媒介手数料　109

第3節　有担保コール取引の実務 ……………………… 109

1. 有担保コール取引の種類　109

2. 取引の期間，受渡日と期日　110

3. 取引レートの刻み幅と取引単位　110

4. 有担保コールの担保　111

5. 資金決済と担保の受渡し　111

6. 利　息　113

7. 媒介手数料　113

第4節　日中コール取引の実務 ……………………… 113

第3章　国庫短期証券（Tビル）市場 ——— 115

第1節　国庫短期証券市場の形成と変遷 ……………… 115

1. FBとは　115

2. TBとは　117

3. TBの歴史（〜1999年）　118

4. 短期国債市場の誕生（1999年〜）　119

目　次　ix

　　5.　市場動向の変遷　121

第2節　国庫短期証券の商品性 ……………………………… 131

　　1.　法的根拠（根拠法）　131
　　2.　発行条件等　131
　　3.　発行方法　134
　　4.　商品性　134
　　5.　税　　制　135

第3節　発行・流通市場 ………………………………………… 135

　　1.　発行市場　136
　　2.　流通市場　139

第4章　債券レポ市場 ————————— 147

第1節　債券現先・貸借取引の誕生と背景 ……………… 147

　　1.　債券現先取引　148
　　2.　債券貸借取引　151

第2節　債券現先取引の仕組み ………………………… 155

　　1.　債券現先取引の商品性　155
　　2.　債券現先取引の特徴　156
　　3.　債券現先取引を行う際に必要となる契約書類　161

第3節　債券貸借取引の仕組み ………………………… 163

　　1.　債券貸借取引の商品性　163
　　2.　債券貸借取引の特徴　166
　　3.　債券貸借取引を行う際に必要となる契約書類　168

第4節　債券レポ取引の利用形態 ……………………… 169

　　1.　GC（general collateral）　169
　　2.　SC（special collateral）　173

第5節　決　　済 ……………………………………………… 177

　　1.　通常決済　177

2. フェイルの取扱い　177

第6節　具体的事例と計算 ……………………………………… 181

1. 債券現先取引　181

2. 現担レポ取引　188

第7節　市　場　概　況 …………………………………………… 191

1. 市場動向　191

2. 参加者　194

3. レポ市場の1日　196

第5章　CP市場 ——————————————— 199

第1節　国内CP市場創設の経緯 ……………………… 200

1. 手形CP市場の創設　200

2. 発行企業や発行条件の規制，そして規制緩和　201

3. ペーパーレス化の議論〜制度開始　201

4. 現在の使用状況　202

第2節　CP（短期社債）の商品性 ……………… 203

1. 法的位置づけ　203

2. 短期社債のメリット　204

第3節　発　行　市　場 …………………………………… 206

1. 発行要領　206

2. 市場参加者　208

3. 発行レートの決定要因　213

4. 発行残高　215

第4節　流　通　市　場 …………………………………… 217

1. 取引種類　217

2. 流通市場の投資家　221

3. 流通レートの決定要因　221

4. 流通取扱高　223

目　次　xi

第5節　日本銀行のオペレーション ……………………… 227

1. CP買入オペ　227

2. CP等買現先オペ　231

3. 共通担保資金供給オペ　232

第6章　CD市場 ———————————————— 233

第1節　CDの国内市場の歴史 …………………………… 234

1. CD市場の創設　234

2. 発行需要の変遷（昭和〜平成）　234

3. 発行需要の変遷（金融緩和政策下において）　235

第2節　CDの商品性 ……………………………………… 235

1. 商品性　235

2. 特徴と問題点　236

第3節　CD発行市場 ……………………………………… 237

1. 発行要領　237

2. 市場参加者　238

3. 発行レートの決定要因　239

4. 発行残高　240

第4節　CD流通市場 ……………………………………… 241

1. 流通市場の発生　241

2. 流通市場における取引種類と取扱業者　242

3. 流通レートの決定要因　246

4. 流通取扱高の推移と市場の衰退　246

第7章　外国為替市場 ——————————————— 249

第1節　外国為替市場の変遷 …………………………… 249

1. 金本位制における外国為替　249

xii

2. ブレトンウッズ体制への移行　249

3. 変動相場制への移行　249

4. 変動相場制移行後の主な出来事　250

第2節　外国為替の取引内容と相場 ················· 256

1. 外国為替とは　256

2. 外国為替における通貨　256

3. 外国為替の構成と需給　258

第3節　市場における為替取引 ·················· 264

1. 取引の種類　264

2. 市場での取引単位　265

3. 公表相場，仲値制度　265

4. 東京外国為替市場の特徴　266

5. 取引時間と海外市場　266

6. 市場取引の実際　267

第4節　市場の構造 ·················· 272

1. 電子ブローキング　272

2. 海外主要市場との規模比較　273

第5節　為替市場で注目される新興勢力 ·············· 274

1. 個人証拠金　274

2. 高頻度取引（HFT）　276

3. 人工知能（AI）　277

第8章　フォワード市場 ─────────── 279

第1節　フォワード取引の概要 ·················· 279

1. フォワード取引とは　279

2. フォワード市場の構成者　280

第2節　フォワード取引の実務 ·················· 282

1. 実際の取引例　282

目　次　xiii

2. 決済方法について　284

3. 直先スプレッドの算出方法　284

4. 相場の変動要因　285

5. フォワード取引の目的　286

6. 金利裁定取引　290

第9章　短期金利デリバティブ市場 ——————— 303

第1節　OIS 取引 ······························· 304

1. 円 OIS 市場の出来高推移　305

2. 円 OIS 市場の参加者　306

3. 円 OIS 取引の種類　307

4. 固定金利のレート刻み幅　310

5. OIS 取引の計算例　311

6. 1 件当たり取引金額　314

7. 円 OIS 取引の期間　314

第2節　LIBOR を原資産とするデリバティブ取引 ········ 315

1. SPS 取引，FRA 取引　315

2. 世界金融危機時に当局が注目した「LIBOR-OIS スプレッド」　321

3. ベーシス・スワップ　323

第3節　金融先物取引 ·························· 324

1. 世界の短期金利金融先物の状況　325

2. 円短期金利先物の商品概要　326

3. 金融先物と OTC デリバティブ取引の比較　327

第4節　市場を取り巻く規制 ·················· 329

1. 国内での規制対応　329

2. ポートフォリオ・コンプレッション　331

索　引 ———————————————— 333

BOX 一覧

BOX 1-1 　短資会社について　5

BOX 1-2 　インフレ目標採用の経緯と２％の根拠　15

BOX 1-3 　税率変更と資金需給　25

BOX 1-4 　東短リサーチによる資金需給日足予想　26

BOX 1-5 　実は不明瞭な QE の効果　43

BOX 1-6 　マイナス金利の「需要前借り効果」の限界と通貨戦争　46

BOX 1-7 　３階層式マイナス金利政策の構造　54

BOX 1-8 　超金融緩和長期化の副作用と「リバーサル・レート」　61

BOX 1-9 　なぜこんなに緩和しても２％にならないのか　66

BOX 1-10 　出口政策時に国債売却オペは実施されるか　74

BOX 1-11 　「成長基盤強化オペ・米ドル特則」の原資は？　80

BOX 1-12 　コリドー・システムとフロア・システム　85

BOX 1-13 　中央銀行はインフレ目標により柔軟になるべき　86

BOX 2-1 　ローン・ポジションとマネー・ポジション　93

BOX 2-2 　短資取引約定確認システム（約確システム）　106

BOX 3-1 　応札額が GDP を上回った 2000 年代前半　124

BOX 3-2 　マイナス金利政策導入以前からマイナス金利取引が発生していた T ビル市場　132

BOX 3-3 　株式会社日本証券クリアリング機構（JSCC）　141

BOX 4-1 　国債決済期間短縮化　151

BOX 4-2 　ベアリングズ事件　154

BOX 4-3 　銘柄後決め GC　171

BOX 4-4 　東京レポ・レート　173

BOX 4-5 　国債補完供給オペ（Securities Lending Facility）　175

BOX 4-6 　国債追加発行方式　176

BOX 4-7 　国債買入オペ（固定利回り方式）　194

BOX 5-1 　特定投資家制度と本人確認の強化　212

BOX 5-2 　証券保管振替機構による発行レートの公表　215

目　次　xv

BOX 5-3　売買の取引例　219

BOX 5-4　CP ディーラーの 1 日　222

BOX 5-5　マイナス金利導入後の CP 市場　225

BOX 5-6　リーマン・ショック後の対応策　228

BOX 6-1　実際の取引例と一般的な譲渡手続き　244

BOX 7-1　為替ブローカーの 1 日　260

BOX 7-2　CLS による決済　271

BOX 8-1　直先スプレッドの算出式　285

BOX 8-2　キャリー・トレード　291

BOX 8-3　金利裁定の算出式　293

BOX 8-4　日本のオフショア市場取引　294

BOX 9-1　金利スワップ取引　317

本書のコピー，スキャン，デジタル化等の無断複製は著作権法上での例外を除き禁じられています。本書を代行業者等の第三者に依頼してスキャンやデジタル化することは，たとえ個人や家庭内での利用でも著作権法違反です。

第1章

マネー・マーケットと日銀金融政策

第1節　東京マネー・マーケットの機能と構成

1. マネー・マーケットと世界経済

　ニューヨーク，ロンドン，東京，上海など，世界の主要金融センターには，必ず短期金融市場（マネー・マーケット）が存在している。同市場では，銀行，証券会社，機関投資家，事業法人などが，短期の資金を融通し合ったり，短期の債券を売買し合ったりしている。

　流動性が厚く，効率性が高い短期金融市場が存在することは，その国の金融・経済活動にとってきわめて重要である。その理由は本書を読み進め，各章で説明されているそれぞれの市場の機能を知っていただければ，おのずと感じ取れるものと思われる。

　仮に何らかのショックによりマネー・マーケットの機能が著しく低下したケースを想定してみよう。その場合，金融機関は資金繰りを安定的に行うことができなくなり，企業や家計への貸出しが滞る恐れが出てくる。証券会社等が国債，社債，コマーシャル・ペーパー（CP，短期社債）を購入する能力も低下しうるため，それらの発行体の資金調達が困難に直面するリスクも高まってくる。また，短

期金利が市場で円滑に形成されなければ，外国為替の先物予約は不自由になり，貿易を行っている企業も困るだろう。そういった混乱は，やがて雇用・所得環境を不安定にし，個々の家計の資金繰りや所得にも深刻な悪影響を及ぼしうる。

1997年11月の三洋証券，北海道拓殖銀行，山一證券の破綻で発生した東京短期金融市場における流動性危機や，2008年9月のリーマン・ブラザーズ破綻を契機に勃発した世界金融危機が経済にもたらした恐ろしさは，まさにそれだった。後者の場合，金融機関は互いの信用力に疑念を抱き，自分の身を守ろうとして他の金融機関に資金を貸すことを嫌がったため，大規模な流動性クランチ（マネーの目詰まり）が世界各所で発生した。それはグローバル経済を驚くべき速度で失速させた。平時の短期金融市場では巨額の資金が日々取引されているが，それは市場参加者間の高度の信頼によって支えられている。その信頼がひとたび崩壊すると，経済の血液であるマネーは流れなくなり，経済全体が機能不全に陥ってしまう。

人々が安心して日々の経済活動に従事できる環境をサポートする上でも，マネー・マーケットの流動性の厚みを維持し，効率性を高めていくことは非常に重要と考えられる。

2. 東京マネー・マーケットの構成

取引の期間によって金融市場を分類するならば，1年以上の国債，社債，または株式などは，長期・資本市場と称されている。それに対して，期間1年以内の取引を行う市場は，短期金融市場（マネー・マーケット）と呼ばれている。以下，東京マネー・マーケットを構成している各市場の概要を見てみよう。

① インターバンク（銀行間）市場

参加者が，銀行，証券会社など金融関連会社に限定されている市場が，インターバンク市場である。代表的なものに，それらが短期

資金を貸借し合う，コール市場がある（第2章参照）。同市場は1900年代初期（明治30年代）に自然発生的に取引が開始された。日本の短期金融市場において最も長い歴史を有する市場である。

　同市場で最も取引量が多いのは，当日から翌日にかけて資金を貸借し合うオーバーナイト（O/N）取引である。またコール取引は，担保の有無により無担保コール市場と有担保コール市場とに分けられる。無担保コール・オーバーナイト金利は日本銀行の誘導対象であるため，その日々の平均金利（TONAR：Tokyo OverNight Average Rate）は，金融市場において重要な指標金利となっている。同平均金利はバブル経済終盤の1991年に8％台へ上昇したが，それが破裂して以降急低下，99年にほぼゼロ金利に到達した。その後，一時は0.5％程度まで引き上げられたこともあったが，2016年1月に日銀が採用したマイナス金利政策により，現在はマイナス圏内で推移している。

　なお，インターバンク市場にはかつて，有担保で期間数週間または数カ月といったターム物の取引の役割を担う，手形売買市場が存在していた。同市場は1980年代には取引残高が10兆円を超す市場に成長した（日銀オペ分を除く）。しかしその後，大手企業が印紙税回避を狙って手形の発行を抑制するようになったことなどにより，1990年代前半に同市場は著しく縮小した。それ以降は，日銀が資金吸収手段として手形売出オペを実施するときを除けば，手形売買取引は市場でほとんど行われなくなっている。現在，有担保のターム物取引の役割はレポ市場が担うようになっている。

② オープン市場

　インターバンク市場よりも参加者の範囲が広い市場が，オープン市場である。第3章では，短期の国債である国庫短期証券（Tビル）市場を解説する。国庫短期証券は，国庫の資金繰りや為替市場における円売り介入のファイナンス等のために発行されている。過

去の巨額の円売り介入の「遺産」として，外国為替資金特別会計が国庫短期証券を発行し続けていることもあり，この市場は海外と比べても大きな市場となっている。

資金と国債をやりとりするレポ市場（第4章）は，現在の東京マネー・マーケットにおいては最も取引高が大きい市場である。レポ取引には，特定の債券の銘柄を貸し借りするSC（special collateral）取引と，債券を特定しないGC（general collateral）取引がある。

コマーシャル・ペーパー（CP）市場は，大手の製造業，商社，リース会社等々の事業法人や金融機関等が，市場から短期の資金を借り入れるために発行する短期社債の市場である（第5章）。

譲渡性預金（CD）市場は，その名の通り譲渡が可能な大口預金の市場である（第6章）。CD発行金利は，かつては短期金融市場におけるターム物のベンチマーク金利として大きな注目を浴びた。現在は注目度が低下しているものの，金融機関にとっては依然として重要な資金調達手段の1つとなっている。

③ 外為関連，デリバティブ市場

また本書では，マネー・マーケットと密接な関係を持つ，外国為替市場（スポット取引）を第7章で，フォワード取引（為替スワップ取引）を第8章で解説する。日本のオフショア市場（Japan Offshore Market：JOM）については，第8章のBOX 8-4で解説している。さらに第9章では，短期金利に関連するデリバティブ取引を取り上げ，無担保コール・オーバーナイト金利の先物であるOIS市場を中心に解説を行う。

3. 東京マネー・マーケットの変遷

第二次世界大戦後の日本のマネー・マーケットの歴史を概観してみよう。1970年頃までの高度経済成長期においては，間接金融中心の金融システムの中で，日銀は過度の銀行間の競争を抑制しつつ

第1章　マネー・マーケットと日銀金融政策　　5

BOX 1-1　短資会社について

1.　日本における短資会社の沿革

　短資会社は，1900年台初頭に形成されたコール市場を中心に，短期金融市場において主に金融機関相互（インターバンク）の資金取引の仲介者として機能し，マーケットの形成・維持・発展に重要な役割を果たしてきた。

　短資会社は，1990年代に7社まで増えたが，2000年以降の合併等により，現在は東京短資，上田八木短資，セントラル短資の3社体制となっている。その中でも東京短資は，最古の歴史を持ち，1900年8月設立登記，1909年4月創業，2019年4月には創業110周年を迎えている。

2.　短資会社の業務

　短資会社は，コール資金の貸借やその仲介，および金融商品取引法に基づいて届出を行った登録金融機関として主に国債・短期社債等有価証券の売買等の業務を行っており，金融機関・証券会社・事業会社等，短期金融市場の参加者の間にあって資金の運用・調達の仲介を行い，マーケットの円滑化に寄与している。

　また，短資会社は，日本銀行の金融市場調節手段におけるオペレーション（公開市場操作）の対象先として選定されている。

　短資会社の主な取扱業務は以下の通りである。

① 　コール・ローン，コール・マネーの取引，ならびに資金の貸借およびその媒介。
② 　手形の売買およびその媒介。
③ 　国債，地方債，政府保証証券，短期社債，投資信託，その他の有価証券，ならびに金融先物取引等有価証券関連以外のデリバティブ取引にかかわる，金融商品取引法によって営むことが認められている業務。
④ 　金銭債権（譲渡性預金を含む）の売買およびその媒介。
⑤ 　有価証券の貸付け・借入れおよびその媒介。

3. 短資会社の定義

短資会社は，政令において「主としてコール資金の貸付け又はその貸借の媒介を業として行う者」と定義され，金融庁長官の指定を受けている。ちなみに，「主としてコール資金の貸付け又はその貸借の媒介を業として行う者のうち金融庁長官の指定するもの」との記述がある政令は，「貸金業の範囲からの除外」を定めた貸金業法施行令第1条の2第3号，および「金融機関の範囲」を定めた金融商品取引法施行令第1条の9第5号の2つである。

4. 短資会社に対する監督

短資会社には，その業界に属する事業者が守るべき固有の法律（＝業法）が存在しない。また，短資会社は，一般的には「その他金融」（ノンバンク）として分類されるが，上述のように貸金業者に適用される「貸金業法」の適用除外とされ[1]，改正前の「出資の受入，預り金及び金利等の取締等に関する法律[2]」（以下「旧出資法」）の適用を受ける。旧出資法では以下の4つの条項が当分の間適用されることとなっている[3]。

① 開業時の内閣総理大臣に対する届出（第7条）。

② 内閣総理大臣に対する報告および立入調査（第8条）。

③ これら権限の金融庁長官への委任（第10条）。

④ 罰則規定（第12条）。

また，短資会社は，その性格上，金融システムの中核をなす短期金融市場の主要な仲介業者であるため，日銀から緊密な監督・指導を受けている。主な監督・指導は以下の通りである。

① 日本銀行法第44条および考査契約に基づく考査（立入調査）の実施。

② 金融商品取引法第46条の6の規定に準じた自己資本規制比率算出および残高試算表，損益状況表等の定例報告等経営の健全性にかかわるモニタリングの常時実施。

---

1) 貸金業法第2条第1項第5号，および貸金業法施行令第1条の2第3号。

2) 旧出資法は，1954年6月23日公布，法律第195号。

3) 貸金業法附則第9条第1項。

物価の安定を図るべく，公定歩合を中心とする規制金利政策を採用していた。

このため，コール市場が唯一の存在であった日本の短期金融市場は，当時はきわめて未成熟な段階にあった。同時に，対外金融取引も旧外為法のもとに厳重に規制され，資金の内外フローは遮断された状態にあり，東京マネー・マーケットは極東における1つのローカル・マーケットに過ぎなかった。

しかし，1971年のニクソン・ショック，73年の第一次オイル・ショックを転機として，日本経済が高度成長期から安定成長期に移行し，国債の大量発行が行われるようになった頃より，短期的な資金運用・調達の場の必要性が高まり，一般事業法人を含めた市場取引，すなわちオープン市場も次第に形成されていくことになった。

1970年代前半には，債券の条件付売買市場（債券現先市場）が，事業法人や一部金融機関を中心に活発化した。1979年には金利自由・譲渡可能のCDの発行が開始され，これに応じてCD流通市場が形成されたのをはじめ，81年には日銀保有FB（政府短期証券，現在の国庫短期証券）の対市中売却にともないFB流通市場が出現した。

1983年のいわゆる「日米円ドル委員会」の設置に基づく日米両政府間の議論を経て，84年に大蔵省（当時）は「金融の自由化及び円の国際化についての現状と展望」を公表した。この基本路線に沿って，1985年以降本格的な金融市場の自由化・国際化措置がとられ，自由に金利が変動することを基本とする市場取引が活発化していった。

1985年には大口定期預金金利の自由化を嚆矢とする預金金利自由化のスタート，外為ブローカーによる国際ブローキングの解禁，有担保主義が基本であったコール市場への無担保取引の導入等が実現した。1986年にはTB（割引短期国庫債券）の公募入札開始とそ

の流通市場創設，オフショア市場の創設等が行われ，87年には上場企業の資金調達手段の多様化を主眼としてCP市場が創設された。さらに1988年には，「オファー・ビッド方式」の導入等を内容とするインターバンク市場の取引慣行の見直しや，日銀の「新金融調節方式」の導入等が行われた。

　平成に入ってからも，市場の整備拡大や取引活性化の努力は引き続き重ねられた。コール・手形市場における取引レートの刻み幅の縮小化，先日付取引の拡大，取引期間の自由化，東京金融先物取引所の業務開始（1989年），全国銀行協会によるTIBOR（Tokyo InterBank Offered Rate，東京銀行間取引金利）の公表開始（95年），リスク削減や事務効率化のための短資取引担保センターの設置（95年），システミック・リスク回避等を狙いとする日銀大口決済システムのRTGS（Real Time Gross Settlement，即時グロス決済）化（2001年），などがあげられる。

　オープン市場の改革としては，1996年に日本版レポ取引が開始され，99年にFBの市中公募入札発行が開始，2001年4月からは「新現先取引」が導入された。2003年にはCPのペーパーレス化（電子CP）が実現した。国債の決済期間短縮（1997年に取引の3日後決済である$T+3$化，2012年に$T+2$化，18年に$T+1$化）も進められている。また，$T+1$化を契機にレポ取引の現先方式への移行が進められている（詳細は第4章）。

　他方で，海外におけるLIBOR（London InterBank Offered Rate，ロンドン銀行間取引金利）不正問題を受けてのTIBOR改革（2017年），さらに2021年末といわれているLIBORの事実上の公表停止を見据えた新しい短期金利指標議論も行われている。

　しかしながら，そういった改革の努力がなされる一方で，日銀が1990年代終盤から今日に至るまで断続的に実施してきた非伝統的金融政策（ゼロ金利，量的緩和，マイナス金利等々）が，東京マネ

ー・マーケットの機能を歪めてきた面があることは否めない。

第2節　日本銀行の金融政策とオーバーナイト金利

　かつての規制金利時代の日銀は，金融機関への貸出金利である公定歩合を政策金利とし，それを上下させて経済・物価に影響を及ぼしていた。同金利が変更されると，規制下にあった市中金利も連動して動いていた。

　しかし前述のように1980〜90年代に金融市場の規制緩和が進められ，短期金融市場の金利が市場の需給に合わせて自由に動くようになると，公定歩合の役割は低下した。それに合わせて日銀は，債券売買などによるオペレーション（市場操作）によって，市場の需給を調整しながら短期金利を操作するスタイルに移行していった。

　1990年代後半以降，日銀は基本的に無担保コール・オーバーナイト金利を誘導するようになっている。[4]

1. 金融調節方針を決める金融政策決定会合

　無担保コール・オーバーナイト金利誘導目標を含む金融調節方針は，日銀政策委員会委員（以下，政策委員。表1-1）が出席する金融政策決定会合において，多数決によって決定されている。

　1998年施行の現行日本銀行法のもとで，政策委員の定員は，総裁，副総裁（2名），審議委員（6名）の，計9名とされている。政策委員は内閣が任命するが，衆議院・参議院両院の同意が必要であ

---

　4)　2001年3月〜06年3月の量的緩和策の際，日銀は操作目標を日銀当座預金残高とした。無担保コール・オーバーナイト金利の誘導目標は明示されなかったが，「通常はゼロ％近辺で推移するものと予想される」と政策委員会は説明していた。また，2016年9月からのイールドカーブ・コントロール政策においては，無担保コール・オーバーナイト金利に加え，10年国債金利も誘導対象になっている。

表1-1　日銀政策委員（2024年3月現在）

役　職	氏　名	任期終了	主な前職
日本銀行総裁	植田 和男	2028年4月8日	共立女子大学ビジネス学部教授, 東京大学経済学部教授, 日銀審議委員
日本銀行副総裁	内田 眞一	2028年3月19日	日本銀行理事, 名古屋支店長, 企画局長
日本銀行副総裁	氷見野 良三	2028年3月19日	ニッセイ基礎研究所総合政策研究部エグゼクティブ・フェロー, 金融庁長官
審議委員	安達 誠司	2025年3月25日	丸三証券調査部経済調査部長
審議委員	中村 豊明	2025年6月30日	日立製作所代表執行役執行役副社長
審議委員	野口 旭	2026年3月31日	専修大学経済学部教授
審議委員	中川 順子	2026年6月29日	野村アセットマネジメント取締役会長
審議委員	高田 創	2027年7月23日	岡三証券グローバル・リサーチ・センター理事長, みずほ総合研究所副理事長
審議委員	田村 直樹	2027年7月23日	三井住友フィナンシャルグループ執行役専務

る（日銀法第23条）。日銀政策委員は日本経済に対して大きな影響力を持つが，彼らは選挙で国民に選ばれた存在ではない。このため，国会の同意は彼らに民主主義上の正当性を与えることになる。[5]

　政策委員の任期は5年であり，再任は可能（同第24条）。また，政策委員は「身分の保障」を授けられている。破産宣告を受けたとき，法律の規定により処罰されたとき，禁錮以上の刑に処せられたとき，心身の故障のときなどを除くほかは，「在任中，その意に反して解任されることがない」（第25条）。

　つまり，もしある政策委員が時の政府の希望と異なる投票行動をとったとしても，その委員を政府が解任することはできない。一般

---

5)　衆議院と参議院で多数派の政党が異なる「ねじれ国会」となっている場合は，日銀政策委員の同意人事が混迷することがある。2008年春の福井俊彦総裁，武藤敏郎・岩田一政両副総裁の退任時がそれだった。内閣が指名した人物が参院で数度否決され，最終的に白川方明総裁，西村清彦・山口廣秀副総裁に決まるまで，一時空席が生じるなどかなりの時間を要した。

的な傾向として，政治家は次の選挙を意識して，即効性のある景気刺激策を中央銀行に求めたがる傾向がある。しかし，日銀法は政策委員に対して，より中長期的な視点で「国民経済の健全な発展」（第2条）を目指して政策を運営することを要求している。そのために同法は，日銀の「通貨及び金融の調節における自主性は，尊重されなければならない」（第3条）と定め，同時に政策委員に強い「身分の保障」を与えているのである。

とはいえ中央銀行が独善的になってしまうことは好ましくないし，民主主義の観点からは危険でもある。このため日銀法は「通貨及び金融の調節に関する意思決定の内容及び過程を国民に明らかにするよう努めなければならない」（第3条第2項）と説明責任を日銀に求め，かつ「政府の経済政策の基本方針と整合的なものとなるよう，常に政府と連絡を密にし，十分な意思疎通を図らなければならない」（第4条）と定めている。政府と中央銀行の"適度な距離感"を，日銀法は要求しているといえる。

なお，日銀法は，日銀と政府の意思疎通を高めることを意図して，金融政策決定会合に財務省と内閣府から政府委員として1人ずつ参加することを認めている。彼らは投票権を持たないオブザーバーだが，決定会合の議決延期の審議を日銀政策委員会に要求することができる[6]。ただし，他の先進国で政府委員が中央銀行の金融政策の会合に参加している事例は少ない。

旧日銀法下での総裁人事は，日銀出身者と大蔵省（現財務省）出身者が交互に就任する「たすき掛け」で行われることが度々あったが，現行法下ではその慣行は崩れている。また，副総裁に対して日銀法は「総裁を補佐」するよう求めている。ただし，これは，金融政策決定会合で副総裁が議長である総裁の提案に反対票を投じるこ

---

6) 2000年8月のゼロ金利解除決定の際に政府委員は議決延期請求権を行使した。しかし直後に日銀政策委員会はそれを否決して，同決定を確定した。

とを必ずしも禁じるものではない。

　6名の審議委員の人選において，日銀法施行からしばらくの間は，大企業経営者から2名，金融業界から2名，経済学界から2名という比率を意識した「慣行」が見受けられた。しかし近年その比率は維持されていない。なお，日銀法は審議委員について「経済又は金融に関して高い識見を有する者その他の学識経験のある者」（第23条第2項）と定めている。

　政策委員会は，金融政策を審議する「金融政策決定会合」と，その他の事項を審議する「通常会合」（原則，毎週2回開催）に分けられる。

　金融政策決定会合では，金融市場調節の方針に加え，準備預金率，オペレーションのスキーム，声明文の表現などが決定される[7]。採決における議長（総裁）提案とは，議長個人の提案ではなく，政策委員会における多数意見を集約したものとなっている。したがって，議長提案が否決されることは原則起きにくい。

　現行日銀法が施行された当初は，金融政策決定会合はおよそ月2回のペースで開催されていた。しかし，重要な経済指標が新たに公表されていないときでも会合を開くことはあまり有用ではなく，また，緊急に必要が生じれば臨時会合を開催することも可能なため，その後開催頻度は年14回程度に低下した。2016年からは，FRB（アメリカ連邦準備制度理事会）のFOMC（連邦公開市場委員会）の年会回数に合わせ，年8回となっている。

　国民や金融市場への説明責任の観点から，現在は，金融政策決定会合終了の6営業日後に「主な意見」が公表され[8]，その次の会合の3営業日後に前回の会合の議論を要約した「議事要旨」が公表され

　7）　2009年2月に再開が決定された日銀による銀行保有株の買取りや，同年3月に決定された銀行への劣後ローン供与などのようにプルーデンス政策に区分される政策は，金融政策決定会合ではなく，通常会合で決定されている。

ている。市場参加者は先行きの金融政策の変更を予想する際に，それらを読み込んで判断材料にしている。会合から 10 年後には，全発言（守秘義務に抵触する発言は黒く塗り潰されている）とその発言者名が記載された「議事録」が公表されている。

2. なぜ無担保コール・オーバーナイト金利を誘導しているのか

　日銀が経済・物価に影響を与えるために無担保コール・オーバーナイト金利を誘導している理由としては，以下のようなポイントが考えられる。

①　同金利の決定要因は，主に日銀当座預金残高（あるいは準備預金残高）と同預金への付利金利にある。このため，日銀がそれらを操作すれば，同金利を目標に向かって誘導することが可能となる。オーバーナイト物の市場規模としては無担保コール取引よりも GC レポ取引のほうが大きいが，後者の金利は債券の需給にも大きな影響を受けるため，無担保コール・オーバーナイト金利に比べると日銀にとっての操作可能性は低いといえる。

②　ターム物金利には，市場の先行きの金利や経済に関する期待が織り込まれている。また，ターム物取引の流動性は低いため，誘導対象としては無担保コール・オーバーナイト金利が適切と判断される。

---

8)　主な意見は，金融政策決定会合の開催回数が年 8 回に減った 2016 年から公表された。会合間の期間が長くなると議事要旨の公表タイミングが遅くなる（日銀法上，議事要旨は次回会合で承認されないと公表できない）。そのデメリットを補うことを目的に，主な意見が公表されるようになった。作成方法は，①各政策委員および政府出席者が，金融政策決定会合で表明した意見について，発言者自身で一定の文字数以内に要約し，議長である総裁に提出する，②議長はこれを自身の責任において項目ごとに編集する，となっている。

3. 実体経済への波及メカニズム

日銀が無担保コール・オーバーナイト金利の誘導目標を変更すると，市場で決定される3カ月物金利，6カ月物金利や，より期間が長い5年国債，10年国債などの利回りも変化していく。

それらは，預金金利，住宅ローン金利，企業への銀行貸出金利などに波及する。その結果，個人消費，住宅投資，設備投資など，実体経済へ影響が及ぶことになる。つまり，無担保コール・オーバーナイト金利は，日本のあらゆる金利の「基点」となっているのである。また同金利の変化は，株式市場や外為市場も動かしうるため，さまざまなチャネルで日本経済に影響が波及していく。

日銀が実際に無担保コール・オーバーナイト金利の誘導目標を変更せずとも，その変更を市場参加者が予想すれば，上記のような変化は起こり始める。このため，日銀に限らず大半の中央銀行は，市場の予想（期待）に働きかけることを意図した情報発信（声明文，講演，議会証言，記者会見等々）を重視している。

4. 金融政策の目的は何か

日銀法は日本銀行の目的を，「我が国の中央銀行として，銀行券を発行するとともに，通貨及び金融の調節を行うこと」および「銀行その他の金融機関の間で行われる資金決済の円滑の確保を図り，もって信用秩序の維持に資すること」と規定している。日銀が通貨および金融の調節を行うにあたっての理念は，「物価の安定を図ることを通じて国民経済の健全な発展に資すること」と定められている（第1〜2条）。つまり，物価の安定（インフレ率の安定）は重要ではあるものの，それは最終目的ではなく，「国民経済の健全な発展」を目指すよう求められている。

ただし，日銀法は「物価の安定」を具体的なインフレ率で表現していない。現在は，2013年1月に政府と日銀が発表した共同声明

第1章　マネー・マーケットと日銀金融政策　15

BOX 1-2　インフレ目標採用の経緯と2%の根拠

　政府や中央銀行が望ましいインフレ率（インフレ目標）を明示して，それに向かって金融政策を運営していくスタイルは，世界的には1990年代から増加した。ただし，それらはすべて高いインフレ率を押し下げることを意図していた。

　日本では，インフレ率の低下が問題視され始めた1990年代終盤頃から「物価を上昇させるために海外のようにインフレ目標を採用すべきではないか」との主張が増加し始めた。しかし日銀は，目標を掲げても実際にインフレ率が上昇する可能性は低いこと，ひとたび目標を掲げて金融緩和策を始めてしまうと，それに拘束されて出口政策に向かえなくなり，金融不均衡を発生させる恐れがあることなどから，同目標の採用に難色を示し続けていた。

　だが2000年代半ばになってインフレ目標を求める政治的な声がより強まり，それを懐柔する必要が出てきたこと，望ましいインフレ率を明示することは透明性の観点から正当化できると日銀自身も考えるようになったことから，日銀政策委員会は次のような"広義のインフレ目標"を採用するようになった。

1.　「中長期的な物価安定の理解」（2006年3月）

　福井俊彦総裁時代の日銀は，2006年3月の量的緩和策解除と同時に「中長期的な物価安定の理解」を決定した。

　これは9名の政策委員が，「中長期的に物価が安定した状態と理解しているインフレ率」を各自議長に提示し，それを集計するという構成になっていた。その結果，望ましいインフレ率は「消費者物価指数前年比で表現すると0〜2%程度」「中心値は，大勢として，おおむね1%の前後」とされた。この「理解」は政策委員のアンケート結果であり，機関決定された「目標」ではないとされた。

　その後，白川方明総裁率いる日銀政策委員会は0%は許容しないことを強調するため，2009年12月に次のような変更を加えた。「2%以下のプラスの領域にあり，委員の大勢は1%程度を中心と考えている」。

2. 「物価安定の目途」(2012 年 2 月)

FRB が 2012 年 1 月にインフレ目標を正式に掲げたことを契機に,国内では日銀にも同目標の採用を求める声が一段と激しくなった。これを受けて,2012 年 2 月の金融政策決定会合で,「中長期的な物価安定の目途」への変更が決定される。

「消費者物価の前年比上昇率で 2 %以下のプラスの領域」にあり,「当面は 1 %を目途とする」とされた。ここで示されたインフレ率は機関決定されたものとなったが,日銀はこれを「目標」(target)ではなく「目途」(goal)だと説明した。

3. 政府・日銀共同声明による 2 %の「物価安定目標」(2013 年 1 月)

デフレ脱却を掲げて 2012 年 12 月の総選挙で誕生した安倍政権は,早々に日銀にインフレ目標の採用を迫った。2013 年 1 月 22 日に両者は,共同声明「**デフレ脱却と持続的な経済成長の実現のための政府・日本銀行の政策連携について**」を発表する。

ここで日銀は,2 %のインフレ率を「できるだけ早期に目指す」と,ついに明言することになる。ただし,政府側にもインフレ目標の達成には構造改革を通じた期待成長率の引上げが必要との認識があり,声明文には次のような重要な記載が見られた。

「政府は,我が国経済の再生のため,機動的なマクロ経済政策運営に努めるとともに,日本経済再生本部の下,革新的研究開発への集中投入,イノベーション基盤の強化,大胆な規制・制度改革,税制の活用など思い切った政策を総動員し,経済構造の変革を図るなど,日本経済の競争力と成長力の強化に向けた取組を具体化し,これを強力に推進する。

また,政府は,日本銀行との連携強化にあたり,財政運営に対する信認を確保する観点から,持続可能な財政構造を確立するための取組を着実に推進する。」

その後,黒田東彦総裁のもとで空前の金融緩和策が実施されたにもかかわらずインフレ目標達成が実現されていない背景の 1 つには,上記のような構造改革が十分に行われていないことが影響していると考えられる。その結果,かつての日銀が警戒した,目標の存在に

より金融政策が柔軟に行えなくなる（正常化に向かいにくくなる）問題が，まさに顕在化してしまったともいえるだろう。

インフレ目標はなぜ年率２％なのか，という問いに対して，日銀は次のように説明している。

① デフレに戻らないクッションとしてインフレ率は多少プラスであるほうがよい（そのほうが短期金利をプラス圏に維持でき，利下げ余地を確保することができる）。

② 物価統計には実態よりも強めに出てしまうクセ（上方バイアス）があるため，０％ではなくやや高めにしておくほうがよい（ただし近年，この傾向は以前ほどではなくなっている）。

③ 海外の多くの中央銀行が２％という目標を掲げているため，日本だけインフレ目標が低いと長期的には円高になりやすい（ただし，実質実効レートで考えれば，それは理論的には問題にならないという指摘も聞こえる）。

なお，世界経済の中心であるアメリカの中央銀行FRBが，インフレ目標を引き下げる可能性は，現時点ではきわめて低いと考えられる。このため，上記の③を重視している日銀がインフレ目標を引き下げる可能性は，当面低いと予想される。

ただし，世界金融危機の経験を経て，インフレ目標を過度に重視するスタンスは経済をかえって歪ませるため，中央銀行は同目標に柔軟に対処するほうが望ましいという識者の声は，以前よりは増加してきている（BOX 1-13参照）。

「デフレ脱却と持続的な経済成長の実現のための政府・日本銀行の政策連携について」に記載されたインフレ目標（物価安定の目標）である「消費者物価の前年比上昇率で２％」の実現を，日銀は目指している（BOX 1-2）。

第3節　日銀当座預金の資金需給と短期金利

上述のように，日銀は「物価の安定を図ることを通じて国民経済

の健全な発展に資すること」を理念として金融調節を行っている。その金融調節において，日銀当座預金は需要な役割を果たしている。

1. 日銀当座預金とは

　日銀に当座預金口座を開設している金融関連会社（銀行，信用金庫，証券会社，短資会社など）は，2019 年 9 月末現在で 552 社ある。この口座の残高の合計が日銀当座預金残高であり，それはいくつかの要因によって増減する。その増減と金融機関等の日銀当座預金に対する需要の強弱を見ながら，日銀は市場操作（オペレーション，市場では「オペ」と略して呼ぶことが多い）を駆使して同預金残高を調整し，無担保コール・オーバーナイト金利を誘導してきた。

　これらの関係は次の式で表すことができる。

　　　日銀当座預金増減＝銀行券要因＋財政等要因＋日銀金融調節

　　　銀行券（日銀券）要因，財政等要因の動きを合計したものを，日銀当座預金にとっての「資金過不足」と呼んでいる。実際の事例を見てみよう。

　例：2019 年 6 月 4 日（火）の場合

　　銀行券要因　　金融機関の手持ち現金が増えたので，彼らは自分の日銀当座預金口座に 900 億円の銀行券を入金した。これにより市中に流通する日本銀行券（お札）の発行残高は 900 億円減少し，日銀当座預金残高は 900 億円増加した。

　　財政等要因　　毎月，月初第 2 営業日は法人・消費税と社会保険料が金融機関の日銀当座預金から国庫（日銀にある政府預金）に入金される。この要因は日銀当座預金を 10 兆円近く減少させるが，一方で定例の普通交付税交付金が国庫から金融機関に支払われたため，この日の財政資金は日銀当座預金を差引き 4 兆 4800 億円減少させた。

　　資金過不足　　銀行券要因と財政等要因を合計すると，4 兆

3900億円の資金不足となる。

金融調節　　それに対して，日銀は国債買入オペを中心に5800億円の資金供給を行った。その結果，この日の日銀当座預金増減は−3兆8100億円になった。前日の日銀当座預金は397兆1600億円だったので，この日の日銀当座預金は393兆3500億円となった。

現在は量的・質的緩和策によって日銀当座預金残高は異例の高水準に上昇しているが，世界金融危機が始まる前の2007年春から夏頃の同残高は（今振り返ってみれば）わずか9兆円前後だった。当時，もし日銀がオペをいっさい行わずに資金過不足を放置していたら何が起きただろうか。

税揚げなどによる兆円規模の資金不足要因は当時の日銀当座預金残高に対する比率が大きかったため，オーバーナイト金利を急騰させただろう。逆に，年金支払日などの兆円単位の資金余剰日に日銀が資金吸収を行わなければ，日銀当座預金は大きく増加し，オーバーナイト金利は急落しただろう。

つまり，日銀の金融調節が存在しなければ，オーバーナイト金利は乱高下していたことになる。民間金融機関がいかに努力しても，日銀当座預金全体の資金過不足を調整することはできない。それができる唯一の存在は，中央銀行である日銀に限られているからである。

日銀当座預金残高がかつてのような低水準にあれば，決済資金需要も短期金利に影響を与える。金融機関を通じて行われている企業や家計の送金や預金引落しは，全銀為替や手形交換を通じて，最終的には日銀当座預金の振替えに集約される。それらの資金決済は，月末，月初，5・10日に集中しやすい。また，国債の償還が集中する3, 6, 9, 12月の20日などは，金融市場全体の資金決済額が増加する。そのような決済集中日には，通常よりも日銀当座預金を多めに

確保しようとする金融機関や証券会社が出てくる。その場合，無担保コール・オーバーナイト金利やGCレポ金利に上昇圧力が加わることがある。

また，銀行等の準備預金に対する需要の強弱も，本来的には短期金利に影響を与える要因である（第4節参照）。

一方，現行政策下においては，本書を執筆している2019年9月時点の当座預金残高は400兆円程度となっているため，銀行券や財政要因による数兆単位の資金過不足が生じても金利の乱高下は発生しにくい。かつ，誘導対象の金利に長期金利も含まれるようになり，ETF（指数連動型上場投資信託）などリスク資産の価格形成にも日銀は影響を及ぼそうとしているため，オーバーナイト金利だけを見て金融調節が実施される状況ではなくなっている。

しかしながら，2016年2月16日から3階層式のマイナス金利政策が導入されたことで，金融機関の多くは日々の自身の日銀当座預金の政策金利残高（マイナス金利が課せられる階層）を最小化しようと努めるようになった。このため，日銀当座預金の資金過不足要因への注目が再び高まるようになっている。

2. 日銀当座預金を増減させる資金過不足要因

日銀当座預金を増減させる資金過不足要因をより詳細に見てみよう。

① 銀行券要因とは

家計や企業は，日々の経済活動にともなって，銀行券（日銀券）を金融機関に預けたり引き出したりしている。ATMなどを通じて，預金者が銀行券を多く引き出すことが予想されれば，金融機関は自己の日銀当座預金を取り崩して銀行券を引き出す。これを「銀行券の発行」と呼ぶ。反対に，顧客が金融機関に銀行券を預け入れ，金融機関の手元の銀行券の在庫が増加すれば，金融機関は余分な銀行

券を自己の日銀当座預金へ入金する（銀行券は利息を生まないため，日銀当座預金へ入金すれば，コールなどで運用することが可能となる）。これを「銀行券の還収」と呼ぶ。

銀行券の還収が銀行券の発行を上回る状況を「還収超」と呼ぶ。その場合，日銀当座預金は増加するので，銀行券要因の「還収超」は，金融市場にとって資金余剰要因となる。日銀ウェブサイト掲載の「日銀当座預金増減要因と金融調節」などの資料においては，「還収超」はプラスで表示される。

反対に，銀行券の発行が還収を上回る状況を「発行超」と呼ぶ。その場合，日銀当座預金は減少するので，「発行超」は金融市場にとって資金不足要因となる。上記の資料においては，「発行超」はマイナスで表示される。

② 財政等要因とは

財政等要因とは，主として日本国政府の資金である国庫金の受払いにともなって生じる日銀当座預金増減要因のことである。これは，政府の財政活動にともなう民間との国庫金の資金授受が，日銀にある政府預金と各金融機関の日銀当座預金との間で行われることで生じる。国庫から見た民間に対する資金の動きを「対民収支」と呼ぶ。

年金，公共事業代金，各種交付金，国債償還・利払いなどの国庫金の支払いは，政府預金から各金融機関の日銀当座預金に入金されるため，日銀当座預金残高は増加する。反対に，租税や社会保険料の納付，国債発行など政府部門の民間からの資金借入れは，日銀当座預金を減少させる。

財政等要因で，国庫から市中金融機関に対する支払額が，受入額より多いことを「払超」（金融市場にとっては資金余剰要因），反対に受入額が支払額より多いことを「受超」（揚超）と呼ぶ（金融市場にとっては資金不足要因）。前者は日銀資料「日銀当座預金増減要因と金融調節」などにおいてはプラス，後者はマイナスで表示される。

参考1：外為市場介入の影響

政府（財務省）が外為市場への市場介入を実施した場合も，一時的に日銀当座預金を増減させる。円売り介入の場合は，外貨購入の資金として介入の2営業日後に円が金融機関に支払われるので，日銀当座預金は増加する（ただし，原則的には，しばらく時間をおいて外為特別会計は介入資金をファイナンスするための国庫短期証券を市中で発行するため，その時点で日銀当座預金は減少する）。

一方，円買い介入の場合は，円が日銀当座預金から国庫に振り込まれるので，日銀当座預金はいったん減少する（ただし，原則的には，しばらくして外為特別会計は，介入によって得た円資金で国庫短期証券を償還するので，その時点で日銀当座預金は増加する）。

参考2：外国中央銀行・国際機関の影響

日銀は外国中央銀行や国際機関からも預り金を受け入れている。それらの口座から資金が民間に支払われたり，あるいは，民間からそれらの口座に資金が入金されたりすれば，日銀当座預金を増減させる。それらは，日本の国庫の対民収支とは異なるが，財政等要因にカウントされる（「等」の部分に含まれる）。

外国中央銀行が民間金融機関から円建て債券を購入すれば購入代金として円が支払われるが，その動きは財政等要因のプラスとして表示される。逆に彼らが債券を売却すれば，資金が彼らの日銀の口座に振り込まれるので，その動きは財政等要因のマイナスとして表示される。

3. 週内・月内の資金過不足パターン

銀行券や財政資金の動向には，通常，一定のパターンがある（表1-2）。

表1-2 月中資金過不足の平均的パターン

日	資金過不足基調	銀行券	要因	財政資金	要因
1					2年国債発行
2	不足			受超	法人税・消費税・社会保険料等納付，普通交付税交付（4,6,9,11月）
3					
4					
5					
6	余剰	還収		払超	
7					
8					
9			前月の増発分の戻り		
10	不足			受超	国庫短期証券償還・発行
11					
12	不足			受超	源泉所得税納付（1,7月は納付額がとくに大きい）
13					
14					ただし年金支給月（2,4,6,8,10,12月）は払超
15					
16					
17					
18				払超	
19	余剰	小幅増発		受超	ただし国債償還・利払いのある3,6,9,12月は大幅払超
20					
21					
22					
23		増発	民間給与払いのピーク		
24	不足				
25					
26				払超	
27	余剰				
28		小幅増発	月末決済需要		
29					
30					
31					

（注） 上記のパターンに加え，国庫短期証券（3カ月物）の発行日（毎週初）と上記以外の国債発行日は資金不足傾向となる。

①　銀行券要因

（1）　週内の基本パターン

週初は前週末に引き出された銀行券が還収傾向となり資金余剰，週末が近づくにつれ休日用の銀行券の手当てから発行が増加し（増発傾向となり）資金不足となる。

（2）　月内の基本パターン

月の上旬は前月末に引き出された銀行券が還収傾向となり資金余剰，中旬は小動き，下旬は給与払いや月末に向けての現金需要にともなう現金引出しから増発傾向となり資金不足となる。

②　財政等要因

資金不足となる租税や社会保険料の納付日，および国債や国庫短期証券の発行日，また資金余剰となる年金の支払日や国債・国庫短期証券の償還日は決まっており，月中パターンが形成されている。

（1）　主な受超（資金不足）要因

①　法人税・消費税，社会保険料の納付――月末日までに金融機関に納付され（月末が休日の場合は翌営業日が納付期限日），大部分は翌々営業日（2営業日後）に金融機関から国庫へ払い込まれる。したがって，月初第2営業日（月末が休日の場合は月初の第3営業日）は大幅資金不足となる。

②　源泉所得税――毎月10日までに納付される（10日が休日の場合は翌営業日が納付期限日）。金融機関は納付日の翌々営業日に国庫へ払い込むので12日（納付日の翌々営業日）が資金不足となる。

③　国債・国庫短期証券の発行――国庫短期証券は毎週初と10日と20日，2年債は月初第1営業日，それ以外の国債は入札日から$T+1$での発行となっており，それぞれ資金不足となる。

（2）　主な払超（資金余剰）要因

①　年金の支払い――偶数月（2, 4, 6, 8, 10, 12月）の15日（15日が休日の場合は前営業日）は年金支払日となっている。したがって

第1章 マネー・マーケットと日銀金融政策 **25**

BOX 1-3　税率変更と資金需給

　税の国庫納付は主要な資金需給要因であるが，その税のうちの消費税が 2019 年 10 月より 10 ％に増税された。一般消費者にとっては消費税が増税されれば即その分の税金を支払わなければならないが，資金需給という観点から見ると影響はすぐには出てこない。その原因は企業が消費税を国庫に納付する際の方法にある。2014 年 4 月の 8 ％増税時を例に見てみよう。

　年度で 4800 万円超の消費税を納めている大企業があったとしよう。その場合の消費税の納税方法は，決算でその年度の消費税が確定するまでは前年度の実績を 12 等分したものを基本的には毎月国庫に均等納付し，決算が確定した 2 カ月後の月末の納付期限に「その年度の確定した消費税額 − 前年度の実績の 11/12 分」を納付する，という仕組みになっている。つまり，3 月決算企業の 2014 年度の消費税は，確定納付前の 15 年 4 月末納付分までは消費税が 5 ％だった 13 年度実績に基づいて納付され，確定納付期限の 15 年 5 月末に「消費税 8 ％で確定した 14 年度の消費税の総額 − 消費税が 5 ％だった 13 年度実績の 11/12 分」が納付されることになるので，15 年 5 月末納付分（国庫に揚がるのは翌 6 月）は，それまでと比較して莫大な金額が納められることになった。

　このように，それぞれの税金の納付方法により実際に税率が変更されるタイミングと資金需給に影響を与えるタイミングは異なるので，増税や減税が実施されたときは注意が必要である。

15 日の財政等要因は大幅余剰となる。

　②　地方交付税交付金——地方交付税交付金のうち，その割合の大半を占める普通交付税交付金分は指定金融機関に，4, 6, 9, 11 月の法人・消費税，社会保険料の納付日にあたる月初第 2 営業日に交付されている。

　③　国庫短期証券・国債の償還——国庫短期証券は通常，発行日と同じ毎週初と 10 日・20 日に償還を迎える。ただし，日銀が国庫

> **BOX 1-4** 東短リサーチによる資金需給日足予想
>
> 　日々の資金需給の先行きを事前に予想することは，金融機関自身の資金繰り，日銀のオペレーション，短期金利の動向を読む上で，重要な作業となる。
>
> 　日銀は，市場終了の1時間程度後に精度の高い「翌営業日の当座預金増減要因と金融調節」を日々公表し，翌日の資金需給の見通しをアナウンスしている。しかし，翌々営業日以降の日々の資金需給予想は公表されていない。その予想は市場に委ねられている。
>
> 　このため東短リサーチでは，日銀が月初第3営業日に公表している「日銀当座預金増減要因（見込み）」（月間のトータルの資金需給予想や，日銀当座預金を1兆円以上動かす要因がある日の予想が掲載されている）や過去のデータ，経験則等に基づいて，先々の資金需給日足予想を作成し，取引先である市場参加者に提供している。

　短期証券買入オペで買い入れた分は市中償還されないので，その分，国庫から対民間に支払われる償還金額は減少する。国債は，2年債については現状毎月15日（休日の場合は翌営業日）で，2020年6月償還分より月初第1営業日，その他の国債は，基本的には3, 6, 9, 12月の20日（休日の場合は翌営業日）が償還日となる。なお，日銀の国債買入オペや財務省の国債整理基金による買入消却により買い入れられた国債も市中償還されないので，国庫から民間に支払われる償還金額はその分減少する。外国中央銀行等が保有している国庫短期証券や国債が償還を迎えた場合，その償還金は代理人である日銀に対して国庫から支払われるので，対民間に支払われる償還金額は減少する。

　これまで見てきたような銀行券要因と財政等要因の動きを組み合わせてみると，平常月における月間の資金過不足パターンは，前掲の表1-2のようになる。

4. 年間の資金過不足パターン

銀行券や財政資金は，年間を通じても，ある一定のパターンを形成している。

① 銀行券要因

(1) 発行超要因

ボーナス支払いによる現金需要が大きい 6 月と 12 月，ゴールデンウィーク前の現金需要がある 4 月は，月上旬の銀行券還収額よりも，その後の増発額のほうが大きくなり，月中では発行超となる。12 月は，さらに年末需要による銀行券増発も上乗せされるため，発行超額は年間で最大となり，例年 5 兆円弱の発行超となっている。

なお，古くは給与・ボーナス資金の現金支給から金融機関振込みへのシフト，また昨今ではキャッシュレス決済の普及なども相まって，給与・ボーナス支給による銀行券の増発は，以前に比べ格段に少なくなっている。

(2) 還収超要因

1 月は，12 月に発行された銀行券が上旬を中心に大量に還収してくるため，年間で最大の還収超となり，例年 3 兆～4 兆円程度の還収超となる。また，ゴールデンウィーク後の現金還収がある 5 月も還収超となる。

② 財政等要因

(1) 受 超 要 因

租税・社会保険料，国債（国庫短期証券を含む）が，大きな項目としてあげられる。租税から見てみよう。法人税は，日本では 3 月決算法人の納税額が圧倒的に多いため，それらの事業法人の法人税が国庫に中間納付される 12 月と，確定納付される 6 月がとくに大きくなる。源泉所得税は，ボーナス分が国庫納付される 1, 7 月が通常月より大きくなる。また 7 月は，株式配当課税の納付が大きくなる。社会保険料は，ボーナス分の納付月にあたる 2, 8, 9 月が大きい。

表1-3 年間資金過不足と銀行券要因の平均的パターン

	資金過不足	銀行券要因	
1月	不足	大幅還収	12月のボーナス資金および年末決済用現金が月初を中心に大量に還収。
2月	不足	トン	大きな要因なく、ほぼ過不足なし。
3月	余剰	小幅増発	下旬を中心に期末決済用現金が小幅増発。
4月	トン	増発	下旬に連休越えの現金需要で増発。
5月	不足	還収	連休越え現金の戻りで還収。
6月	余剰	小幅増発	ボーナス現金需要による小幅増発。
7月	不足	トン	ボーナス現金需要あるが、前月増発分の戻りもあり、ほぼ過不足なし。
8月	不足	トン	大きな要因なく、ほぼ過不足なし。
9月	トン	トン	大きな要因なく、ほぼ過不足なし。
10月	不足	トン	大きな要因なく、ほぼ過不足なし。
11月	不足	トン	大きな要因なく、ほぼ過不足なし。
12月	不足	大幅増発	ボーナス資金と年末現金需要で大幅増発。

(注) 1) 資金過不足は，表1-4の財政等要因と合わせた結果である。
　　 2) 「トン」はおよそ過不足のない状態を表す（金融業界では「トントン」を縮めた用語としてよく使われる）。

図1-1 銀行券要因の年間波動

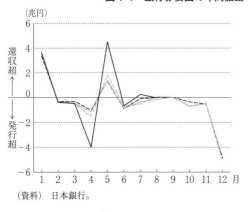

(資料) 日本銀行。

表 1-4 財政等要因の年間パターン

		財政等要因
1月	大幅受超	源泉所得税（12月ボーナス分）の納付が大きいのに加え、支払要因が少なく大幅受超。
2月	受　超	年金払いあるが、労働保険料納付もあり受超。
3月	払　超	法人税納付や財政融資資金の貸出回収など受超要因が多い。しかし、国債の償還・利払いや、公共事業費・特別交付金等の支払いが大きく払超。
4月	ト　ン	年金や普通交付税、出納整理払いなど払超要因も多いが、申告所得税や国庫短期証券の発行によりほぼ過不足なし。
5月	大幅受超	大きな払いがないため大幅受超。
6月	払　超	年間最大規模での法人税の納付があるが、年金や普通交付税、国債償還・利払いがあり払超。
7月	大幅受超	源泉所得税（6月ボーナス分）・株式配当課税の納付が大きいのに加え、労働保険料納付もあり大幅受超。
8月	受　超	年金払いあるが、社会保険料（7月ボーナス分）の納付が大きいため受超。
9月	ト　ン	普通交付税や国債償還・利払いなどの大きな払超要因もあるが、財政融資資金の貸出回収が大きいためほぼ過不足なし。
10月	受　超	年金払いがあるが受超。
11月	受　超	普通交付税の払いがあるが、労働保険料納付もあり受超。
12月	ト　ン	国債償還・利払いなどの大きな払超要因もあるが、法人税や申告所得税の納付が大きいためほぼ過不足なし。

（注）　2019年現在、日銀が行う大量の国債・国庫短期証券買入オペにより、財政の余剰要因にカウントされる国債・国庫短期証券の市中償還額が大幅に減っているため、表で払超やトンの月も、受超となっている場合がある。

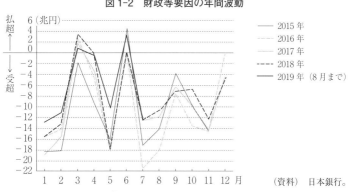

図 1-2　財政等要因の年間波動

（資料）　日本銀行。

国債は，大量償還月（3, 6, 9, 12月）にあたらない月は基本的に大幅
受超要因となる。

(2) 払 超 要 因

年金は，偶数月（2, 4, 6, 8, 10, 12月）に毎回約7兆円程度が支払わ
れる。地方交付税交付金は，4, 6, 9, 11月に毎回4兆円程度が支払
われる。国債は，3, 6, 9, 12月の大量償還月においては，国債の利
払いも加わって大幅払超要因となる。また，3月の公共事業費払い，
4月の出納整理払いも，通常月とは大きく異なる払超要因となる。

第4節　準備預金制度と短期金利

いわゆる異次元緩和策によって，日銀当座預金残高は現在，空前
の高水準になっている。このため，準備預金制度が短期金利に与え
る影響は，以前よりも見えにくくなっている。しかし，国内だけで
なく海外の中央銀行の金融調節を理解する上で，準備預金制度に関
する知識は非常に重要といえる。それは，先行きの出口政策（金融
政策正常化策）時の金融調節を推測する際にも，有用と思われる。

1.　準備預金制度の変遷

準備預金制度とは，民間の銀行等に対して，受け入れている預金
の一定比率（準備預金率）以上の金額を，中央銀行当座預金に強制
的に預け入れさせる制度である。

元来，一般的に同制度は預金者保護の意図を有していたが，金融
政策にも用いることができる。準備預金率が引き上げられると，銀
行等にとっては拘束される資金（中央銀行に預けなければならない資
金）が増加するため，彼らの貸出しや証券に対する運用は制約を受
ける。準備預金率が引き下げられれば，その逆が生じる。こうした
効果を利用して，景気過熱期には準備率の引上げを通じて金融引締

めを行い，逆に景気悪化時には引き下げることによって金融緩和を行うことができる。

日本の準備預金制度の変遷を見てみよう。『日本銀行百年史』によると，戦後間もない1945（昭和20）年秋頃から，すでに「支払準備制度」として同制度に関する議論はなされていた。当時はどちらかというと預金者保護としての意味合いが強かったが，銀行業界からの反発や，産業界に対する影響力が大きいこと，また市中銀行が強烈なオーバーローン（預金よりも貸出しが上回っている状態）で日銀貸出への依存度が高かったことなどから，昭和20年代後半にいったんこの議論は下火になる。

昭和30年代に入ると，都銀勢のオーバーローンが改善され日銀貸出への依存度も低下したため，日銀内では金融調節力の強化という問題意識が生じた。当時はまだ金融市場が未整備で，効果的かつ機動的なオペレーションが困難であったこともあり，新たな金融政策手段を求める形で再び支払準備制度の議論が活発化した。

1956年に発足した金融制度調査会が同制度を具体的に検討することになるが，「専ら通貨の調整を図る制度」として議論された。1957年3月に，政府は「準備預金制度に関する法律」を閣議決定，国会提出され，同年中に公布・施行された。

このように，現行の準備預金制度の創設の目的は，預金者保護や金融システム安定化のために金融機関に対して支払準備の保有を促すことよりは，中央銀行の調節手段の強化や多様化を目的としたものであった（それゆえ法律上の名称も「支払準備制度」ではなく「準備預金制度」とされた）。

しかしながら，近年においては日銀を含む多くの先進国の中央銀行は準備預金率操作を金融調節の手段としてあまり利用しなくなっている。日銀の場合，準備預金率を変更したのは1991年10月の準備率引下げが最後である（この変更も，金融緩和効果を狙ったという

よりも，銀行の預金量増加によって実効準備率が上昇しすぎていた状況を修正する意味合いが強かった）。

金融自由化が進んだ国では，預金と機能が実質的に似ているものの準備預金制度の対象外であるMMF（マネー・マーケット・ファンド）等の残高が増加している。その環境下で，中央銀行がたとえば金融引締めを目的に準備率を引き上げると，銀行は競争上の不利に直面することになり，不公平が生じる。また，金融緩和効果を求めて準備預金率を引き下げていくと，中央銀行当座預金残高が決済需要として必要な水準を下回ってしまう恐れもある（量的緩和実施中で中央銀行当座預金が高水準にある場合はこの問題は生じないが）。

このため，金融市場の整備が進み，中央銀行のオペレーションが市場金利に影響を与えることができている国では，準備預金率操作が金融政策に用いられる頻度は低下しており，オペレーションが金融調節の主力と見なされている。また，後述するように，短期金利のボラティリティを抑える「金利平準化機能」を意識して準備預金制度が運営されているケースも多々見られる。

ただし，金利規制や資本規制が残り，金融市場が発展途上にある新興諸国などおいては，準備預金率操作が金融政策の手段の1つとなっている事例が現在でも見受けられる。たとえば中国人民銀行は，政策金利の変更が資本流出や流入を招いて為替レートを大きく変動させる懸念がある場合は，金利操作に対する代替的な手段として準備預金率の上げ下げを行っている。

2. 準備預金率と法定所要額の計算

「準備預金制度に関する法律」は，各民間銀行等に対して「受け入れている預金残高の，一定割合を日本銀行当座預金に預け入れる」と定めている。この「一定割合」が準備預金率であり，それは日銀の金融政策決定会合において決定される。現行の準備預金率は

第1章 マネー・マーケットと日銀金融政策　　33

表 1-5 の通りである。

　準備預金率は，預金の種類および残高によって超過累進制の区分[9]
がなされている。

　仮に，ある日の預金残高が 20 兆円の普通銀行（居住者円預金のうち定期性預金 12 兆円，その他の預金 6 兆円，居住者外貨預金のうち定期性預金 8000 億円，その他の預金 2000 億円，非居住者預金 1 兆円）があったとする。この銀行の居住者・定期性預金 12 兆円に関する所要額は次のようになる。

① 　500 億円以下は準備率 0 ％

　500 億×0 ％＝0 円

② 　500 億円超から 5000 億円以下は 0.05 ％

　4500 億×0.05 ％＝2.25 億円

③ 　5000 億円超から 1 兆 2000 億円以下は 0.05 ％

　7000 億×0.05 ％＝3.5 億円

④ 　1 兆 2000 億円超から 2 兆 5000 億円以下は 0.9 ％

　1 兆 3000 億×0.9 ％＝117 億円

⑤ 　2 兆 5000 億円超は 1.2 ％

　9 兆 5000 億×1.2 ％＝1140 億円

　よって，①～⑤を合計すると 1262.75 億円となる。同様の計算を他の預金に対しても行い，全体の法定所要額を求める。

　このような計算を月初から月末まで毎日行うことによって算出された金額を 1 カ月間で合計したものが，その金融機関の「月間所要積数」になる。それを積立期間の日数で割ったものが 1 日当たりの「月間所要平残」となる。

　ちなみに，2019 年 7 月積み期（7 月 16 日～8 月 15 日）の市場全体の月間所要平残は 10.28 兆円だった。業態別の内訳は，都市銀行

---

9)　超過累進制は 1986 年 7 月より開始された。それ以前は単純な段階制だった。

表 1-5　準備預金制度の準備率（2019 年 9 月現在）

				準備率
預金についての準備率[1]	銀行・長期信用銀行・信用金庫[3]	定期性預金（譲渡性預金を含む）の区分額についての準備率	2 兆 5000 億円超	1.2 %
			1 兆 2000 億円超 2 兆 5000 億円以下	0.9 %
			5000 億円超 1 兆 2000 億円以下	0.05 %
			500 億円超 5000 億円以下	0.05 %
		その他の預金の区分額についての準備率	2 兆 5000 億円超	1.3 %
			1 兆 2000 億円超 2 兆 5000 億円以下	1.3 %
			5000 億円超 1 兆 2000 億円以下	0.8 %
			500 億円超 5000 億円以下	0.1 %
	農林中央金庫	定期性預金（譲渡性預金を含む）の残高についての準備率		0.05 %
		その他の預金の残高についての準備率		0.1 %
債券の残高についての銀行および長期信用銀行準備率				0.1 %
金銭信託（貸付信託を含む）元本の残高についての準備率				0.1 %
外貨預金等[2]の残高についての準備率	非居住者外貨債務			0.15 %
	居住者外貨預金	定期性預金		0.2 %
		その他の預金		0.25 %
非居住者円勘定にかかる債務[2]の残高についての準備率				0.15 %
特別国際金融取引勘定からその他の勘定への資金の振替えにかかる金額の残高についての準備率				0.15 %

(注)　1)　定期積金を含み，外貨預金および非居住者円預金ならびに特別国際
　　　　　金融取引勘定にかかる預金を除く。
　　　　2)　特別国際金融取引勘定にかかるものを除く。
　　　　3)　信用金庫の適用先は預金残高 1600 億円を超えるもの。
(資料)　日本銀行。

4.59 兆円，地方銀行 2.1 兆円，第二地方銀行 0.25 兆円，外国銀行
0.07 兆円，信託銀行 0.55 兆円，その他 2.72 兆円となっている。

3. 準備預金積立ての実行

　日銀に預け入れる金額は，上記計算により「月間所要積数」として決定できた。では，金融機関はこの金額を，どのように日銀に預け入れるのだろうか。

　準備預金制度適用先の金融機関は，対象となる月の月間所要積数[10]を達成するために，その月の 16 日から翌月 15 日までの間に，日銀当座預金に資金を預け入れなければならない。たとえば，2019 年 8 月の場合，所要額の計算対象となる日々の預金残高は 8 月 1 日から 8 月 31 日までであり，準備預金の積立期間は 8 月 16 日から 9 月 15 日となる。

　このように，現在の積立方式は，実際の預金残高に対して半月遅れの「同時・後積み混合方式」となっている。このため対象の月が終了し預金残高の集計が確定するまでは，翌月 15 日までに積み立てなければならない正確な月間所要額はわからない。よって金融機関は最近の資金の動きや例年の季節性等を考慮して，準備預金の積立てを開始する。なお，市場全体の月間所要額は，原則として月末および 7 日（休日の場合は前営業日）に改定が発表される（いわゆる「見直し」）。当初見込みと，「見直し」の差が大きい場合，積立期間の残り日数が少ない中で調整を図らなければならないため，それが金利波乱要因になるケースがかつてはあった。

　所要額を上回って積まれた資金は超過準備となるが，これを次の積立期間に充当することはできない。一方，最終日までに積立額が所要額に達しなかった場合には，不足額に対して「基準割引率およ

　10）　都市銀行，地方銀行，第二地方銀行，信託銀行，外国銀行支店，信用金庫（預金残高 1600 億円超），農林中央金庫，ゆうちょ銀行などである。

び基準貸付利率」に3.75％を加えた過怠金を翌月の15日までに日銀に納めなければならない。所要額の達成は金融機関にとって最も基本的な資金繰りであるため，積立不足がもし外部に知られた場合，「あの銀行の財務に何か問題があるのではないか」といった風評リスクが台頭する恐れがある。このため，「いざとなれば過怠金を払えばよい」という気軽なスタンスで所要額の積立てを考える金融機関は基本的にいない。

4. 平均残高方式がもたらすオーバーナイト金利平準化効果

準備預金所要額は，前述のように1カ月間に達成すればよいため（平均残高方式），金融機関の資金ディーラーは自社の準備預金残高を日々ある程度増減させながら積立てを進めることができる。このような平均残高方式は，短期金利の平準化効果を持つ。

たとえば，ある日のオーバーナイト金利が何らかの事情で強含んでいる場合，金融機関は市場からの資金調達を抑えたり，あるいは市場に対する資金運用をあえて増やしたりして準備預金残高を意図的に低くする（積立ての進捗は遅れる）。

そして後日，金利が低下する日が現れたら，市場からの調達量を増やして準備預金残高を上昇させれば，この金融機関は先ほどの積立ての遅れを挽回することができ，かつトータルの資金繰りコストを低位に抑えることができる。多くの金融機関の資金ディーラーがそのような判断を行うならば，オーバーナイト金利の乱高下はある程度抑えられることになる。

このため，海外でも多くの中央銀行が，平均残高方式の準備預金制度を採用している。ただし，積立期間はそれぞれの国の金融市場の事情によって異なっている。たとえば，FRBは2週間，ECB（欧州中央銀行）は原則，金融政策に関する理事会の4営業日後から次の同理事会の3営業日後（2019年は平均45.5日間）となってい

る。

5. 異次元緩和策下での準備預金積立状況

準備預金積立期間内のある日までに市場全体（準備預金制度対象金融機関全体）で積み立てられた実績（積数）を，当該期間の所要積数で割ると，「進捗率」を知ることができる。進捗率と「平均進捗率」（初日からその日までの日数を当該積立期間の日数で割ったもの）との開きは，「進捗率乖離幅」と呼ばれる。また，最終日までに積み立てなければならない残り所要額を，残り日数で割れば，「残り所要平残」を求めることができる。

こういった指標は，かつて日銀が超過準備をほとんど発生させない「中立調節」（当座預金残高を所要準備額とおおよそ同程度で推移させる金融調節）を実施していた頃は，オーバーナイト金利の動向を予想・判断する上で非常に重要な材料となっていた。

たとえば，進捗率乖離幅が下方に大きくなり，残り所要平残が高水準になっているときは，金融機関は準備預金積立ての遅れを取り戻そうと資金調達意欲を高めているため，日銀当座預金残高が普段よりも高水準の日であっても，オーバーナイト金利に上昇圧力が加わる。逆に，市場全体の積立てが進んでいる場合は，日銀当座預金残高が普段よりも低水準の日であっても，オーバーナイト金利は低下しやすくなる。

しかしながら，2013 年 4 月からの日銀の量的・質的緩和策（QQE）のもとでは，上述のような進捗率をベースにオーバーナイト金利の先行きの推移を予想するアプローチの有効性は，著しく低下した。図 1-3 は，準備預金積立ての進捗率を示している（横軸は積立期間初日からの営業日数）。

図 1-3 の 3 本の線は，①が 2007 年 7 月の積立期間（同年 7 月 16 日〜8 月 15 日，所要平残 4.8 兆円，日銀当座預金平残 8.7 兆円），②は

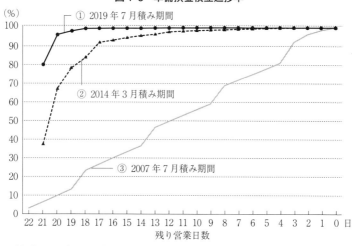

図1-3 準備預金積立進捗率

(出所) 日銀資料から東短リサーチ作成。

量的・質的金融緩和導入から1年近く経った14年3月の積立期間(同年3月16日～4月15日,所要平残6.0兆円,日銀当座預金平残126.1兆円),③は同政策開始から6年以上経過した19年7月の積立期間(同年7月16日～8月15日,所要平残10.3兆円,日銀当座預金平残400.7兆円),を表している。

2007年7月の場合,進捗率は最終日に向かってほぼ均等なペースで綺麗に積み上がっていた。この頃の各金融機関は自身の月間所要平残におおよそ沿うように準備預金の積立てを日々繊細に調整していた。

それに対して,QQE下である2014年3月および19年7月は,積立開始早々に進捗率が急上昇して100%に近づいている(積立完了の金融機関が積立期間の早期に続出している)。こういった状況下では膨大な超過準備が早々に発生し,それがオーバーナイト金利に常時低下圧力を加え続ける。

このため，従来のような，資金需給・決済需要・進捗率などを考慮しながら，準備預金をきめ細かく積み立てていく資金ディーラーたちの「職人芸」は急速に失われていった。ただし，市場の一部には，将来の金融政策正常化時に対応力が損なわれないよう，多少のコストをかけながらも，資金繰りのノウハウを維持する努力を示す金融機関も見受けられた（なお，3階層式のマイナス金利政策が2016年2月積み期間に導入されてからは，マイナス金利適用残高を最小化するための新たな動きが現れている。詳細は本章第6節）。

なお，将来的に日銀が金融政策の正常化に着手し，オーバーナイト金利を0％よりも上に引き上げていく局面が来たときに（現時点ではかなり遠い先に感じられるが），日銀がかつてのような「中立調節」に復帰できるか否かに関しては，後出のBOX 1-12「コリドー・システムとフロア・システム」で考察している。

第5節　ELB下の非伝統的金融政策の分類

ここまで量的・質的緩和策（QQE）やマイナス金利政策について断片的に言及してきたが，改めてそういった「非伝統的金融政策」の全体像を概観してみよう。

景気拡大やインフレ率上昇を狙って中央銀行がオーバーナイト金利などの短期金利を引き下げ続けてはみたものの，それでは十分な効果が得られなかった場合，中央銀行は副作用などの弊害も考慮すると同金利をこれ以上引き下げられない状況に陥りうる。

そういった短期金利の事実上の下限を，ELB（effective lower bound）と呼ぶ。日銀は，バブル経済破裂後の日本経済長期低迷下で利下げを続けた結果，1999年2月にゼロ金利政策を導入したことでELBに到達した（当時はELBは0％と考えられていた）。FRBも，リーマン・ブラザーズ破綻後の金融市場の大混乱の中で，2008

図 1-4　銀行間オーバーナイト金利の推移

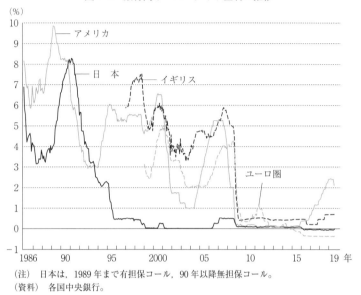

（注）　日本は，1989年まで有担保コール，90年以降無担保コール。
（資料）　各国中央銀行。

年12月にそこに到達した（図1-4）。

　短期金利をこれ以上引き下げられなくなった中央銀行は，新たな非伝統的手法を模索してきた。これまで国内外で実際に導入されてきた政策オプションは，以下のように整理することができる。

1. フォワード・ガイダンス（時間軸政策）

　オーバーナイト金利などの短期金利が現行の水準で今後も継続されることを市場に予想させることで，長期金利の低下を促す政策。明示的な世界初のフォワード・ガイダンスは，1999年4月に速水優日銀総裁が記者会見で発した「デフレ懸念の払拭が展望できるような情勢になるまでゼロ金利政策を続ける」という文言である（当時国内では「時間軸政策」と呼ばれた）。

　その後も日銀は，表現手法を変えつつもフォワード・ガイダンス

をたびたび採用している。アメリカ，カナダ，ユーロ圏など他の多くの中央銀行も追随してフォワード・ガイダンスを採用した。

同ガイダンスの中で短期金利を据え置く期間を示す表現手法には，条件式（インフレ率や失業率など，経済がある条件を満たすまで利上げをしないと述べるスタイル）や，カレンダー式（××年半ばまで，××年春頃まで，といったように具体的に時期を示すスタイル）がある。

2. 量的緩和策

量的緩和策（quantitative easing：QE）の定義は，実は市場参加者によってさまざまであり，単に中央銀行が市場から証券を大規模に購入すれば QE だと見なす人も多い。ここでは，それを"広義のQE"と定義しよう。

一方，中央銀行のバランスシートの負債サイドにある当座預金残高またはマネタリー・ベース（当座預金＋現金市中流通額）残高を増大させること自体を意図した政策を，"狭義の QE"と定義してみる。

日銀は 2001 年 3 月から 06 年 3 月にかけて，はじめて量的緩和策を実施した。これは"狭義の QE"だった。日銀当座預金残高にターゲットが設定され，それは最大で 30 兆～35 兆円というレンジへ引き上げられた。同残高が 400 兆円近くになっている現在に比べると"かわいい"数字に見えてしまうが，当時としては技術的に非常にチャレンジングな政策だった。

なぜなら，この日銀当座預金残高引上げは，共通担保式資金供給オペなどの，短期に期日が訪れるテンポラリー資金供給オペ（第 7 節で解説）で実現されていた。しかも当時は日銀当座預金に付利がなされておらず，金融機関にとってあえて超過準備を大量に保有するインセンティブはなかった。[11]

金融機関がテンポラリー資金供給オペの応札に参加する意思を持たなければ，日銀はそれによって資金供給を増加させることができない。同オペに対する金融機関の需要が弱い場合，応札額は日銀が希望する額に満たない「札割れ」という現象が起きる。当時の日銀は，頻繁に大規模に発生する「札割れ」と格闘しながら，日銀当座預金を積み上げていった。

ただし，福井俊彦総裁が主導したこの QE には決定的に重要な利点があった。出口政策が技術的に容易だったという点である。テンポラリー資金供給オペの期間は実際は数カ月以内のものが多かった。このため，以前実施した同オペの期日が次々と来る中で日銀が新たに同オペを実施することを控えていけば，日銀当座預金はスルスルと短期間で減っていくことになる。

なお，中央銀行当座預金（およびマネタリー・ベース）の増大それ自体が経済や物価を刺激する直接的な効果は，実際はないといえるだろう。増加した超過準備は中央銀行の口座に単に預けられるだけで，経済的には何の働きもしない（BOX 1-5 で示すように，ベン・バーナンキ元 FRB 議長も率直にそう指摘している）。

当時の日銀政策委員の大半が，そのことを認識した上で上述の QE を採用したのは，積み上がっていく日銀当座預金が人々のマインドに何らかのプラスの影響をもたらす「期待のチャネル」が働くことを願いつつ，世界経済回復が日本経済を押し上げてくれる時期が来るまでの「時間稼ぎ」を狙っていたものと推測される。

それに対して，2013 年 4 月から行われている量的・質的緩和策（QQE）では，マネタリー・ベースを増加させる資金供給ツールの主力は長期国債買入オペとなっている。このオペは買切り（アウトライト）なので，国債の満期が訪れるまで日銀の資金供給は長期間

11）　現在は，マイナス金利政策下であっても金融機関が日銀当座預金に資金を預けたくなるように，ゼロ金利とプラス金利の階層が設定されている。

BOX 1-5　実は不明瞭な QE の効果

　日銀は，2001 年 3 月からの量的緩和策で日銀当座預金に目標を設定し，13 年 4 月からの QQE ではマネタリー・ベースの年間増加額に目標を設定した。しかしながら，中央銀行のバランスシートの負債側の項目の増加を重視するそういった政策は，景気を刺激したりインフレ率を押し上げたりする効果をあまり持たない，と考える中央銀行幹部は，実は現時点では世界的に非常に多い。

　FRB は，世界金融危機後から 2014 年にかけて大規模資産購入策（LSAP：large scale asset purchase）を第 1 弾から第 3 弾まで実施した。市場関係者やマスメディアは，それらに QE 1（quantitative easing ＝量的緩和第 1 弾），QE 2，QE 3 といった俗称を与えた。だが FRB 幹部は，それらによって増大した当座預金のマネーは FRB の口座に単に積み上がるだけで経済に影響を及ぼさないと考え，当座預金やマネタリー・ベースに目標を設定しなかった。

　当時のバーナンキ議長は，2012 年 2 月の議会証言で FRB 当座預金の膨張について，「銀行が FRB に預けている電子的な金額が単に増えただけだ。それが何か大きな役割を果たしたことはない」と述べていた。つまり，FRB は “狭義の QE” の効果を全否定している。

　FRB のエコノミストらは，LSAP 第 1～3 弾の主な効果は，国債やエージェンシー MBS を FRB が大規模に購入したことによって，それらの価格（金利）に影響を及ぼしたことにあると説明している。

　ただし，LSAP 1～3（市場が呼ぶところの QE 1～3）の効果を概観してみると，最も有用だったのは LSAP 1 だったといえるだろう。同政策は，リーマン・ショック後の金融市場のパニック下で生じた流動性の枯渇に対し，「最後の貸し手」として FRB が実施した信用緩和策だった。

　市場が落ち着いた後に総需要刺激策（景気対策）として実施された LSAP 2 と 3 については，その効果は限定的だったとの見解が近年は頻繁に聞こえる[12]。実際，それらがアメリカのインフレを過熱させるほどの強い効果をもし発揮していたのならば，FRB は出口政策下でフェデラル・ファンド金利（日本の無担保コール・オー

バーナイト金利に相当）誘導目標をより高い位置に引き上げること
ができていただろう。実際は，（アメリカ政権の対中貿易交渉の悪
影響もあったとはいえ）2％台半ば近くという歴史的には低い水準
で，利上げは停止された。

継続される。このため，福井総裁時代の QE よりも，出口政策の難
易度ははるかに高いといえる。

3. 信用緩和策（質的緩和策）

中央銀行が従来はオペ対象にしていなかったリスクのある証券を
買い入れたり，通常よりも適格担保の範囲を拡大して金融機関に資
金貸出しを実施したり，平時にはオペ対象になっていない企業に資
金貸出しを行う政策。中央銀行のバランスシートの資産サイドの構
成を変化させる政策という言い方もできる。

世界金融危機の最中に FRB は，凍りついた市場の流動性を解き
ほぐすため，従来は購入しなかったエージェンシー MBS（モーゲ
ージ担保証券）等を大規模に市場から買い入れたり，MMF の資金
繰りを支えたり，といった信用緩和策を大胆に実施した。当時は他
の先進国の中央銀行も，それぞれの国の金融危機の事情に合わせた
信用緩和策を実施している。

信用緩和策は中央銀行に損失を発生させる恐れがある。それを避
けるために，当初から政府の財務当局が損失補填を約束するケース
が見受けられる。その場合，中央銀行の自己資本は毀損されないが，
そのコストは最終的に納税者が負担することになる。

このため，一般的には金融危機が鎮静化すれば信用緩和策は縮

---

12) たとえば，D. Greenlaw, J. D. Hamilton, E. Harris and K. D. West, "A Skeptical View of the Impact of the Fed's Balance Sheet"（NBER Working Paper No. 24687，2018 年 6 月）など。

小されるケースが多い。しかし，日銀はインフレ目標達成を目的に，2013年春以降もCPや社債の買入れを継続し，かつETFやJ-REIT（日本版不動産投資信託）の購入を拡大してきた。なお日銀は，これらの信用緩和策を質的緩和策と呼んでいる。

　ここで，*2.*の量的緩和策（QE）と*3.*の信用緩和策（質的緩和策）に関して議論をいったん整理してみよう。*2.*（とくに"狭義のQE"）で中央銀行がマネタリー・ベースを徹底的に増加させようとするならば，従来オペ対象としていた証券の購入増額だけではそれが実現できないケースが生じうる。その場合，新たな種類の証券の購入が必要になってくる。また，*3.*の政策を大規模に実施していけば，結果的に中央銀行当座預金（またはマネタリー・ベース）は膨張していく。

　つまり，*2.*と*3.*の政策を継続・拡大していくと，実際は両者の境界線は曖昧になっていく。日銀が2013年4月から始めたQQEは，まさにそれを意識しながら実施されている政策といえる。

4. マイナス金利政策

　1970年代にスイス国立銀行（SNB）は，自国通貨の為替レートの上昇を抑制するために，対象を外国銀行など一部に限定する形でマイナス金利政策を導入した。しかし，当時のそれは世界的には例外的な政策であった。名目金利を0％より下げる政策は実務上のさまざまな問題をもたらしうる，と多くの中央銀行が考えていたため，長く，ELBの水準は一般的には0％近傍と考えられてきた（それゆえELBは，以前はZIRB：zero interest rate bound＝ゼロ金利制約と呼ばれていた）。

　しかしながら，2010年代前半になって，ヨーロッパで短期金利に0％のフロア（底）を突き抜けさせる試みが現れた。デンマーク

BOX 1-6　マイナス金利の「需要前借り効果」の限界と通貨戦争

　イングランド銀行のマーク・カーニー総裁は，2016 年 2 月の講演で，他の中央銀行が実施しているマイナス金利政策の本質的な問題点を指摘した。その要約を記してみよう（（　）内は筆者の解説）。

・中央銀行のイノベーションは，今やマイナス金利政策にまで拡大した。しかしながら，マイナス金利が健全なバランスシートをともなった景気刺激を実現することには限界がある。

・銀行はマイナス金利を家計の預金に完全に転嫁することができない（預金の解約が大規模に生じてしまうため）。この場合，消費が拡大することはない（マイナス金利による預金の目減りを嫌がって家計が早めに物品・サービスの購入を進める動きは現れないし，銀行の資金調達金利の低下が限定的であれば，家計向けの貸出金利を大きく引き下げることはできない）。

・また，金利を引き下げる政策の効果は，「明日の需要を今日に持ってきてそれを前借りすること」にある。しかし，需要の前借りを何年も続けていると，明日の需要を昨日使ってしまっていたということになる（超低金利が長期化すると需要刺激効果が低下してくる）。

・マイナス金利は銀行の収益を引き下げる懸念もともなう。

・そうでありながら，マイナス金利政策が採用されている主目的は，インターバンク市場での金利低下を通じた為替レートのチャネルにある（為替レートが安くなることで自国の輸出産業に有利な状況が生まれること）。

・これは個々の国にとっては経済を刺激する魅力的なルートに違いない。しかし，世界全体で見ればゼロサム・ゲームだ。

・しかも，国内の貯蓄超過（裏を返せば需要不足）をグローバル市場に押しつけることは，グローバルな短期の中立金利をさらに低下させ，グローバル経済を流動性の罠に近づけていく。グローバルなゼロ金利制約においては，フリーランチ（ただ飯）は存在しない。

　このように，この講演は，中央銀行の金融緩和策の本質的な効果である「需要の前借り効果」には限界があること，ヨーロッパと日

本という大きな経済地域がマイナス金利政策による通貨安誘導で域内の需要不足を他に押しつけても，それは他の経済圏の足を引っ張ることになり，グローバル経済としては問題の解決にならないことを指摘している。

国立銀行は 2012 年 7 月に，ECB は 14 年 6 月に，スイス国立銀行は同年 12 月に，スウェーデン国立銀行は 15 年 2 月に，それぞれのインターバンク市場の短期金利をマイナス圏に押し下げる政策を導入した。

彼らは自国通貨の為替レートを引き下げるための事実上の「通貨戦争」を内心意識しながら，そういったマイナス金利政策を採用した（BOX 1-6）。その動きを参考にして，日銀も 2016 年 1 月に同政策を導入する。

このため今や同政策は「例外的」とはいえない状況にある。マイナス金利政策採用国の 2018 年の名目 GDP の合計は，全世界の 4 分の 1 に近い比率になっている（IMF データより）。

5. 長期金利誘導政策

従来，中央銀行は長期金利を緻密にコントロールすることは困難と考えていた[13]。長期金利には市場のさまざまな期待（先行きの短期金利のパス，ターム・プレミアム，財政の信認等々）が織り込まれるからである。しかし，短期金利が ELB まで引き下げられると，名

---

[13] 　第二次世界大戦から 1951 年にかけて，FRB はアメリカ政府の求めに応じて長期金利を 2.5 ％にペッグ（固定）する国債価格維持政策を実施したことがあった。しかし，それが可能だったのは，当時の金融業界は規制下にあり，かつ今日のように金融市場が巨大でグローバルにリンクしている状況ではなかったがゆえである。同政策とその出口政策時のアメリカ政府と FRB の対立に関しては，加藤出・山広恒夫『バーナンキの FRB』（ダイヤモンド社，2006 年）第 6 章を参照。

目金利の下げ余地がまだ残っている長期金利を引き下げることができないか，中央銀行たちは知恵を絞るようになった。

その1つの手が，市場の予想に働きかけることで長期金利の低下を促すフォワード・ガイダンスである。また，FRBのLSAP（"広義のQE"）やオペレーション・ツイスト[14]などの国債を大規模に購入する政策も，狙いは長期金利の低下にあった。

その一方で，日銀は2016年9月に，10年物国債の金利を0％近辺という特定の狭いレンジに誘導することを意図するイールドカーブ・コントロール（YCC）政策を導入した。FRBは2012年に中期金利（2～3年）を誘導する政策を検討したが，出口政策の困難さなどが懸念され，その採用は見送られている。それに比べると日銀のYCCは，きわめて異例の試みと見なせるだろう。

第6節　日銀異次元緩和策の変遷
——QQE，マイナス金利，YCC

前節で，ELBに到達した中央銀行が選択しうる政策オプションを概観した。それに対し，日銀が黒田総裁のもとで2013年春から実施している「異次元緩和策」はどのようなものなのかを，本節で見てみよう。

---

14) FRBは，LSAP 2（QE 2）とLSAP 3（QE 3）の間にオペレーション・ツイスト（正式名は残存期間延長プログラム，2011年9月開始）を実施した。当時，アメリカ議会はQEによるFRBのバランスシート拡大を嫌悪し，同政策を激しく攻撃していた。そういった批判を懐柔するためFRBは，市場から残存期間が長い長期国債を購入すると同時に，FRBが保有する残存期間が3年以内の国債を市場に売却する同プログラムを採用したのである。これはマネタリー・ベースの増加（およびFRB資産の拡大）を避けつつ，長期金利の低下を狙う政策だった。今後もアメリカ議会にQEを嫌う傾向が強まる状況が現れれば，FRBはオペレーション・ツイストを再び採用する可能性があると，アメリカのFEDウォッチャーらは見ている。

1. 量的・質的金融緩和（QQE）の導入（2013年4月）

2013年4月4日，日銀は量的・質的金融緩和（QQE）の導入を決定した。決定後の記者会見で，就任早々の黒田総裁は「2」という数字が多数が躍るフリップ（2％のインフレ目標を2年程度で達成，マネタリー・ベースを2倍，長期国債買入れの平均残存期間を2倍）を駆使して，それまでの白川総裁体制からの強烈なレジーム・チェンジを演出した。主な内容は下記の通りである。

① マネタリー・ベース・コントロールの採用（政策委員全員一致）──金融市場調節の操作目標を，無担保コール・オーバーナイト金利からマネタリー・ベースに変更，それを「年間60兆〜70兆円に相当するペースで増加するよう金融調節を行う」とした。

  マネタリー・ベースとは，前述の通り，日銀当座預金残高と現金（日銀券＋貨幣）流通高の合計のことである。日銀は短期的には現金流通高をコントロールできないので，結局は日銀当座預金の拡大を目指すことになる（この政策は前節で見た量的緩和策に相当する）。QQE開始時のマネタリー・ベースは約130兆円だったが，これを2年で倍の260兆円にすると説明された。

② 長期国債買入れの拡大と年限長期化（全員一致）──日銀はイールドカーブ（金利曲線）全体の金利低下を促す観点から，長期国債の保有残高が年間約50兆円に相当するペースで増加するよう買入れを行うとした（マネタリー・ベース年間増加額60兆〜70兆円のうちの大半を占める）。また，買入れの平均残存期間は従来の3年弱から7年程度に延長された。それまでの日銀の月間国債買入額は2兆円台半ば〜4兆円台後半程度（「資産買入等の基金」を含む）だったが，一気にその2倍強の月間6兆〜8兆円へと拡大された。[15]

③ ETF・J-REIT の買入れの拡大（全員一致）——資産価格のリスク・プレミアムに働きかける観点から，ETF および J-REIT の年間購入額が，それぞれ 1 兆円程度と 300 億円程度に拡大された。

④ QQE 継続に関するフォワード・ガイダンス（賛成 8，反対 1）——日銀はこの QQE を，2％の「物価安定の目標」が実現され，それが安定的に持続されるのに必要な時点まで継続すると宣言した。ただし，木内登英審議委員は「2 年間程度を集中対応期間と位置づけて，『量的・質的金融緩和』を導入する」とすべきとして反対した。

このように，2013 年 4 月から開始された QQE は，前節で見た ELB 下の政策手段としてのフォワード・ガイダンス，および空前の規模の量的緩和策・信用緩和策（質的緩和策）を盛り込んだ政策だった。国債買入額は市場の事前予想を大幅に上回り，市場参加者に強烈なサプライズを与えた。総裁は「異次元」の政策であることをアピールしたため，この QQE は「黒田バズーカ」「異次元緩和策」とも呼ばれた。

日銀は，QQE の波及経路は「主に 3 つある」と説明した。

1 つ目は，長期国債や ETF，J-REIT の買入れによって，「イールドカーブ全体の金利の低下を促し，資産価格のプレミアムに働きかける効果」。資金調達コストの低下を通じて，企業などの資金需要を喚起すると考えられた。

---

15) マネタリー・ベースを年間で 60 兆〜70 兆円増加させるには，長期国債買入れの 50 兆円，ETF および J-REIT 買入れの 1 兆円強とは別に，およそ 10 兆〜20 兆円の資金供給が必要になる。そこで重要になるのは，まずは貸出支援基金の「貸出増加を支援するための資金供給オペ」である。ただし，同オペは日銀が強制的に実施するものではなく，金融機関サイドのニーズによって資金供給額が変動する。このため日銀は，マネタリー・ベース年間増加額を達成する上での「調整弁」として，共通担保資金供給オペや国庫短期証券買入オペといった，いわゆる「短期オペ」を利用した。

2つ目は，長期国債を大量に買い入れることで，これまで長期国債の運用を行っていた投資家や金融機関が，株式や外債等のリスク資産へ運用をシフトさせたり，貸出しを増やしていく，「ポートフォリオ・リバランス効果」。

3つ目は，「物価安定の目標」の早期実現を明確に約束し，これを裏打ちする大規模な資産買入れを継続することで「市場や経済主体の期待を抜本的に転換する効果」。予想物価上昇率が上昇すれば，現実の物価に影響するだけでなく，実質金利の低下を通じて民間需要を刺激することができるという（2013年5月26日の黒田総裁講演より）。

この政策のもとで，2014年春頃までは，日銀内にインフレ目標達成に関して楽観的なムードが見られた。しかし，同年夏頃からインフレの失速が懸念され始めるようになる。

2. 「黒田バズーカ第2弾」（2014年10月）

QQE開始から1年半ほど経過した2014年10月31日に，日銀政策委員会は再びサプライズをともなう追加の緩和策を決定した。

マネタリー・ベース年間増加額は80兆円へ拡大され（10兆～20兆円増加），その実現のために長期国債保有残高の年間増加ペースは約80兆円へ引き上げられた（30兆円増加）。また，長期国債の買入平均残存期間は7～10年程度に延長された（最大3年程度延長）。ETFおよびJ-REITの年間買入ペースは，それぞれ3兆円，900億円へと引き上げられた（従来の3倍）。

QQE開始時の記者会見で黒田総裁は「2」という数字を繰り返してプレゼンの印象を強めたが，ここでは「3」がアピールされた。ただし，今回の決定に関する日銀政策委員の採決は，賛成5票に対して反対4票と，見解が大きく割れる結果となった。

マネタリー・ベース年間増加額の拡大幅がすべて長期国債の買入

増額で賄われることとなったのは，国庫短期証券等の短期オペのさらなる増額は困難だったことが背景にある。

　長期国債の月間買入額は8兆〜10兆円程度に増加したため，日銀は財務省による月間新規発行額の約9割を買い入れることになった。市場参加者はこれを「黒田バズーカ第2弾」と呼んだが，この決定により日銀の国債買入れはいよいよ上限に近づくこととなった。

3. QQE「補完措置」の導入（2015年12月）

　QQE開始から2年9カ月経ってもインフレ率が依然として目標に届きそうな気配がない中，日銀は政策のファイン・チューニングである「量的・質的金融緩和を補完するための諸措置の導入」を発表した。新たなETF買入枠の設定（政策委員による採決は賛成6・反対3）[16]，成長基盤強化支援資金供給の拡充および貸出支援基金等の受付期間を1年間延長（全員賛成）[17]，日銀適格担保の拡充（全員賛成）[18]，長期国債買入れの平均残存期間延長（賛成6・反対3）[19]，J-REIT買入限度額の引上げ（賛成6・反対3）[20]などである。

　盛りだくさんではあったが，株式市場や為替市場などには「黒田バズーカ第3弾」を期待する声もあっただけに，この政策微修正はかえって「QQEの手詰まり感」「緩和の限界」を市場に印象づけることとなった。QQEの主力手段である，国債買入れの増額が困難

16）　従来の年間約3兆円の買入れに加え，新たに年間約3000億円の枠を設け，「設備・人材投資に積極的に取り組んでいる企業」の株式を対象とするETFの買入開始を決定した。

17）　「設備・人材投資に積極的に取り組んでいる企業」を対象に追加し，さらに全体の手続き簡素化などを進める。

18）　日銀の大規模な国債買入れにより金融機関が保有する担保が減少していることから，外貨建て証書貸付債権および住宅ローン債権信託受益権を適格担保として認めることを決定した。

19）　従来は7〜10年だったが，7〜12年へ延長された。

20）　日銀が保有するJ-REITの銘柄別買入限度額は，従来は発行済投資口の総数の「5％以内」だったが，これを「10％以内」に引き上げた。

であることが露呈してしまったからである。

また，決定会合の票決において上記のように多数の反対票が投じられていたことも，黒田総裁率いる政策委員会が深刻な分裂状況にあることを市場参加者に認識させた。

4. マイナス金利付き QQE（2016 年 1 月）

2016 年 1 月半ば頃から，世界の金融市場は荒れ模様となった。日本でも株安・円高が進んだが，上述のように日銀は追加緩和策の限界に直面していた。また，年間 80 兆円ペースのネット国債買入れの維持可能性に関しても，いずれ問題が生じる恐れがあった。

このため日銀は，1 月末の会合で QQE に「マイナス金利政策」を加える決断をした。ただし，政策委員の票数は，賛成 5 票・反対 4 票と大きく割れた。

この政策は，日銀当座預金を「3 階層」に分ける仕組みを採用している。同制度開始から現時点（2019 年 9 月）までの各階層の適用金利は，基礎残高＝＋0.1 ％，マクロ加算残高＝0 ％，政策金利残高＝−0.1 ％である。そのもとで無担保コール・オーバーナイト金利はマイナス圏で推移するようになった（詳細は BOX 1-7）。

この政策変更により，金融機関は実務上のさまざまな対応をとる必要が生じたが，日銀は事前にその導入をほとんど示唆しなかったため，金融市場では当初大きな動揺が広がった。家計部門や企業部門においても未知の政策への不安が強まることとなった。

会合後の記者会見において黒田総裁は，先行きインフレ目標達成のために必要が生じればマイナス金利の引下げ（深掘り）を積極的に行っていくスタンスを強調した。しかしそのメッセージは，市場における長期・超長期金利を急落させた。これにより保険会社が一部商品の販売停止を発表するなどの影響が現れたため，家計部門にもマイナス金利政策を恐れるムードが生じた。

BOX 1-7　3 階層式マイナス金利政策の構造

　日銀はマイナス金利政策を導入するにあたり，スイス国立銀行などの階層式の先行例を参考にしながら，日本の事情に合わせてこの3 階層式を設計した。

1.　プラス金利適用階層「基礎残高」

　市場全体に超過準備が大量に存在する中で，日銀当座預金の付利金利がマイナスに設定されれば，オーバーナイト金利などの短期金利は一般的にはマイナス圏に低下する。ただし，日銀は QQE で日銀当座預金および超過準備を凄まじい水準に引き上げていたため，それらのすべてにマイナス金利を適用すると，金融機関の収益は深刻に悪化することが予想された。

　このため日銀は，日銀当座預金の中に「基礎残高」というプラス金利を付利する階層を設けた。このプラス金利は金融機関への事実上の「補助金」である。基礎残高は，各金融機関が基準期間（2015年 1〜12 月の積立期間）に日銀当座預金に預けた資金の平均残高から，その期間の所要準備平残を除いた金額となった。

　基準期間はその後変更されていないため（2019 年 9 月時点），基準残高の「枠」はマイナス金利政策開始時以来不変となっている[21]（実際の積立ては金融機関の資金繰りの事情により多少増減している）。

2.　金利 0 ％適用階層「マクロ加算残高」

　2 つ目の階層は，付利が 0 ％となる「マクロ加算残高」である。この「枠」は，以下の①〜⑤を合計した額となる。

　①　対象積み期間の所要準備額。

---

21)　金融機関の中には，マイナス金利政策決定以前の 2015 年に，日銀当座預金に余剰資金をできるだけ積み上げないようにしていた地方金融機関もいた。日銀は QQE により金融機関がポートフォリオ・リバランスを行うことを期待してきた。彼らはその期待に応えようと努力していたわけだが，その結果，マイナス金利政策下での基礎残高が低水準となってしまい，収益上不利益を被ることになったのは不公平な状況といえるだろう。

② 基準平均残高に一定比率（「基準比率」）を乗じた額。

③ 対象積み期間における，「貸出支援基金オペ」（円建てに限る），「被災地金融機関支援オペ」，「平成 28 年熊本地震にかかる被災地金融機関支援オペ」の平均残高。

④ MRF（マネー・リザーブ・ファンド）を受託する金融機関の対象積み期間における MRF 受託残高に相当する額（ただし，基準期間における MRF 受託残高を上限とする）。

⑤ ③の残高のうち，2016 年 3 月末時点における「貸出支援基金オペ」「被災地金融機関支援オペ」の残高を上回る額。

上記②の基準比率については 3 カ月に 1 回の頻度で見直される。④については，マイナス金利政策導入直後に，証券業界・投資信託業界から MRF 存続の危機が指摘されたために追加された。⑤については，マイナス金利政策によって，「貸出支援基金」等のオペに対するニーズが激減することを避けるため，同オペの積極的な応札を促すためのインセンティブとして導入された[22]。

3. マイナス金利適用階層「政策金利残高」

無担保コール・オーバーナイト金利をマイナス圏で推移させるためには，この「政策金利残高」に適用する付利の水準とその残高の多寡が重要になる。前者は −0.1 ％，後者は「おおむね 10 兆〜30 兆円程度」で，この政策はスタートされた。

政策金利残高を調整するにあたって，日銀は前述のマクロ加算残高の「基準比率」を操作している。日銀が QQE のもとで国債買入れ等を進めていけば，全体の日銀当座預金は基本的に増加していく。3 階層の中で，基礎残高は事実上固定されている。となると，マクロ加算残高を「基準比率」で調整すれば，残りの政策金利残高を誘導することができる。

ただし，実際には日銀当座預金保有金融機関のすべてが，基礎残高とマクロ加算残高の枠を使い切っているわけではない。日銀が想

---

22) 対象オペ残高純増分の 2 倍の額がマクロ加算残高に計上される。マイナス金利政策下ではゼロ金利で日銀当座預金に資金を預けられることは金融機関にとって魅力的な運用対象となるため，彼らはその枠を得るために貸出増加支援オペに積極的に参加した。このため，マイナス金利導入後に，同オペに対する新規応札額はそれまでの倍額以上に膨らんだ。

定した政策金利残高と実際の同残高の間には乖離が生じる。前者のことを日銀は「金融機関間で裁定取引が行われたと仮定した政策金利残高」または「完全裁定後の政策金利残高」と呼んでいる。

　日銀は無担保コール・オーバーナイト金利の推移を見ながら，この「完全裁定後の政策金利残高」を2016年3～5月の積立期から「平均して10兆円程度」に引き下げた。同金利を0％から−0.1％の範囲内で推移させるには，政策金利残高は当初想定したほどは必要ないことがわかってきたからである。さらに2018年7月には，金融機関にとってのマイナス金利の負担をいくぶん和らげるために，「長短金利操作の実現に支障がない範囲」で同残高をより減額することを決定した。2019年9～11月現在の「完全裁定後の政策金利残高」は，「平均して5兆円程度」となっている。

　下図は，マイナス金利政策が開始された2016年2月積立期間から19年7月積立期間の，3階層の残高の推移である。

　基礎残高は，210兆円程度で横ばいのままであることがわかる。マクロ加算残高は，当初の22兆円から154.7兆円に増加した。政

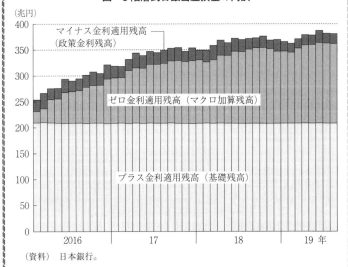

図　3階層式日銀当座預金の内訳

（資料）　日本銀行。

策金利残高は，最初の3カ月間の平均は24.4兆円だったが，直近の3カ月間は20兆円に減っている（前述のように「完全裁定後」の金額ほどは減っていない）。なお，最初の3カ月間の日銀当座預金全体の実効適用金利（3階層の適用金利を実際の残高で加重平均した数値）は＋0.07％，直近の3カ月間は＋0.049％となっている。

このような3階層式の枠組みのもとで，多くの金融機関はマイナス金利が付利される政策金利残高をできるだけ最小化しようとするため，資金需給や日銀のオペによる資金供給の程度に加え，マクロ加算残高にかかわる基準比率に高い関心を向けるようになった。そういったニーズに応えるため，東短リサーチでは同基準比率の先行きの予想を市場参加者に提供している。

3階層式のマイナス金利政策は金融機関の収益への打撃を和らげる仕組みを有していたが，その効果よりもイールドカーブが全般に低下することで生じる打撃のほうが金融業界には大きかった。これにより金融株や保険株の価格は下落，日経平均も下落して，結果的に円高を和らげる効果も期待ほどは得られなかった。このため日銀は，マイナス金利の深掘りを当面封印する事態に追い込まれた。

5. ETF購入増額と追加緩和の行き詰まり（2016年7月）

Brexit[23]をめぐるイギリス国民投票や新興国経済の芳しくない状況が続く中，日銀は再び追加緩和の必要に迫られた。しかし国債買入れの増額はすでに困難であり，マイナス金利の深掘りも問題が多いといわれていた。このため2016年7月に日銀は，窮余の策として，ETF買入額を従来の年間3.3兆円から6兆円程度に拡大した（賛成7，反対2）[24]。

---

23) 欧州連合（EU）からのイギリス脱退のこと。同国が欧州連合を離脱すべきかの是非を問う国民投票が2016年6月に実施され，投票の結果，離脱派が僅差で勝利を収めた。

しかし，日銀による巨額の ETF 購入は，株式市場の価格形成や企業経営のガバナンスを歪める恐れがある。また，その日銀保有額が大きくなればなるほど出口政策も困難になっていくと推測される。このため ETF 購入額の拡大にも限界が見られた。

「八方塞がり」状態がいよいよ深刻化してきたため，日銀政策委員会は次回の金融政策決定会合でこれまでの金融緩和の政策効果について「総括的な検証」を行うとし，その準備を執行部に指示した。

6. 「総括的な検証」（2016 年 9 月その 1）

QQE 開始から 3 年半が経過した 2016 年 9 月，日銀は同政策の効果と今後の方針を検討した「総括的な検証」を発表した。

同検証は，QQE による実質金利の低下は経済・物価の好転をもたらし，日本経済はデフレではなくなったと明言する一方で，2 ％の物価目標が未達な主因として，日本の予想物価上昇率が「適合的な期待形成[25]」の要素が強いことを指摘した。それゆえインフレ目標の達成には時間がかかる可能性が高いことが示された。また，この「検証」を契機に，四半期ごとの「展望レポート」における今後の政策運営に関する説明も変化した。

2016 年 7 月まで 「経済・物価のリスク要因を点検し，『物価安定の目標』の実現のために必要な場合には，（略）追加的な金融緩和措置を講じる」。

2016 年 10 月以降 「経済・物価・金融情勢を踏まえ，2 ％の『物価安定の目標』に向けたモメンタムを維持するため，必要な政策の調整を行う」。

---

24) その他，成長基盤支援資金供給オペにおけるドル特則の貸出総枠を 120 億ドルから 240 億ドルへ増額，米ドル資金供給オペの担保となる国債の貸付制度の新設も決定された。

25) 適合的期待形成とは，将来への期待が現時点の需給関係だけでなく，過去から積み重ねられてきた実績の影響を強く受けるというもの。

追加緩和に向けた点検項目は，従来は「経済・物価」だったが，今後はそれに加え「金融情勢」も考慮することになった。ここでいう「金融情勢」とは，緩和策が金融市場や金融機関経営にもたらす副作用を主に意味している。また，従来は追加緩和の目的を「『物価安定目標』の実現のため」と述べていたが，今後は「『物価安定の目標』に向けたモメンタムを維持するため」に変更された。インフレ目標そのものの早期達成ではなく，それに向かっていくモメンタム（需給ギャップの拡大などを指す）の維持を重視していくということは，インフレ目標の事実上の柔軟化を意味している。

7. イールドカーブ・コントロール（YCC）（2016 年 9 月その 2）

「総括的な検証」の公表と同時に，日銀はこれまでの「マイナス金利付き量的・質的緩和策」を**長短金利操作付き量的・質的緩和策**にシフトさせると発表した（賛成 7，反対 2）。最大のポイントは，金融調節方針が「マネタリー・ベース年間増加ペース」から「長短金利の操作方針」に変更されたことにある。

オーバーナイト金利に関しては，これまで通り日銀当座預金の政策金利残高に－0.1 ％の付利が行われることでマイナス圏での誘導が継続される。それに加え今後は 10 年物国債金利を「概ね現状程度」（0 ％程度）で推移するよう促すことになった。

そのためのツールとして，日銀の意思を市場に示すべく，新たに「日本銀行が指定する利回りによる国債買入れ」（いわゆる「指値オペ」）の導入と，「固定金利方式・共通担保資金供給オペ」の期間を最長 10 年に延長（それまでは 1 年）が決定された（賛成 8，反対 1）。

これにより日銀はイールドカーブの 2 点を誘導することになるが，日銀はこれをイールドカーブ・コントロール（YCC）と呼ぶようになった。10 年金利誘導における「0 ％程度」の上下許容幅は当初明示されなかったが，その後の「指値オペ」の実施状況から，市場は

上下 0.1 ％程度と理解するようになった。

この政策変更の主な動機は次の 2 点にあったと考えられる。①前述のように追加緩和の手段が尽き果て，かつ年間ネット国債購入額80 兆円の維持も遠からず不可能になる恐れがあった，②同年 7 月に 20 年国債・30 年国債の金利が一時 0 ％に近づく勢いで低下したが，それは保険会社などの経営に困難をもたらす恐れがあった。

新たな YCC のもとでは，10 年金利がおおよそ 0 ％近辺で推移するように，月々の国債購入額は調整される。つまり市中の国債が減り，従来のペースで日銀が国債購入を進めると 10 年金利が 0 ％を大幅に割り込みそうになる場合は，国債購入額は自然と減額される[26]。よって政策の「持久力」は飛躍的に高まることになる。また，10 年金利が 0 ％よりも大幅に低下しないように操作すれば，超長期金利の過度な低下を避けることもできる。

もともと QQE は，2 年程度で結果を出すために持てる戦力を惜しみなく投入する「短期決戦型」の政策だった。しかし，「総括的な検証」で見たように，今後は「長期戦」を覚悟しなければならないため，戦略の大幅な変更が必要とされた，といえるだろう。

とはいえ，長期金利を中央銀行が特定の水準に誘導する政策は，現代のように金融市場が巨大化した世界においては，その操作可能性，副作用，出口政策の難易度などにおいて，問題が非常に多いと考えられてきた。

しかし日銀は，2013 年春以降の QQE の中で，すでに市場に存在する日本国債のかなりの部分を購入している。それにより国債の価格はかなり割高になり，ファンダメンタルズ（経済の基礎的条件）で取引する投資家は国債市場からほとんど去ってしまっていた。国

---

26) 金利誘導を主としながらも，YCC 導入時の声明文には，今後の年間ネット国債買入ペースは「約 80 兆円」を「めど」とすると書かれているため混乱が生じやすいが，これについては本章第 7 節 *3.* の「国債買入オペ」を参照。

BOX 1-8　超金融緩和長期化の副作用と「リバーサル・レート」

　下図は，1970年代後半以降の歴代日銀総裁下のイールドカーブ（オーバーナイト金利から10年金利まで）を表している。若い世代の人々は驚くかもしれないが，かつての日本の金利は8％以上の水準にあった。現在の黒田総裁はイールドカーブをマイナス圏に沈めることでインフレ率を押し上げようとしているが，それでも2％のインフレ目標を達成できていない。

　こういった超金融緩和策の長期化の副作用の1つとして，金融システムが不安定化する恐れがある点があげられる。現在のようなイールドカーブのもとでは，金融機関の収益は深刻な悪化に見舞われ続けるからである。これ以上金利を下げるとメリットよりも弊害のほうが多くなってしまう金利水準のことを「リバーサル・レート」と呼ぶ。現在の金利水準は，それをすでに下回っている可能性が十

図　歴代日銀総裁在任中のイールドカーブ

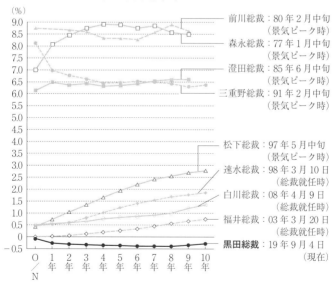

（資料）　財務省，日本銀行。

分ある。

　日銀が今の戦略のもとで，イールドカーブがリバーサル・レートを下回った状態を継続しながら日銀法に課せられている「物価の安定」を目指し続けると，日銀法が定める日銀のもう1つの目的である「信用秩序の維持」がぐらつく危険性が高まってくる。そうなった場合，日銀法が究極的に求めている「国民経済の健全な発展」は阻害されるため，日銀法違反の恐れすら懸念されてくると思われる。

債市場はすでに流動性が薄い（死んだような）状態になっていたため，証券会社などの国債ディーラーとのコミュニケーションさえうまくやっていけば長期金利の操作は可能，と日銀は考えたものと思われる。

　このYCCは，長期金利・超長期金利を導入時の数カ月前よりも上昇させる政策である。しかし日銀は，YCCを発表した声明文に「金融緩和強化のための新しい枠組み」というタイトルをつけた。これは金融市場（とくに為替市場）に緩和姿勢後退の印象を与えることを回避したかったためと考えられる。

　緩和強化をアピールするため，YCC導入と同時に「オーバーシュート型コミットメント」が採用された（賛成7，反対2）。「コアCPIの前年比上昇率の『実績値』が安定的に2％を超えるまで，マネタリー・ベースの拡大を継続する」という宣言である。実際のインフレ率が2％の目標を一定期間上回る（オーバーシュートする）まで量的な緩和を縮小しないと約束している（つまり，従来よりも強く，2％を「超える」インフレを目指す姿勢に変わった）。

　このコミットメントは，日銀が強い決意を示すことで「『物価安定の目標』の実現に対する人々の信認を高める」ことを意図しているという。しかし，2％を達成するめどが立たないがゆえにYCCへの移行が決定されたことを考慮すると，この約束は大胆というよ

りも無謀といわざるをえない面も有している。また，当時マネーの「量」にこだわる政策委員（岩田規久男副総裁など）がいたため，彼らに反対票を投じさせないためにもマネタリー・ベース拡大へのコミットメントが必要だったのだと推測される（ただし，このコミットメントは金利水準の運営を拘束するものではない）。

QQE 導入時の日銀は，国民の期待インフレ率に働きかけるには政策のわかりやすさが大切だと盛んに強調していた。だが，「イールドカーブ・コントロール」も「オーバーシュート型コミットメント」も専門用語（しかも外国語）なので，大多数の日本人の期待には影響を及ぼせないと考えられる。政策の実質的な後退と受け取られないようにこういった表現を選んだ可能性もある。[27]

8. 10 年金利の変動許容幅拡大（2018 年 7 月）

YCC 導入から 2 年弱が経過した 2018 年 7 月に，日銀は「**強力な金融緩和継続のための枠組み強化**」を決定した。

最も市場に注目されたのは，10 年金利の変動許容幅拡大である（賛成 7，反対 2）。声明文では「経済・物価情勢等に応じて上下にある程度変動しうる」ものと変更された。会合後の記者会見で黒田総裁は，金利変動幅は「概ね±0.1 ％の幅から，上下その倍程度に変動しうることを念頭に置いています」と説明した。このため市場は，おおむね±0.2 ％が新しい変動許容幅と受け止めた（なお，黒田総裁はこの日の記者会見で「これまでも，実は 0 ％程度といっても，程度の見方次第ですが，四捨五入でいえば±0.4 ％と考えている人もいたかもしれません」と述べている。政策委員によって変動許容幅の認

---

27) 池尾和人慶應義塾大学教授（当時）は，YCC への移行を日銀が「金融緩和の強化」と呼ぶ状況を，第二次世界大戦中の日本軍が戦況悪化により太平洋戦線で後退していく際に「転進」と言い続けたことに類似していると指摘している（『週刊金融財政事情』2016 年 10 月 17 日号）。

識にはばらつきがあり，それを1つに収斂させることはあえてしていないことを総裁は匂わしている）。

　ただしこの決定は，金利水準の引上げ，つまり金融引締めではなく，国債金利の変動をある程度認めることで「国債市場の機能がやや低下している」（黒田総裁）状況を改善するのが狙いと説明された。

　また，ETF および J-REIT の年間買入ペースは従来通り約6兆円と約900億円とされたが，「資産価格のプレミアムへの働きかけを適切に行う観点から，市場の状況に応じて，買入れ額は上下に変動しうるものとする」との変更が加えられた（全員一致）。それらの価格が上昇基調にあって，プレミアムが低下していると考えられるときは，日銀の買入れが減額されうることが示唆された[28]。

　さらに日銀当座預金の「完全裁定後の政策金利残高」を「長短金利操作の実現に支障がない範囲で，現在の水準（平均して10兆円程度）から減少させる」とした。

　この会合では「政策金利のフォワード・ガイダンス」も採用された。（賛成7，反対2）。「日本銀行は，2019年10月に予定されている消費税率引き上げの影響を含めた経済・物価の不確実性を踏まえ，当分の間，現在のきわめて低い長短金利の水準を維持することを想定している」（「オーバーシュート型コミットメント」はマネタリー・ベース拡大に関するフォワード・ガイダンス）。

　消費税率引上げの影響を見極めるとなれば，一般的には2019年中の金利引上げの可能性は低くなる。この日の決定のいくつかはYCC 付き QQE が市場機能に及ぼしている副作用を和らげようとするものだったが，市場が日銀に正常化方向の期待を過度に抱いて，為替レートが円高方向に進まないように，このガイダンスで牽制したものと推測される。

　28）　同時に ETF の銘柄別の買入額を見直し，TOPIX に連動する ETF の買入額を拡大することも決定された。

第1章　マネー・マーケットと日銀金融政策　65

　声明文のタイトルが「強力な金融緩和継続のための枠組み強化」となっているのも，同様の狙いと考えられる。近年の日銀は，アルゴリズム等による「テキスト・マイニング」を用いたシステム・トレードに過剰反応させないように，声明文の文言（とくに英語版の文言）に非常に気を使っている。

9.　緩和方向への再転換（2019 年 4〜8 月）

　前項の 2018 年 7 月の金融政策決定会合で副作用対策に一歩踏み込んだ日銀政策委員会だったが，その後不運なことに米中貿易戦争の激化等々により世界経済に暗雲が立ち込めることとなった。FRB の利上げが 2019 年に入って停止されることが明らかになり，やがて利下げへの転換がジェローム・パウエル議長から示唆されるようになると，日銀は円高進行等を防ぐために，再び追加緩和方向の意思を市場に示さざるをえなくなった。

　2019 年 4 月会合では「政策金利のフォワード・ガイダンス」が次のように修正された（賛成 7，反対 2）。「日本銀行は，海外経済の動向や消費税率引き上げの影響を含めた経済・物価の不確実性を踏まえ，当分の間，少なくとも 2020 年春頃まで，現在のきわめて低い長短金利の水準を維持することを想定している」。従来は利上げを行わない期間を「2019 年 10 月に予定されている消費税率引き上げの影響を含めた経済・物価の不確実性を踏まえ，当分の間」と表していたが，少なくとも 2020 年春頃まで金利を引き上げないことを「明確化」した。また，日銀適格担保の拡充，成長基盤強化支援資金供給の利便性向上・利用促進，国債補完供給の要件緩和，ETF 貸付制度の導入も決定された。

　さらに同年 7 月会合の声明文は，「海外経済の動向を中心に経済・物価の下振れリスクが大きいもとで，先行き，『物価安定の目標』に向けたモメンタムが損なわれる惧れが高まる場合には，躊躇

BOX 1-9　なぜこんなに緩和しても２％にならないのか

　本節で見たように，2013年春に導入されたQQEは変遷を遂げてきたが，6年以上経過した2019年夏までのインフレの状況を見てみると，消費者物価指数（CPI）のコア（生鮮食品を除いた総合）においても，コアコア（生鮮食品とエネルギーを除いた総合）においても，前年比上昇率が２％に届かない状況が続いている（図１）。

　QQE開始時に約130兆円だったマネタリー・ベースは，現在500兆円を上回る水準にあり，開始時の２倍どころか４倍近い水準に来ている。日銀が期待したフィリップス曲線が傾斜を強めつつ上方にジャンプすることも起きていない。となると，日本の低インフレは「マネタリーな現象」ではなく，日銀の金融政策では働きかけられない構造的な要因が存在していると考えるべきだろう。

　インフレ目標達成を阻んでいる第１の要因として，日本の賃金の

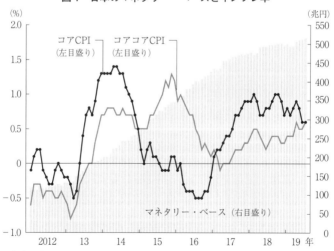

図１　日本のマネタリー・ベースとインフレ率

（注）　1）　コアCPIは生鮮食品を除いた総合指数，コアコアCPIは生鮮食品とエネルギーを除いた総合指数。
　　　2）　CPIは前年比，消費税要因除く。
（資料）　総務省，日本銀行。

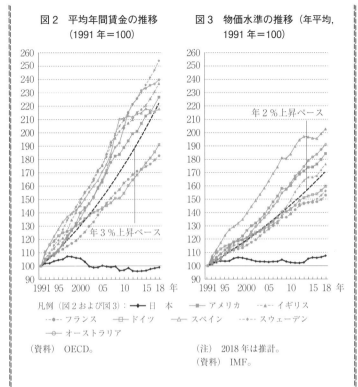

伸びが依然として非常に緩慢であることがあげられる。図2が1991年以降の「平均年間賃金の推移」，図3が「物価水準の推移」である。

日本の賃金はアベノミクス，QQEが開始された2013年以降上昇傾向を示しているが，その角度は非常に緩やかである。賃金が伸びなければ家計の「値上げ許容度」は高まらない。

第2に，円安効果の限界があげられる。日銀はQQE，マイナス金利，YCCを通じて事実上の円安誘導を行ってきた。それにより輸出製造業を中心に企業収益が向上し，それらの産業の賃金が顕著に伸びれば，トリクルダウン効果（染出し効果）が生じて，日本全体で賃金上昇と物価上昇の好スパイラルが起きることが期待されて

いたともいえる。しかし日本の製造業の多くの経営者はデジタル革命による産業構造の急変（自動車では電気化，自動運転，シェアリング等々）を強く警戒していて，収益が好転しても賃金引上げに慎重である。賃金の伸びが低調な中で，円安の影響で食費など生活コストが上昇すると実質購買力は殺がれる。多くの家計は他の支出で調整を行い，結果として全体の物価上昇率は緩慢になっている。

　第3に，生産年齢人口が急速に減少していく日本では他国のように住宅価格が上昇せず，家賃も上昇しない。CPIにおいて家賃およびそれに連動する帰属家賃は大きなウェイトを占める。それらが顕著に上昇しなければインフレ率2％は遠い。また，海外では労働者の住居コストも勘案しながら賃上げが決まっているケースが見られるが，それも日本では起きていない。

　第4に，生産年齢人口の減少は，消費を担う中心世代の減少も意味している。すでに売上縮小に直面している業界では，競争が一段と激化，価格引上げが容易ではない状況が起きている。生産年齢人口の減少は人手不足による賃上げも起こしているが，企業はそれによるコスト増をITやAIの導入で相殺し，販売価格への転嫁を極力抑制している。

　第5に，高齢化・生産年齢人口減少により社会保障制度の維持可能性に不安を抱いている国民は多く，所得が多少増えても消費に楽観的になれない人は多い。人手不足を背景に女性や高齢者の労働市場参加率は高まっており，彼らの世帯収入は増加している。しかし将来不安の影響で家計の消費性向は低下傾向にある。

　第6に，日銀の超低金利政策が「レッド・オーシャン」（激しい競争で血の海のようになっている市場）を多数生み出している。超低金利環境では収益率が低い企業（「ゾンビ企業」を含む）も存続が可能であり，それが経済の新陳代謝を遅らせている。市場から退出せずに済んでいる企業が多いと，高い競争力を持っている企業も価格支配力を得られない。また，銀行からの資金借入コストが低いと「レッド・オーシャン」とわかっていながら新規出店を続ける企業も増える（外食産業が典型例）。

　こういった収益率が低い企業は，製造・配送・販売・IT開発など人手不足が深刻な現場では賃金を引き上げているものの，管理部

門の中高年の大卒社員に対しては賃上げを抑制したり，早期退職制度の利用を推奨したりしている。つまり本当の意味での人手不足は経済全体ではまだ起きていない。

第7に，日本政府は，海外に比べ公共料金や制度に規定される価格（医療，教育，介護等々）を引き上げないようにしている。生活者にとってそれはもちろん望ましいが，それらはCPIにおいて大きなウェイトを占めているため，インフレ目標達成の阻害要因になる。

第8に，これは世界的な傾向だが，グローバル化やデジタル革命の影響も考えられる。後者に関しては，今後携帯通信の5G化が進めば既存産業に価格破壊をもたらす新サービスがさらに現れてくると予想される。新興諸国の専門技能を持つ優秀な労働者と先進国の労働者が仕事を奪い合う構図も強まるだろう。

このように考えると，日銀がこの先追加緩和を行っても，賃金上昇と物価上昇の適度なスパイラルによるインフレ目標の達成は容易ではないと推察される。

なく，追加的な金融緩和措置を講じる」と説明し，記者会見で黒田総裁は「躊躇なく」という言葉を15回も発した。

海外中央銀行が金融緩和方向に転じる中，追加緩和策の手段が限られる日銀は厳しい状況に追い込まれている。同年9月の金融政策決定会合後の記者会見と，その翌週の講演で，黒田総裁は，超長期金利が過度に低下しないように配慮する方針を改めて示すと同時に，副作用を和らげる措置を考慮しつつ，マイナス金利の深掘りなどの追加緩和策を検討する可能性を示唆した。

第7節　日銀オペレーションの実際

日銀の金融市場調節（オペレーション）は，日銀法が求める日銀の目的を達成するために日々実施されている。そのオペレーション

には多様な種類があるため，本節でそれらを概観しておこう（なお，次章以降で解説するオペについては，ここでは概略にとどめることとする）。

1. テンポラリー資金供給オペ（期日のある短期オペ）

① 共通担保資金供給オペ

2006 年 6 月に，従来の手形買入オペの機能を強化する形で共通担保資金供給オペが導入された。QQE 以前の日銀にとっては資金供給ツールの主力だった[29]。

「適格担保取扱基本要領」に基づき日銀が適格と認める金融資産（国債，地方債，政府保証債，財投機関債，社債，CP 等，手形，証書貸付債権など）を根担保として金融機関等に「貸付け」という形式で資金供給が実施される。金融機関にとっても，それら証券等を日銀に差し入れておけば，掛目の範囲で資金を借り入れることができるので，機動性・利便性が高いオペとなっている。

期間はオーバーナイトから 1 年物で開始された。スタート時の決済は $T+0$（約定日 +0 日＝即日）のこともあれば，数週間先の先日付スタートを指定することもできる。このオペは，スタート時には市場に資金を供給するが，期日が訪れるエンド時には市場から資金を吸収する。日銀当座預金の日々の資金過不足をならす上でも，同オペは日銀にとって有用なツールといえる[30]。

共通担保資金供給オペに適用される貸付利率は，導入からしばら

---

29) 経済学の教科書などで日銀の公開市場操作を解説する場合，いわゆる「買いオペ」や「売りオペ」といったパーマネント・オペを取り上げる場合が多いが，資金過不足の調整という観点では共通担保オペをはじめとしたテンポラリー・オペによる調節が一般的には主力といえる。

30) 同オペは，以前は日銀本店を貸付店とする「本店貸付け」と，日銀本支店を貸付店とする「全店貸付け」に分けて実施されていたが，近年はすべて「全店貸付け」になっている。

くの間は，すべてオークションによる競争入札方式で実施されていた。しかし，2009年12月に「やや長めの金利のさらなる低下を促すことを通じ，金融緩和の一段の強化を図る」ことを目的に「固定金利方式」が追加された（貸付金利は当時としては超低金利の0.1％）。その後は「固定金利方式」の比率が高まり，「金利入札方式」は2012年6月4日を最後にオファーされなくなっている。マイナス金利政策開始以降の「固定金利方式」の適用金利は0％となっている。

なお，QQE導入後に長期金利が乱高下した際，日銀は期間1年程度の「固定金利方式・共通担保資金供給オペ」を計13兆円オファーした。このオペの実施にあたって日銀は，「やや長めの金利の急激な上昇に対応するため」というコメントを出した。こういった市場の金利水準を牽制するためにオファーされるオペを，市場では「シグナリング・オペ」と呼んでいる。2016年9月のYCC導入時には，共通担保資金供給オペの最長期間がそれまでの1年から10年へ延長された。長期金利が日銀の意図を超えて上昇した（または上昇しそうな）ときに，必要に応じて強力な「シグナリング・オペ」としての10年物のオファーが，いざとなれば可能となっている。

② 国債買現先オペ

日銀が国債（利付国債，国庫短期証券）を売戻条件付きで買い入れることによって市場に資金を供給するオペ。競争入札方式をとっている。期間は1年以内。

③ CP等買現先オペ

日銀が「適格担保取扱基本要領」に基づき適格と認めるCP等を売戻条件付きで買い入れることによって資金を供給するオペ（詳細は第5章参照）。

2. テンポラリー資金吸収オペ

①　手形売出オペ

　日銀が振出人，受取人，支払人を兼ねる満期3カ月以内の手形を日銀が金融機関等に売却することによって資金を吸収するオペ。競争入札方式。かつては銀行券の大規模還流日や年金・交付金払いなどの財政等要因による資金余剰日に，無担保コール・オーバーナイト金利が誘導目標を過度に下回らないように実施された。$T+0$のオファーもたびたびあった。

　しかし，手形売出オペは，2009年1月のオファーを最後に実施されていない。かつては資金過不足をならすために日常的に実施されていた同オペだが，近年は日銀が資金吸収を行うことは"タブー視"されている感がある。とくにQQE導入以降はマネタリー・ベースの拡大が重視されるようになったため，手形売出オペが実施される可能性は一層低下している。

②　国債売現先オペ

　日銀が国債（利付国債，国庫短期証券）を買戻条件付きで売却することによって資金を吸収するオペ。競争入札方式。期間は6カ月以内。これも手形売出オペと同様に近年はオファーされていない。

3. パーマネント資金供給オペ（買切オペ）

①　国庫短期証券買入オペ

　日銀が国庫短期証券を買い入れることによって資金を供給するオペ（第3章参照）。

②　国債買入オペ

　日銀が国債を買い入れることによって資金を供給するオペ（かつてこのオペの入札参加者は「輪番制」で日銀から指定されていたため，その名残で国債買入オペを「輪番オペ」と呼ぶ人もいる）。入札に際してオペ対象先は，日銀に対する希望売却利回りから日銀が定める銘

柄ごとの基準利回り（前日の日本証券業協会の公社債店頭基準気配）を差し引いた値（希望利回較差）で応募する。一方，変動利付国債と物価連動国債については「希望価格較差」で入札する。

2010年10月以前は，日銀の国債保有残高が銀行券発行残高を超えないように運営する「日銀券ルール」の範囲内で日銀は国債買入オペを実施していた。「日銀券ルール」の背後には2つの考え方があったと推測される。

第1に，日銀としてのALM（資産負債管理）上，国債という長期的な資産は長期的な負債である日銀券の発行残高以内で保有するほうが，超過準備は発生しにくく，金融調節が行いやすい面があった（ただし，「フロア・システム」の場合，この観点の必要性は薄れる。後出BOX 1-12参照）。第2に，「日銀券ルール」の制約によって日銀が国債購入額の上限を示すことで，政府が安易に財政赤字を拡張しないように牽制する意味合いも，潜在的にはあったと考えられる。

しかし，デフレ脱却のために日銀はより大規模に国債を購入すべきだ，という声が政治的にも高まり，2010年10月に日銀は「資産買入等の基金」を新設して，同基金によって買い入れた国債を「日銀券ルール」にカウントしない旨を発表した（ただし，それによる国債が日銀のバランスシートに長く残らないように，残存期間3年以内の中期ゾーンの国債が購入された）。

その後，2013年4月のQQE導入にともない「日銀券ルール」の一時停止が発表されると，日銀保有の国債は劇的なペースで増加した。名目GDP（IMF推計2019年分）に対する2019年9月下旬時点のFRB保有国債の額の比率は10％弱だが，日銀の場合その比率は84％にも及んでいる。

QQE開始以降の日銀は，事実上債券市場における「池の中のクジラ」であるため，日銀が毎月末に発表する「当面の長期国債等の買入れの運営について」が示すオペの微妙な匙加減に，国債ディー

BOX 1-10	出口政策時に国債売却オペは実施されるか

　日銀は長く国債売却（売切り）オペを実施していない。将来の出口政策の際に日銀が同オペを実施する可能性はあるだろうか。

　FRBの出口政策がその参考になると思われる。同行は，2015年12月からフェデラル・ファンド金利を０％近傍から引き上げ始めた。一般的には大規模資産購入策でバランスシートを膨張させてきた中央銀行がゼロ金利解除を行って短期金利の誘導を「コリドー・システム」（後出BOX 1-12参照）で行っていくには，資産サイドで保有する証券（FRBの場合は，LSAP等によって市場から大規模に買い入れたアメリカ国債やエージェンシーMBS）を市場に売却して，負債サイドの当座預金における超過準備を吸収していく必要がある。

　しかしそれを実行すると，長期金利や住宅ローン金利を急騰させ，アメリカ経済に激しいショックを与える恐れがあるとFRBは警戒した。その結果，証券の売却は行わず，自身のバランスシートを膨張させたたまま，「フロア・システム」（同前BOX 1-12参照）で短期金利を引き上げていくことになった。FRBが保有する膨大な証券は，満期や期限前償還（MBSの場合）による自然減で時間をかけて減らしていくことになった。実際には2019年7月にFRBは金融緩和（フェデラル・ファンド金利引下げ）に転換せざるをえなくなったため，それと同時に保有証券の自然減も停止されている。

　日銀が将来出口政策に着手する際も同様の理由から，国債等の売却（売切り）オペは実施困難と予想される。しかも景気サイクルの一般的な長さを考慮すると，もし仮に保有国債の自然減を開始できる環境になったとしても，バランスシートの正常化を達成する前に次の金融緩和策を開始せざるをえなくなる可能性は高いといえるだろう。

ラーは高い関心を寄せている。

　なお，2016年9月のYCC導入時の声明文には，今後のネット国債買入額（保有残高増加額）は「年間約80兆円をめど」と記載され

図 1-5　日銀保有長期国債増加額

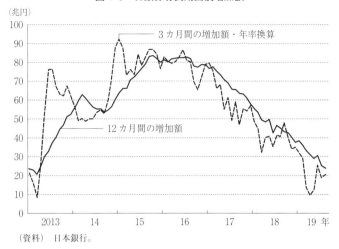

（資料）　日本銀行。

ていた。しかしながら，YCC 導入から 3 年近く経過した 2019 年 8 月時点で見てみると，日銀保有国債の年間増加額は 24 兆円でしかない。過去 3 カ月の増加額の年率換算はより少なく，わずか 20.3 兆円である（図 1-5）。

この国債購入の減額を「ステルス・テーパリング」（隠密減額）と呼ぶ市場参加者も数多くいる。ただし，日銀自身はこの減額を「隠密」とは思っていない。なぜなら，第 1 に，日銀は毎月のおおよその国債購入額を前月末に発表しており，毎回のオペの際も実施額を公表している（為替市場への「ステルス介入」の場合は，月中は介入を実施した事実すら発表されない）。

第 2 に，YCC 導入によって日銀の操作目標はマネタリー・ベースまたは国債買入額から金利にシフトした。それ以降は，10 年国債金利が 0％ 程度から大きく逸脱しないように，国債買入額は受動的に調整されてきた。もし年間 80 兆円ペースの購入を続けていたら，札割れをともないつつ，10 年金利はマイナス圏に深く沈みこ

んでいただろう。10年金利の誘導と年間80兆円ペースの購入を両立することは、理論的にも不可能である。

しかし、市場参加者がこうした説明に違和感を抱くのは、日銀の声明文にいつまでも「年間約80兆円をめど」とするとの文言が残っているからだと思われる。金利操作にシフトしながらそれを削除してこなかったのは、①「量」にこだわる政策委員（YCC導入時でいえば岩田規久男副総裁）に反対票を投じさせないため、②為替市場などが「日銀は量の縮小に入った」と受け止め、それを円高の材料にすることを避けたかったため、と考えられる。

③ コマーシャル・ペーパーおよび社債等買入オペ

CPおよび社債等を、入札によって買い入れる（買い切る）資金供給オペ（第5章参照）。

④ ETFおよびJ-REIT買入オペ

2010年10月、日銀は「資産買入等の基金」の創設に合わせて、ETFおよびJ-REITの買入れを決定した。ETFについては、東証株価指数または日経平均株価に連動する投資信託を対象[31]、J-REITは、一定の要件を満たす不動産投資法人が発行し、取引所での売買成立日数が年間200日以上、かつ年間の累計売買額が200億円以上ある、などの要件を満たす銘柄が対象とされた。

制度導入当初の買入限度額はETF 4500億円程度、J-REIT 500億円程度とされた。この政策の当初の意図は、株価や不動産価格に直接的に働きかけることにあったのではなく（実際それほどの購入規模ではなかった）、国内外の投資家の関心を両市場に呼び込むための「呼び水効果」にあった。

---

31) JPX日経インデックス400の導入により、日銀は同指数に連動するETFについても買入対象としている（2014年12月）。また前述の通り、2015年12月の金融政策決定会合において、新たに「設備・人材投資に積極的に取り組んでいる企業」を対象としたETFの買入枠を3000億円追加した。

しかし 2013 年 4 月の QQE 開始以降，（買入対象銘柄の変更，追加等々の微修正を行いつつ）両オペの買入限度額は順次拡大されていった。2019 年 8 月末の日銀保有残高は ETF が 27.2 兆円，J-REIT は 0.5 兆円となっている。

とくに ETF の保有額が大きくなってきているが，これにより市場における株価形成を歪める問題が生じている（長期的なファンダメンタルズの観点で株式投資を行う海外の機関投資家は，「日本株は日銀によって割高になっている」と嫌がっている）。発行株式総数に占める日銀保有の比率が高まることは，企業経営のガバナンスにも悪影響を与える恐れが懸念される。また，ETF には（国債などと異なって）償還がない。日銀が売却しない限りそれは日銀のバランスシートに残り続ける。テーパリング（購入ペースの段階的縮小）ですら株価への影響を心配するとなかなか決断できない中，売却となるとより一層の困難が予想される。

日銀はインフレ目標達成とこれらリスク・アセットの買入れを紐づけしてしまったため，ETF 購入から撤退することは難しくなっている。2018 年 7 月に日銀は ETF 購入ペースの柔軟化を発表し，株価上昇局面では買入額を減らす可能性を示唆したものの，市場環境が不安定なため明確な買入減額には至っていない。

4. その他のオペレーション
① 被災地金融機関を支援するための資金供給オペ

2011 年 3 月の東日本大震災にかかる被災地の金融機関を対象に，復興・復旧に向けた資金需要への対応を支援するための固定金利による資金供給制度で，2011 年 4 月に制定された。被災地に貸出業務を行う営業所等を有する金融機関等向けに貸付期間 1 年以内，貸[32]

---

32) 合わせて被災地に貸出業務を行う営業所を有する金融機関を会員としている系統中央機関も対象となっている。

付利率は 0.10 ％で，貸付総額の上限 1 兆円として制度が開始された。なお，マイナス金利政策導入以降の貸付利率は 0 ％となっている。

2016 年 4 月には同月発生の熊本地震に対応して「平成二十八年熊本地震にかかる被災地金融機関を支援するための資金供給オペ」が制定された。貸付総額の上限は 3000 億円で，貸付条件は前述の「東日本大震災」向けと同じである。

2019 年 8 月末時点での貸付残高は，「東日本大震災」向けが 4086 億円，「熊本地震」向けが 1379 億円となっている。

② 外貨資金供給オペ（米ドルなど）

日銀が他国の中央銀行と為替スワップを実施し，これにより日銀が入手した外貨を国内にいる金融機関に供給するオペレーションのこと。担保は適格担保として日銀に差し入れられたものを利用する。

リーマン・ショック直後の 2008 年 9 月，米ドル市場の流動性低下に対応するため，米ドル資金供給オペの枠組みが制定された。その後，流動性危機の鎮静化とともに，同オペは 2010 年 2 月に終了された。しかし，いわゆる「ギリシャ危機」を端に発した国際金融市場の不安定化により，同オペは 2010 年 5 月に再開された。

2011 年 12 月からは米ドルに加えて，カナダ・ドル，英ポンド，ユーロ，スイス・フランの資金供給オペも制定された。いずれの通貨においても各中央銀行が指定する利率による固定金利貸付けとなっている（ただし，これまでのところ，米ドル以外で日銀が同オペをオファーした実績はない）。

ギリシャ危機による市場の混乱が落着きを見せ始めてから，同オペの利用額はいったん減少した。しかし，2013 年 4 月以降の QQE で，国内金融機関や機関投資家がポートフォリオ・リバランスを行い，外貨建て資産の購入を積極的に行うようになって邦銀勢の米ドル資金調達ニーズが急速に強まると，同オペに対する需要が再び高

まるようになった。だが，本制度の建付けは，あくまで緊急時の一時利用が前提とされている。たとえ金融機関にとってコストの面で有利であったとしても，日常的な外貨ファンディングに同制度を利用することは，事実上認められていない。

なお，2016年7月の金融政策決定会合で，米ドル資金供給オペの利用に関して，担保となる国債を日銀当座預金を見合いに貸し出す制度が新設された。

③ 国債補完供給オペ（SLF）

日銀が保有する国債を一時的かつ補完的に市場に供給するオペ（第4章を参照）。

5. 貸出支援基金オペ

① 成長基盤強化を支援するための資金供給

日本経済の成長基盤強化に向けた民間金融機関の自主的な取組みを金融面から支援するため，2010年6月に導入された資金供給制度。資金使途が成長基盤強化に資することを条件に，共通担保を担保として貸付けを行う。投融資対象として，「研究開発」「アジア諸国等における投資・事業展開」「環境・エネルギー事業」等18分野が当初指定された。

その後制度の拡充が行われ，現在は「本則」（5兆9691億円），ABL（出資等または動産・債権担保融資）等特則（159億円），小口融資特則（110億円），米ドル特則（238億米ドル）となっている（（ ）内は2019年9月上旬時点の貸付残高）。現在の貸付条件は，貸付期間は4年以内，貸付利率0％となっている。

② 貸出増加を支援するための資金供給

2012年12月に導入された同制度は，金融機関の一段と積極的な行動や家計の前向きな資金需要の増加を即す観点から，金融機関の貸出増加額について，希望に応じてその全額を低利・長期で無制限

BOX 1-11 「成長基盤強化オペ・米ドル特則」の原資は？

　成長基盤強化オペにおける「米ドル特則」は，金融機関の「成長基盤の強化に資する1年以上の外貨建て投融資の実績」に応じて，日銀から利率6カ月物LIBOR，期間1年以内で米ドルを借り入れることができる制度である。

　2012年導入時の貸付上限は120億米ドルであったが，貸付残高は2014年12月にその上限に達した。日銀は2016年7月に上限を240億ドルへと倍増させている。この市場のニーズの高まりの背景には，「外貨資金供給オペ」の項でも触れたように，QQEのもとで米ドル建て資産の保有を増加させた金融機関の外貨需要の高まりにある。

　なお，「米ドル資金供給オペ」と「成長基盤強化オペ・米ドル特則」は，いずれも日銀が金融機関にドル資金を貸し出す制度だが，そのドルの原資に違いがある。前者はニューヨーク連銀とのスワップ協定により確保したドル資金が用いられている。このスワップ協定の本来の意図は流動性危機対応にあるため，日銀は平時の邦銀のドル・ファンディングにそれをあまり利用させたがらない傾向が見られる。他方で「成長基盤強化オペ・米ドル特則」には，日銀が自己で保有するドル資金が充てられている。

　2019年9月末時点で日銀は外貨資産を6.7兆円保有している。この由来は60年以上前にさかのぼる。1950年1月に，それまでGHQに管理されていた貿易が民間によって行われることが許可され，外貨勘定も日本側に移管された。しかし依然政府への外貨全面集中制が残っていたために，民間企業は輸出によって手に入れたドルをすべて外国為替資金特別会計に持ち込んで円に交換する必要があった。

　外為特会はその際に必要となる円資金を借入金や融通証券（外為証券）の発行で賄っていた。だが，1950年以降は外為特会の借入れ・発行限度額引上げが追いつかなくなり，同会計は国庫余裕金の繰替え，一般会計からの繰入れ等の応急策に加え，日銀からの円資金調達も多用することとなった。その際，日本銀行外国為替貸付制度[33]，円ドル・スワップ，アウトライト為替売買の手法がとられ

た。現在日銀が保有する外貨資産は，このとき日銀が得たドル資金やドル建て利息が，長年の運用によって膨らんできたものである。

　こういった日銀が保有するドルの利用方法は日銀の判断に委ねられるため，「成長基盤強化オペ・米ドル特則」にそれが用いられている。しかし日銀が持つ外貨資産すべてをそれに充当することはできない（他国の国債購入などの資金運用に充てられている部分や，いざというときのバッファーを多少用意しておく必要もある）。このため，「成長基盤強化オペ・米ドル特則」に対する邦銀の需要は強いものの，これまでのところ貸付上限は240億ドルに据え置かれている。

に資金供給するものとして始まった。[34]

　当初，貸付期間は1〜3年までで，最長4年まで借換えを可とし，貸付金利は貸付日における無担保コール・レートの誘導目標水準（0.10％）とした。また各金融機関の借入可能総額は，2012年10〜12月期を基準とし，資金供給ごとに貸出増加額の算定時点として定めた四半期における，基準時点からのネット貸出増加額とされた。[35] 算定対象は，政府・地方自治体・金融機関を除いたすべての貸出しとし，海外店分や外貨建て貸出しも含まれる。[36]

　2014年2月に貸付期間は4年に延長，[37] 応札可能額は金融機関の貸出増加額の2倍までに拡張された。その後のマイナス金利導入に

33）　特別会計が日銀にドルを売って円を受け取り，日銀は外貨を外国為替公認銀行（為銀）に貸して，為銀はそれをもとに信用状を発行。その外貨は預り金という形で特別会計に預ける。対外決済の時点で日銀は外貨を為銀に渡して為銀から円を受け取るという仕組みだった（須田美矢子「外国為替資金特別会計と外国為替政策」『学習院大学経済論集』第36巻第2号，1999年）。

34）　共通担保を担保とする貸付け。

35）　各四半期の月末貸出残高の平均額同士を比較する。なお，貸出残高が減少しても中途返済は求められない。

36）　外貨建て貸出しについては為替レートの影響を控除するため，外貨ベースで算出した増加額に，毎回2012年12月時点の為替レートを乗じて円換算する。

37）　ただし，1年ごとに金融機関のオプションによる期日前返済を認めている。

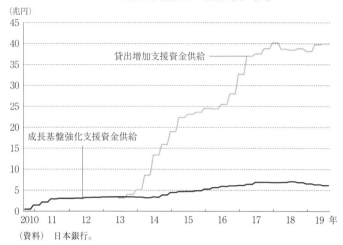

図1-6 日銀貸出支援基金の貸付残高の推移

(資料) 日本銀行。

ともなって同オペの貸付金利は0％へ引き下げられている。2019年9月末時点の利用残高は，大手行20.3兆円，地域金融機関等20.4兆円，全体で40.7兆円である。

なお，図1-6に貸出支援基金の貸付残高の推移を表している。2018年頃から伸びが明らかに鈍化していることがわかる。0％という低利で，かつ借入期間を長く設定できるにもかかわらず，金融機関の同基金に対する需要は飽和状態にある。日銀のYCC付きQQEが市中のイールドカーブを押し下げているため，貸出支援基金の0％という適用金利の魅力が相対的に低下している面や，また日銀適格担保が不足している面もあると推測される。[38]

---

38) 貸出支援基金の適用金利をマイナス圏に引き下げればYCC付きQQE下で収益悪化に苦しむ金融機関の収益を助けることができるのではないか，という見解が聞こえることがある。しかしそれは銀行の企業への貸出しの金利を押し下げる可能性が高いため，銀行経営者はこれまでのところそのアイディアを歓迎していない。

6. 常設制度

① 補完貸付制度（ロンバート型貸出し）

補完貸付制度とは，日銀に当座預金を有する金融機関等（かつ日銀から信用力が十分であると認められている先）が，日銀にあらかじめ適格担保を差し入れておけば，その担保の価額の範囲内で，希望するときに日銀から貸出しを受けることができる制度のことである。

これまで述べてきた資金供給オペは，すべて日銀が実行のタイミングや金額を決めていた。実施のイニシアティブは日銀サイドが持っていた。しかし補完貸付制度は，金融機関サイドが希望するタイミングや金額で日銀から資金を借り入れることができる制度である。

同貸出しは 2001 年 3 月に導入された。貸付金利は基準貸付金利（従来「公定歩合」と呼んでいた金利），貸付期間は 1 営業日である。1 積み期間当たり 5 営業日を越えて利用すると，6 営業日目以降は基準貸付金利に 2 ％を上乗せした金利が適用される。なお，2003 年 3 月の金融政策決定会合で，「当分の間の臨時措置」として，全営業日を通じての基準貸付金利での利用が認められるようになった。2019 年 10 月時点でもその「臨時措置」は継続されている。

ロンバート型貸出しはヨーロッパの中央銀行を中心に以前から存在していた制度である。市場のオーバーナイト金利が同貸出金利を超えそうになったとき，金融機関にとっては，市場から資金を借りるよりもロンバート型貸出しを中央銀行に申し込むほうが有利になる。このため，同貸出しは，オーバーナイト金利の上昇を抑え込む「キャップ効果」を市場にもたらすことになる。

ただし，ロンバート型貸出しを利用するための十分な担保を中央銀行に差し入れていない金融機関は，市場金利が高騰しても市場からの資金調達を続けなければならないため，市場金利がロンバート型貸出金利を上回る現象は時折起きうる。また，中央銀行に十分に担保を差し入れている金融機関であっても，同貸出しを利用するこ

とで風評が立つことを恐れる傾向（アメリカは「スティグマ」と呼ばれる）が存在する場合も，同貸出しの「キャップ効果」は弱くなってしまう。

② 補完当座預金制度

2008 年 11 月 16 日に日銀は補完当座預金制度を導入した。日銀当座預金の一部に付利を行う制度である。この制度は，前項の補完貸付制度とは逆に，市場のオーバーナイト金利に「フロア効果」をもたらす。準備預金の積立てが終了した金融機関等が余裕資金を持っていた場合，市場のオーバーナイト金利が補完当座預金制度の付利水準を下回りそうになったら，彼らは市場で資金を運用することを止めて，余裕資金を日銀当座預金に預けようとするだろう。それはオーバーナイト金利の低下を止めることにつながる。

なお補完当座預金制度の対象先は，

① 準備預金制度に関する法律第 2 条第 1 項に定める指定金融機関

② 指定金融機関でない当座勘定取引先のうち，日銀法第 37 条第 1 項に規定する金融機関[39]

のいずれかの条件を満たす者のうち，対象先とすることが適当でないと認められる特段の事情がない先とされている。具体的には，銀行，信用金庫，系統中央機関，証券会社，証券金融会社，短資会社などが，その対象となっている。

なお，BOX 1-7 で見たように，2016 年 1 月の「マイナス金利付き量的・質的金融緩和」の導入決定にともなって，同制度は 3 層構造のもとで適用利率が決定されている。

---

39) 日銀法第 37 条第 1 項に規定する金融機関とは，銀行その他の預金等の受入及び為替取引を業として行う者，その他金融業を営む者であって政令で定めるものとなっている。

BOX 1-12　コリドー・システムとフロア・システム

　中央銀行がその当座預金に付利を行う制度を持っていることを前提にした場合，彼らがオーバーナイト金利を誘導する手法は「コリドー・システム」と「フロア・システム」に大別することができる。

　「コリドー・システム」とは，中央銀行がその当座預金残高を所要準備額に対してほぼ同程度に調節（中立調節）していく際に，オーバーナイト金利のボラティリティを制限するため，ロンバート型貸出しが持つ「キャップ効果」と，当座預金の付利が持つ「フロア効果」により，オーバーナイト金利の事実上のコリドー（回廊，通路）を設定する方式である。

　それに対して，当座預金残高が所要準備額を常に大幅に上回るような金融調節を中央銀行が行いつつも，当座預金付利の「フロア効果」を利用してオーバーナイト金利を一定の水準に保とうとする手法を，「フロア・システム」と呼ぶ。

　FRBは2015年12月からフェデラル・ファンド金利を引き上げ始めたが，同行がこの出口政策時に採用したのは「フロア・システム」だった。FRBの当座預金に存在する膨大な超過準備を吸収して「コリドー・システム」を実施するには，BOX 1-10でも触れたように，FRBが保有しているアメリカ国債やエージェンシーMBSを市場に売却しなければならない。しかしそれはリスクが大きいとFRBは考え，自身のバランスシートを膨張させたたままで短期金利を引き上げる手段として「フロア・システム」が選択された。

　また，世界金融危機以降に導入された金融規制（バーゼルⅢの流動性カバレッジ比率規制など）をクリアするため，米銀は以前よりも超過準備を大量に保有したがる傾向を見せている。市場の超過準備需要が不透明なこともあって，「フロア・システム」のほうが金融調節を担当するニューヨーク連銀にとって容易な面もあるようだ。

　日銀が将来出口政策に着手する際も，国債売却オペ実施の困難さなどの理由から「フロア・システム」になる可能性が高いと推測される。

BOX 1-13　中央銀行はインフレ目標により柔軟になるべき

　日銀政策委員は四半期ごとの「展望レポート」において，先行きのコア CPI 前年比の予想を公表している。下図は 9 名の委員の中央値の推移を表している。どの年度の予想も当初は 2％前後でスタートするものの，時間が経つにつれ現実に収斂させる形で激しい下方修正がなされている。2021 年度予想は 1.6％から始まっている。無理に 2％近辺の予想を提示することを止めたのは前向きな変化といえるが，QQE 開始から 8 年後も 2％の達成は不可能という予想になっている。

　通常の民間企業であれば，売上や収益を 2 年後までにある水準へ引き上げると目標を掲げ，対外的にもそれに強くコミットした場合，8 年経っても実現不可能と予想されれば，それに向けた戦略の見直しだけでなく，目標の設定自体に無理があったのではないか，とい

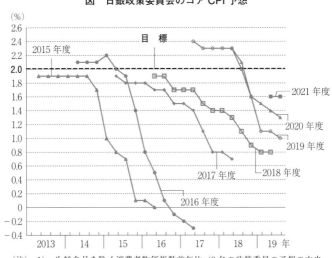

図　日銀政策委員会のコア CPI 予想

(注)　1)　生鮮食品を除く消費者物価指数前年比（9 名の政策委員の予想の中央値）。
　　　2)　各年 1, 4, 7, 10 月のデータ（2019 年は 1, 4, 7 月）。
(資料)　日本銀行。

った議論が行われるだろう。しかし現在の日銀政策委員会は，粘り強く目標に向かって超金融緩和策を継続する方針でいる。

BIS（国際決済銀行）のクラウディオ・ボリオ金融経済局長は，2019年7月にメディアのインタビューで，インフレ目標に中央銀行がこだわりすぎることの危険性を鋭く指摘していた。

・ビジネス・サイクルの本質が変化したことを理解することはとても重要だ。われわれが自身に問うべき最大の問題は，何がインフレを牽引しているのか，だ。グローバリゼーションとテクノロジーが構造的にインフレ率を上昇しにくくしている。

・それらの影響を最小化するために，総需要を管理するツールである金融政策を用いることは正しいのだろうか。

・（近年は景気拡大期でも）インフレ率に大きな変化は現れず，しかし（低金利政策のもとで）巨大な金融拡大が発生して，収縮へ転じた。

・金融緩和の長期化は多くの副作用を発生させているようにも見える。ゾンビ企業は他の企業がより生産的に用いる資源を吸収し，インフレ率を押し下げる。

・（状況を適切に認識するならば）インフレ率が厳格な目標に届かないことに対してより寛容になれる余裕を持つことができる。

ボリオ局長は，経済に構造変化が起きているときに以前の考え方に沿ってインフレ目標を金融緩和策で追及することは弊害が多く，かえって経済のボラティリティを大きくしてしまうと見ている。また，金融緩和の長期化はゾンビ企業を増加させ，経済の新陳代謝を弱め，生産性を低下させ，かえってインフレ率を押し下げてしまうと指摘している。傾聴に値する警告といえるだろう。

とくに近年の日銀は，インフレ目標達成のために多くの市場へ大規模に介入して価格を操作し，ターム・プレミアム，リスク・プレミアムを，人為的に低下させてきた。しかし，本来それらを通じて市場が調整してきた信用のアロケーション（配置）を中央銀行が長期的に強く歪め続けることは，金融危機につながる不均衡の拡大や上述のような低収益企業の増加，さらには財政規律の低下など，経済に深刻な問題を多々もたらす恐れがある。

数年前に，あるコンファレンスで，中国の高名な経済学者が「日

銀は市場機能を歪めているのではないか」と批判していたが，共産主義国家のエコノミストにそういわれると苦笑するしかない面がある。大事なことは，市場機能を適切に働かせつつ，民間企業の創造性が最大限発揮されるような環境をサポートしていくことだと思われる。中央銀行幹部が考える政策は，「神の手」にはなりえないだろう。

---

* 本章の執筆にあたり，参考にした主な文献は以下の通り。
　植田和男『ゼロ金利との闘い――日銀の金融政策を総括する』日本経済新聞社，2005 年。
　白川方明『中央銀行――セントラルバンカーの経験した 39 年』東洋経済新報社，2018 年。
　須田美矢子『リスクとの闘い――日銀政策委員会の 10 年を振り返る』日本経済新聞出版社，2014 年。
　早川英男『金融政策の「誤解」――"壮大な実験"の成果と限界』慶應義塾大学出版会，2016 年。
　Wrightson ICAP 社 "The Money Market Observer"。

第2章

インターバンク市場

　インターバンク市場は金融機関相互間の短期資金の貸借を行う市場である。中でも主要なのはコール市場であり，次のように分類することができる。

$$
\text{コール市場}
\left\{
\begin{array}{l}
\text{有担保コール市場} \\
\text{無担保コール市場} \\
\text{日中コール市場}
\end{array}
\right.
$$

第1節　コール市場とは

1.　コール市場の歴史

　コール市場は日本に現存する短期金融市場の中で最も早く誕生した市場であり，起源は明治時代までさかのぼる。コール取引のいわれは英語の「呼べばすぐ返る」（call）から来ている。

　昭和初期の金融恐慌以来，一貫して有担保主義がとられてきたため，コール取引といえば有担保コール取引であった。しかし，昭和50年代に入り短期金融市場の自由化・国際化が進展した。とくに1984年の円転換規制枠撤廃以来，市場参加者の間ではオフショア市場取引等，無担保資金の取入れがかなり増大し，コール市場取引においても，資金需要側の無担保取引に対するニーズが高まりを見

せた。こうした市場のニーズに対応すべく，1985年から無担保コールの取引も取り扱われるようになった。

なお，コール取引は法的には金銭消費貸借取引である。

2. コール市場残高の推移

図2-1は，1975年から2019年現在までのコール市場残高の推移を示したものである。1992年頃から無担保コール取引を中心に残高が急増した。これは，コール市場をより扱いやすい市場にするためのさまざまな改革が行われたからである。1993年以降のコール市場残高は40兆円を超えるようになり，95年4月には47兆円台にまで達した。

その後，第1に，レポ取引等の他金融商品の取扱いが拡大したこと，第2に，不景気を背景に短期金利が低下したことなどから，残高は徐々に減少した。1999年2月12日のゼロ金利政策でコール市場残高は一時20兆円割れとなったが，2000年8月11日のゼロ金利解除で再び25兆円近辺に増加した。しかし，2001年3月19日の量的緩和以降はゼロ金利状態となり市場規模は一層縮小し15兆円近辺に減少した。2006年3月に量的緩和が解除されるとコール市場残高は20兆〜25兆円に増加した。2008年9月にリーマン・ブラザーズ証券が破綻すると，カウンターパーティ・リスクの高まりから無担保コールの取引が縮小し，コール市場残高は20兆円を割る水準に減少した。その後日銀が，無担保コール・オーバーナイト物の誘導金利を日銀当座預金の付利金利と一致させたことで，市場残高はさらに縮小して16兆〜18兆円となった。2013年4月に量的・質的金融緩和政策が導入され市場規模は縮小傾向となった。その後，レポ金利の低下による運用難と日銀付利との裁定取引の拡大によりコール市場での取引は増加して20兆円前後になった。

2016年1月，日銀がマイナス金利付き量的・質的金融緩和政策

図2-1 コール市場残高の推移（平残）

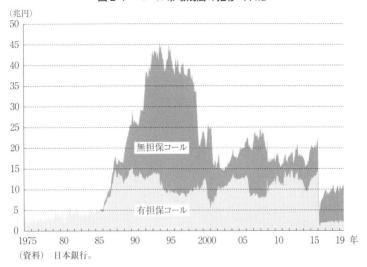

（資料）日本銀行。

を決定した結果，コール市場残高は日銀当座預金にマイナス金利が実際に適用され始めた同年2月後半に一時5兆円割れまで激減した。同年4月，信託銀行が投資信託等から預かる現金に対し手数料を課すと，投資信託は無担保コールによるマイナス金利運用を開始し，コール残高は回復傾向となる。その後，コール残高は，①システム等のマイナス金利取引対応の広がり，②3階層式日銀当座預金における基礎残高（+0.1%）・マクロ加算残高（0%適用）との裁定取引の増加（後述），③マクロ加算残高の増加，等を理由に10兆円程度まで増加した。

3. コール市場参加者
1 金融機関の資金過不足調整の場

金融機関は以下の要因等で日々，資金過不足が生じている。
① 家計・企業・民間金融機関との資金決済——預金の受払い，

貸出し，手形交換，内国・外国為替等

② 国庫との受払い——租税・社会保険料の納付，国債の発行・
償還，公共事業費・交付金等の支払い

③ 日本銀行によるオペレーション

④ 金融商品での運用・調達

コール市場は，以上の要因で発生する資金過不足や準備預金の積立てを最終調整する場として利用されている。これは他の金融商品と異なり，無担保・当日物（$T+0$ 決済）・オーバーナイト物での取引が活発に行われているためである。$T+2$ 決済の株式や $T+1$ 決済の国債の後に資金調達・運用可能なコール市場は，資金繰りのラスト・リゾートと位置づけられる。

加えて，マイナス金利付き量的・質的金融緩和政策（以下，マイナス金利政策）導入以降，コール市場においてマイナス金利で資金を調達し，日銀当座預金に 0 ％（マクロ加算残高）ないし＋0.1 ％（基礎残高）で預ける裁定取引が活発化している。他方，日銀当座預金残高が基礎残高・マクロ加算残高の上限値を上回り，−0.1 ％が適用される政策金利残高を保有する先は，コール市場に−0.1 ％より浅いマイナス金利で資金放出を行っている。

② コール市場参加者の業態別動向

都市銀行はかつて，大企業向けの貸出しや有価証券への投資により恒常的なマネー・ポジション（BOX 2-1）となり，コール市場において主要な取り手であった。しかし，マイナス金利政策導入以降，レポによる資金調達を企図した結果，コール市場における存在感は低下した。都市銀行はマクロ加算残高の上限値が高く，コール市場に比べて流動性の厚いレポ市場での資金調達を選好したと見られる。もっとも，保有国債の償還やマクロ加算残高上限値の断続的な引上げ等を受け，最近はコール市場による調達も増加し始めている。

地方銀行・第二地方銀行の適用金利別日銀当座預金の状況は各行

BOX 2-1　ローン・ポジションとマネー・ポジション

① 　ローン・ポジション——受信額（資金の受入残高）が与信額（貸出しや有価証券投資等）を上回っている状態のこと。

負債や自己資本	預　金			自己資本
資　産	貸 出 し	有価証券投資	コール・ローン等	準備預金

② 　マネー・ポジション——受信額（資金の受入残高）が与信額（貸出しや有価証券投資等）を下回っている状態のこと。

負債や自己資本	預　金	コール・マネー等	自己資本
資　産	貸 出 し	有価証券投資	準備預金

ごとにまちまちであるが，マイナス金利政策下のコール市場においては，出し手としても取り手としても主要な業態となっている。マクロ加算残高の上限値まで余裕がある先はコールで資金調達する一方，政策金利残高となる先はコールで資金運用を行っている。ただし，事務負担・裁定取引のコスト・パフォーマンスの低さに鑑み，マイナス金利取引を控える先も見られる。

　外国銀行は，円預金が少なく銀行業務を行う上で必要な資金をコール市場で調達していた。また，フォワード（為替スワップ）取引でコール・レートよりも低金利で資金調達可能な場面では，コールの出し手として存在感を発揮した。マイナス金利導入後は，マクロ加算残高との裁定やマイナス金利での資金放出を行うものの，他の業態に比べ動きは限定的である。

　信託銀行は，信託勘定・証券投資信託ではマネー・ポジションとならないような運営をしており，恒常的な出し手となっている。一方，銀行勘定では信託勘定からの資金流入が細った際など，2019

年になるとコール市場での調達が増加している。

投資信託の保有する現金に対し，信託銀行がマイナス金利政策への対応として手数料を課した。それ以降，投信はコール運用を積極的に行っており，オーバーナイト物の出し手の半分以上を投資信託が占めている。マイナス金利政策下のコール市場では，かつて出し手だった地銀が積極的な取り手となっており，投信はクレジット・ラインを拡張している。また，ブル・ベア型投信への資金流入でコール運用額が増加するなど，新しい動きも見られる（日本銀行「2018年度の金融市場調節」参照）。

証券会社は，マイナス金利政策後も継続して主要な取り手である。基礎残高・マクロ加算残高との裁定だけでなく，国債以外の金融商品のファンディングや各種規制への対応でもコール調達を利用している。

第2節　無担保コール取引の実務

1. 取引の期間

コール取引は，オーバーナイト物から1年後の応当日以内であればどの日でも取引ができる（表2-1）。

2. 受渡日（スタート日）

「当日物」（$T+0$）は，約定日当日に資金受渡しが行われるもので，キャッシュ物とも呼ばれる。

「先日付物」は，約定日の翌営業日以降に資金受渡しが行われる取引の総称である。先日付物には以下のものがある。

① トモロウ物（$T+1$）——約定日の翌営業日に資金受渡しが行われるもの（「トム」と略称される）。

トムネ——翌営業日スタートのオーバーナイト物（「トモロ

第2章　インターバンク市場　　95

表 2-1　取引の期間と期日の決め方

オーバーナイト物	資金受渡日の翌営業日が期日となるもの
2 日物	資金受渡日の 2 日後が期日となるもの
3 日物	資金受渡日の 3 日後が期日となるもの
4 日物	資金受渡日の 4 日後が期日となるもの
5 日物	資金受渡日の 5 日後が期日となるもの
6 日物	資金受渡日の 6 日後が期日となるもの
1 週間物	資金受渡日の 1 週間後の応当曜日から 2 週間後の応当曜日の前日までが期日となるもの
2 週間物	資金受渡日の 2 週間後の応当曜日から 3 週間後の応当曜日の前日までが期日となるもの
3 週間物	資金受渡日の 3 週間後の応当曜日から 1 カ月後の応当日の前日までが期日となるもの
1 カ月物	資金受渡日の 1 カ月後の応当日から 2 カ月後の応当日の前日までが期日となるもの
2 カ月物	資金受渡日の 2 カ月後の応当日から 3 カ月後の応当日の前日までが期日となるもの
3 カ月物	資金受渡日の 3 カ月後の応当日から 4 カ月後の応当日の前日までが期日となるもの
4 カ月物	資金受渡日の 4 カ月後の応当日から 5 カ月後の応当日の前日までが期日となるもの
5 カ月物	資金受渡日の 5 カ月後の応当日から 6 カ月後の応当日の前日までが期日となるもの
6 カ月物	資金受渡日の 6 カ月後の応当日から 7 カ月後の応当日の前日までが期日となるもの
7 カ月物	資金受渡日の 7 カ月後の応当日から 8 カ月後の応当日の前日までが期日となるもの
8 カ月物	資金受渡日の 8 カ月後の応当日から 9 カ月後の応当日の前日までが期日となるもの
9 カ月物	資金受渡日の 9 カ月後の応当日から 10 カ月後の応当日の前日までが期日となるもの
10 カ月物	資金受渡日の 10 カ月後の応当日から 11 カ月後の応当日の前日までが期日となるもの
11 カ月物	資金受渡日の 11 カ月後の応当日から 1 年後の応当日の前日までが期日となるもの
1 年物	資金受渡日の 1 年後の応当日が期日となるもの

(注)　1)　2 日物から 6 日物については期日が休日に該当する場合，その期日物は成り立たないことになる。
　　　　2)　1 週間物から 3 週間物については，応当曜日が休日の場合には翌営業日を応当日とする。
　　　　3)　1 カ月物から 1 年物については，応当日が休日の場合には翌営業日を応当日とするが，応当日が月末休日に当たる場合は，前営業日を期日とする。
　　　　4)　月末営業日をスタート日とする 1 カ月物から 1 年物については，応当日がその属する月の月末営業日の前になる場合には，応当日から当該月末営業日までのいずれの日も期日とすることができる。ただし，期日の指定がされない場合は月末最終営業日を期日と見なす。
　　　　5)　オーバーナイト物は有担保コール，手形市場では翌日物と読み替える。
(出所)　短資協会「インターバンク市場取引要綱」。

表 2-2　インターバ

	条　件	名　称	スタート日
当日物	翌日物		取引日
	2〜6日物		
	1〜3週間物		
	1カ月〜1年物		
先日付物　トム・スタート	翌日物	トムネ	取引日の翌営業日
	2〜6日物	トム・——	
	1〜3週間物	トム・——	
	1カ月〜1年物	トム・——	
スポット・スタート	翌日物	スポネ	取引日の翌々営業日
	2〜6日物	スポット・——	
	1〜3週間物	スポット・——	
	1カ月〜1年物	スポット・——	
オッド・スタート	翌日物		取引日の3営業日以降
		末初	取引日の3営業日以降で月末最終営業日スタート
		期末初	取引日の3営業日以降で3,9月期末最終営業日スタート
		年末初	取引日の3営業日以降で年末最終営業日スタート
	2〜6日物		取引日の3営業日以降
	1〜3週間物		
	1カ月〜1年物		

第2章　インターバンク市場　97

ンク市場の取引条件

エンド日	備　考
取引日の翌営業日	
取引日の2～6日後	
取引日の1～3週間後の応当曜日	レギュラー・エンド物
取引日の1～3週間後の応当曜日以外	オッド・エンド物
取引日の1カ月～1年後の応当日	レギュラー・エンド物
取引日の1～11カ月後の応当日以外	オッド・エンド物
スタート日の翌営業日	
スタート日の2～6日後	
スタート日の1～3週間後の応当曜日	レギュラー・エンド物
スタート日の1～3週間後の応当曜日以外	オッド・エンド物
スタート日の1カ月～1年後の応当日	レギュラー・エンド物
スタート日の1～11カ月後の応当日以外	オッド・エンド物
スタート日の翌営業日	
スタート日の2～6日後	
スタート日の1～3週間後の応当曜日	レギュラー・エンド物
スタート日の1～3週間後の応当曜日以外	オッド・エンド物
スタート日の1カ月～1年後の応当日	レギュラー・エンド物
スタート日の1～11カ月後の応当日以外	オッド・エンド物
スタート日の翌営業日	
スタート日の翌営業日	
スタート日の翌営業日	
スタート日の翌営業日	
スタート日の2～6日後	
スタート日の1～3週間後の応当曜日	
スタート日の1～3週間後の応当曜日以外	
スタート日の1カ月～1年後の応当日	
スタート日の1～11カ月後の応当日以外	

ウ・ネクスト」の略称）。

② スポット物（$T+2$）──約定日の翌々営業日に資金受渡しが
行われるもの。

　スポネ── 2営業日後スタートのオーバーナイト物（「スポ
ット・ネクスト」の略称）。

③ オッド・スタート物──約定日の3営業日目以降に資金受渡
しが行われるものすべて。約定日の何営業日後の資金受渡しで
あっても取引は基本的に可能である。

　オッド・スタート物の中には次の取引が含まれる。

　末初物──月末最終営業日資金受渡し，翌月月初営業日資金
決済物。

　期末初物── 3,9月の決算期末を越える末初物。

　年末初物──年末越えの末初物。

3. 期日（エンド日）

　表2-2にある通り，応当（曜）日の期日物を「レギュラー・エン
ド物」と呼び，それ以外の期日物は「オッド・エンド物」となる。
通常，受渡日がオッド・スタートの場合はオッド物の扱いとなる。

4. 取引レートの刻み幅と取引単位

① 刻 み 幅

　取引レートは，原則として1/100％と1/32％の刻みの併用であ
るが，マーケット環境に応じて1/1000％も併用できることになっ
ている。最近は1/100％刻みと5/1000％で取引されることが多い。

② 取 引 単 位

　無担保コール取引の最低取扱単位は5億円となっており，それ以
上の額は1億円単位の金額となっている。実際は50億円，100億
円単位が多い。

5. 取引約定までの流れ（図2-2，表2-3）

短資会社は市場参加者に対し，電話により無担保コール取引のニーズを探る。取引を希望する金融機関は，その希望する取引条件（資金の出し＝オファーか，取り＝ビッドか；オーバーナイト物か，期日物か；当日物か，先日付物か；取引希望レート；金額；資金決済時間；返金時間など）を短資会社に対してオーダーする。

なお，市場参加者から短資会社に呈示されるオーダーは，「ファーム・オーダー（希望する取引レートと取引金額が明示されているオーダー）制」が基本であり，短資会社にいったん呈示されたオーダーは，これを取り下げる旨の意思表示（これを「オフ」という）が短資会社になされるまでは有効である。

こうして受けたオーダーの中から，短資会社は資金の出し手・取り手双方の希望条件が合致しているものを選び出し，出し手にはクレジット・ラインのチェック（以下，ライン・チェックという）を[1]依頼し取り手の金融機関名を伝え，取り手にはライン・チェックに入ったことを伝える。

出し手はライン・チェックをして与信上問題がない場合は短資会社に対して取引成約（これを「ダン」という）[2]の旨を伝える。短資会社は取り手に対して取引成約（ダン）を伝え，このときはじめて取り手に出し手の金融機関名を伝える。クレジット・ラインが限度にあった場合（ライン・フル）ないしは設定のない場合には，出し手は短資会社にその旨を伝え，短資会社は取り手にラインが合わず取引成約に至らなかった旨を伝える。

市場参加者が，短資会社に対して取引成約のための意思（ダン）

---

1) 無担保コール取引は資金の出し手が取り手に対して無担保で貸し出す行為であるために，各金融機関は格付け等を参考に取引先の与信枠を設定している。これをクレジット・ラインという。

2) 全商品に共通して「ダン」（Done）という言葉は非常に重要で，ダン発言以降の変更は基本的に認められない。

図2-2　無担保コール取引の手順

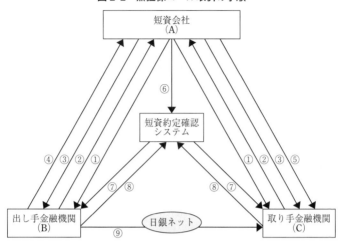

① AはB, C双方から取引ニーズを受ける。
② BおよびCはAに対してオーダーを出す。
③ オーダーの中でニーズが一致した取引についてAはBにライン・チェックを依頼，Cに対してはライン・チェックが入ったことを伝える。
④ BからAに取引成立を伝える。
⑤ AからCに取引成立と出し方機関名を伝える。
⑥ Aは短資約定確認システムに取引データを送信する。
⑦ 確認システムからBとCに約定データが送信される。
⑧ BとCは取引内容を確認したら確認システムにOKサインを送信する。
⑨ 資金を送金（約定当日の受渡しのときは基本的に約定から1時間以内に資金を送金）。

を告げた場合，取引成約のための意思表示はなされたものと見なす取扱いとなる。ただし，短資会社が市場参加者からの取消し（オフ）の意思を伝えようとしたと同時に，他の市場参加者が短資会社に対し取引成約のための意思を告げた場合，取引成約のための意思表示はなされなかったものと見なされる扱いとなる。

また，資金の出し手からライン・チェックの表明がなされた資金の取り手のファーム・オーダーは，資金の出し手から次の意思表示

第2章 インターバンク市場 **101**

表2-3 インターバンクの慣用語

	慣 用 語	内 容
オーダー、レートの呈示など	アイザー	無担保コール市場において，クレジット・ライン，取引希望額の不一致などから，オファー・レートとビッド・レートが同じレベルとなっている状態のこと
	アンダー・リファレンス（アン・リファ）	成約に先立ち，当該市場参加者に照会を要するオーダー
	相引き	同じ内容のオーダーを同時に複数の短資会社に呈示するもの。アンダー・リファレンスの一種
	オ フ	すでに出しているオーダーを取り消す意思表示
	オファー	資金の出し手側のオーダー
	気配レート	取引単位が5億円未満の有担保コール取引などのために，各短資会社が呈示するレート
	ジョイン	ベスト・レートに並ぶオーダーを入れること
	出し，出す	資金を放出する意思表示
	使い，使う	気配値コール，日中コール資金を取り入れる意思表示
	取り，取る	資金を調達する意思表示
	ビッド	資金の取り手側のオーダー
	ファーム・オーダー	取引成約を前提として，変更または取消しの意思表示がなされない限り継続するオーダー（取引の種類，取引の期間，資金の出し・取りの区別，資金授受時刻，方法，取引レート，金額等を明示したオーダー）。アンダー・リファレンスより優先される
	ファーム・レート	取引成約を前提としたオーダー・レート
	マイン	資金を取る意思表示
	ユアーズ	資金を出す意思表示
	ライン・チェック，チェッキング	クレジット・ラインをチェックすること
取引成約など	アマウント合わず	取引当事者同士の取引希望金額が合わないこと
	ギブン	ビッドに対してオファーが出て取引が成立したこと
	コンファーム	約定内容の確認
	ダ ン	取引成約
	テイクン	オファーに対してビッドが出て取引が成立したこと
	ナッシング・ダン	取引不成立
	ライン・フル，フル	ライン・チェックを行った場合に，「与信上問題があったので取引不成立とする」意思表示

（出所） 短資協会「インターバンク市場取引要綱」。

（ダンまたはライン・フル）がなされるまで，資金の取り手がオフすることはできないことになっている。

6. 取引情報の取扱いについて

取引情報の取扱いについて，「インターバンク市場取引要綱」に[3]

は以下のように記されている。

① インターバンク市場において，その業務に携わる者たちが市場における機密を保持していくことは，信頼のおける効率的な市場を保つために不可欠なことである。短資会社は，参加者にかかる個別の機密情報等を関係当事者からの明確な許可が得られた場合等を除き，他の参加者に対し伝えてはならない。また，参加者は短資会社に対して個別の機密情報等を尋ねてはならない。

② 短資会社が取引成約以前の段階において市場情報として伝えることができるのはオファー・ビッドのレート，オファー・ビッドの総量もしくはそのボリューム感，およびファーム・オーダー，アンダー・リファレンスの区別，ならびに取引成約レートおよびその金額もしくはボリューム感のみである。

③ 短資会社は，参加者の個別名によるオファー・ビッド状況または取引成約状況および個別名の特定につながる業態名等の開示・言及などを他の参加者にしてはならない。また，参加者は他の参加者の個別名によるオファー・ビッド状況または取引成約状況など短資会社に対して尋ねてはならない。

④ オープン・ボイス・ボックスは参加者と短資会社の間で，円滑な注文・情報の伝達を行うためのものであると同時に，不特定多数が市場状況を聞くことができる装置である。したがって，機密保持の観点からその使用は十分注意するとともに，本来の目的を意識して使用しなければならない。

7. 資金決済の慣行

資金決済の市場慣行について説明する。次世代 RTGS（即時グロ

---

3) 「インターバンク市場取引要綱」は，短資協会が，インターバンク市場における一般的な取引慣行・取引用語をまとめたものである。

ス決済）が導入され，新日銀ネットで決済時間が延長になっても基本的な考え方は変わっていない。この市場慣行は短期金融市場取引活性化研究会[4]（以下，短取研という）で話し合われて整備された内容である。非当預先（当預系の日銀ネットを使用していない生保・損保等）は銀行等と代行決済契約を結び，その銀行を通じて資金決済を行う。

① 次世代 RTGS

2008 年 10 月 14 日から次世代 RTGS が稼働した。これは，日銀当座預金口座に流動性節約機能（図 2-3）が付いた同時決済口を新設し，コール取引等の大口決済を行えるようにするとともに，時点ネット決済されている外為円決済と全銀システムをこの同時決済口でRTGS 処理できるようにするものである。

② 次世代 RTGS 導入にともなう新たな慣行

① 資金の取り手は午前 9 時以降直ちに可能な限りの返金（支払い）を行い，遅くとも午前 10 時までに返金する。上記を可能とするため，支払指図の投入は午前 9 時以降直ちに可能な限り行う。

② 市場取引は同時決済口を利用することが望ましい。

③ 同時決済口の利用時間

　　　　通常日　　午前 9 時〜午後 4 時 30 分

　　　　為替延長日　　繰り下げられた利用時間の 30 分前まで

④ 同時決済口で決済する予定で約定した取引を午後 4 時 30 分（通常日）までに決済できなかった場合は通常口で資金の受渡しを行う（図 2-4）が，事前に相手方の了承を得る。

③ 新日銀ネット稼働後の慣行

新日銀ネットの稼働で決済時間は午前 8 時 30 分から午後 9 時ま

---

4) 短期金融市場取引活性化研究会は，短期金融市場の取引活性化を目的とした市場参加者の研究会で，メンバーは各業態の代表となっている。

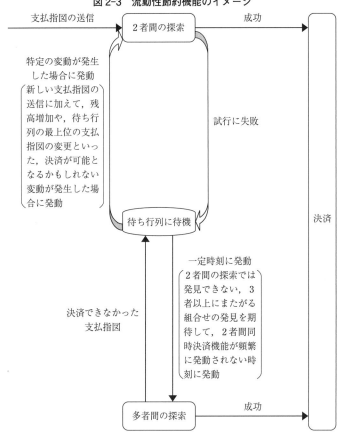

図 2-3　流動性節約機能のイメージ

* 多者間同時決済処理では，一定時刻になると，すべての待機指図を対象にシステムが自動的に多者間同時決済を試行する。
（出所）　日本銀行決済機構局「日本銀行当座預金決済の新展開」。

で拡大されたが，コール取引はコアタイムの午前9時から午後5時（延長日は1時間延長）を基本に決済されている。

(1) 約定確認（コンファーム）

約定確認は約定後30分以内が原則である。取引双方が短資取引

図 2-4　決済時刻により特定される利用決済口座

同時決済口	通常口

午前 9 時　　　　　　　　　　午後 4 時 30 分
　　　　　　　　　　　　　　（通常日）

（出所）　短期金融市場取引活性化研究会「次世代 RTGS 市場慣行」。

約定確認システム（以下，約確システムという。BOX 2-2 参照）を保有している場合は約確システムで約定を確認するのが一般的である。その他に FAX を送って確認する方法もある。

(2)　新規取組時（スタート）

約定当日（$T+0$）の場合は，約定後原則 1 時間以内に速やかに決済を行う。先日付の場合は，原則受渡日の午前 10 時までに速やかに決済を行う。

(3)　期日決済時（エンド）

資金の取り手は，コアタイム開始時刻の午前 9 時以降直ちに可能な限りの返金（支払い）を行い，遅くとも午前 10 時までに返金する。これを可能にするため，支払指図の投入はコアタイム開始時刻以降直ちに可能な限り行う（返金先行ルール）。

返金先行は，取り手が出し手に対してなるべく早く返金することが前提となっている。コアタイム開始の午前 9 時から速やかに返金を始め，遅くとも午前 10 時までに返金するのが市場慣行である。しかし，取り手は資金を調達する前に返金する必要があることから資金が逼迫してしまう。こうした資金のすくみを回避するために，日銀は日銀当座を保有する金融機関に対して，適格担保を差し入れた額だけ日中の当座貸越しを供与している。また，2008 年 10 月 14 日から次世代 RTGS で流動性節約機能を導入して日中流動性の節約を行っている。

④　ネッティング取引

コール取引において行われているネッティングは通常バイラテラ

BOX 2-2　短資取引約定確認システム（約確システム）

2001年1月から始まったRTGSでは，取引1件ごとに取引当事者間で資金決済を直接行うことを基本原則とし，また，約定当日スタート（$T+0$）の取引では約定から1時間以内の資金決済が市場慣行となった。このため市場では，約定確認や決済情報を迅速かつ正確に伝えるインフラの整備が必要となり，こうした市場の要望に応えて短資協会は2001年1月から「短資取引約定確認システム」の運営を開始した。2019年1月からは，インターネット上のクラウドによるウェブ・システムに更新された。

(1) 約確システムの特徴
　① 約定確認作業を，FAX等よりも正確かつ迅速に行うことができ，事務負担を軽減できる。
　② 資金決済口座や新規実行時間，期日決済時間等の情報も相

図　短資取引約定確認システムの仕組み

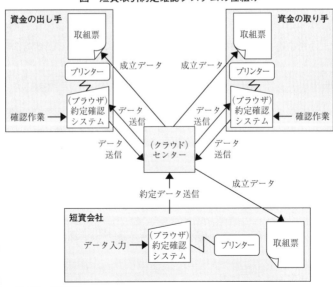

（資料）　短資協会。

互に確認することができる。
③ 約定データを自社システムとマッチングさせることによって効率的な運用ができる。
(2) 事務の流れ
① 約定成立。
② 短資会社は約定確認データを約確システムのセンターに送信する。
③ 約定確認データはセンターを通じて出し手・取り手双方に送信される。
④ 出し手・取り手は約定内容が正しければ「OK」のサインを，誤りがあれば「NG」のサインを送信する。
⑤ 出し手・取り手双方が「OK」サインを送信してきたら，「コール資金媒介報告書」「コール資金取組票兼利息計算書」などの帳票が出力される。
⑥ 出し手は取り手に決済時間までに送金する。

ル・ネッティングである。
(1) 当日ネッティング
  約定時間帯 午前 8 時 30 分～午前 10 時
  決済時間帯 午前 10 時～午前 11 時
(2) 先日付ネッティング
  約定時間帯 前日午後 4 時まで
  決済時間帯 午前 9 時～午前 10 時

5 **オープン・エンド取引**

オープン・エンド取引とは，取引当初は取引決済日（エンド日）を特定せず，取引当事者のいずれか一方が取引決済通知により取引決済日を指定できる取引で，基本的にはオーバーナイト物である。運用者と調達者が直接取引を行うダイレクト・ディーリング（DD）取引ではオープン・エンド取引が多いようである。

メリットは，ネッティングと同じように，①決済リスクの削減が

できること，②出し手・取り手双方にとって事務負担の軽減ができること，③資金の取り手にとっては日中流動性を圧縮できること，などがあげられる（短取研資料より）。

オープン・エンド取引のタイム・スケジュールは以下の通りである。

約定時間帯　　午前 8 時 30 分～午前 10 時（回収通知も含む）
取引のコンファーム　　午前 10 時以降
決済時間帯　　午前 10 時～正午（利息および差額の決済）

8. 約束手形

以前は，コール取引では約束手形を授受することが慣習となっており，資金の取り手金融機関が直接出し手金融機関宛てに約束手形を発行することになっていた。しかし，2002 年 4 月の短取研で「短資経由のコール取引は相対取引でありその取引条件は相対で決定するものではあるが，法的側面において問題がないこと，及び市場活性化の観点から有効であることを勘案すると手形レス取引が望ましい」との結論が出て以来，手形レスの取引が広がっており，現在ではほぼ手形レスとなっている。

9. 利　　息

無担保コール取引にともなう利息は下記算式で計算される。利息は期日決済日に元利合計で資金の取り手から出し手に返金されるのが普通である。ただし，ネッティングやオープン・エンド取引では期日決済日に利息のみ受け渡される（利息の円未満は切捨て）。

$$無担保コール利息 = \frac{元金 \times レート \times 日数}{365}$$

10. 媒介手数料

短資会社は，無担保コール取引にともなう媒介手数料を次の要領で受け取るのが一般的である。

① 短資会社は無担保コール資金の出し手・取り手双方から各社所定の媒介手数料を受け取る。

② 月末日をまたぐ取引の手数料については，資金受渡日ベースで当月分として支払われるものとする。

③ 先日付取引の手数料は，資金受渡日ベースとする。

④ 短資会社は原則として各月分を取りまとめ，翌月に請求書により請求する。請求を受けた金融機関は，短資会社の口座にその金額を入金するか，銀行小切手などにより支払う。

第3節 有担保コール取引の実務

有担保コール市場の残高は，図2-1を見てもわかるように，無担保コール市場が創設されて以来，緩やかな減少傾向となっている。しかし，有担保コール市場は約定当日スタート（$T+0$）でかつ担保付きの取引ができる市場として有用である。近年レポ市場でも約定当日スタート（$T+0$）の取引が拡大してきている。

1. 有担保コール取引の種類

短資会社を使った有担保コール取引には大きく分けて次の3つの種類がある。

① 有担保コール・ディーリング（オファー・ビッド）

短資会社が自己勘定で出し手の資金を取り入れ，取り手に対して資金を放出する短資会社のディーリング方式である。オファー・ビッド制の取引単位は5億円以上1億円刻みとなっている。短資会社は無担保コールや有担保コール・ブローキング取引と違って媒介手

数料を徴収しない代わりに，利鞘を乗せて出合いを付けている。現在は取引がほとんどない。

② 有担保コール・ディーリング（気配値）

有担保コール・ディーリング（オファー・ビッド）と同じく短資会社が自己勘定で出し手の資金を取り入れ，取り手に対して資金を放出するディーリング方式である。基本的には5億円未満で1000万円以上100万円単位の取引が対象であり，小口の取引であるためにオファー・ビッド制よりも低い金利での取引であったが，大口の取引でも気配値を利用するところが大部分となっている。オファー・ビッド制と同じように短資会社は媒介手数料を徴収しない代わりに利鞘を乗せて出合いを付けている。

③ 有担保コール・ブローキング

無担保コールと同じように短資会社の勘定を通さない取引であるため，資金決済は短資会社を通さずに資金の出し手が取り手に日銀ネットを使って直接送金する。返金のときも取り手が出し手に直接送金する。担保の受渡しを行う際に国債振替決済制度を利用する場合には取引先双方が直接に受渡しを行う。2016年1月のマイナス金利政策導入後，取引が減少し，同年4月半ば以降は取引がない状態が続いている。

2. 取引の期間，受渡日と期日

取引の期間の区分，受渡日，期日は無担保コールと同じである（前掲，表2-2参照）。

3. 取引レートの刻み幅と取引単位

① 刻 み 幅

無担保コール取引と同様に，原則として1/100％と1/32％の刻みの併用であるが，マーケット環境に応じて1/1000％も併用でき

ることになっている。最近では 1/1000 ％刻みで取引されることが
多い。

2 取引単位

① 有担保コール・ディーリング（オファー・ビッド）——5 億
円以上 1 億円単位

② 有担保コール・ディーリング（気配値）——1000 万円以上
100 万円単位

③ 有担保コール・ブローキング——5 億円以上 1 億円単位

4. 有担保コールの担保

有担保コール取引の担保品として使用されているものは，表 2-4
にあげた通りである。また，担保品の掛目は市場慣行に従っている
が，担保価額に関して状況変化が生じた場合には，別途取引当事者
の合意によることとなっている。なお，以前は円貨手形など短資取
引担保センターに寄託された担保品もコール取引に用いられていた
が，現在はほとんどの取引が国債振替決済制度を利用して国債を担
保にしている。

5. 資金決済と担保の受渡し

国債振替決済制度を利用した資金決済と担保の受渡しは，以下の
ようになっている。

DVP および FOP という，2 つの方法がある。どちらの方法も，
ブローキング，ディーリングともに利用可能である。

⑴ DVP（delivery versus payment，図 2-5）

日銀ネットの「国債資金同時受渡システム」（国債 DVP システ
ム）を使って資金と国債の移転を同時に処理する[5]。なお，DVP 決

---

5) 債券（資金）を渡したにもかかわらず資金（債券）を受け取れないというリ
スクを回避することができる。

表 2-4 有担保コール取引における担保の種類と掛目

種　類	担保価額 (取引金額に対し額面で)
超長期国債（変動利付国債以外）	10％増し
変動利付国債	10％増し
長期国債	4％増し
中期国債	2％増し
国庫短期証券	1％増し
金融債	20％増し
世銀債	20％増し
その他の公社債	20％増し
円貨手形	25％増し
外貨手形（円貨換算後）	25％増し
短資取引担保株式預り証	0％増し
日銀売出手形	0％増し

(注) 1) 上記の担保価額に関して状況変化が生じた場合には, 別途当事者の合意による。担保割れ銘柄 (注2) 参照) については, 資金の出し手の承諾なく担保として利用しないものとする。

2) 担保割れ銘柄とは, 「差入担保銘柄の時価×掛目」が取引金額を下回る銘柄をいう。たとえば, 上記の担保掛目を用いた場合, 時価 99.00 の国庫短期証券は担保割れ銘柄となる。

　　差入担保銘柄の時価 99.00
　　×国庫短期証券担保掛目 101％
　　＝ 99.99 ＜取引金額 100

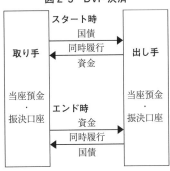

図 2-5　DVP 決済

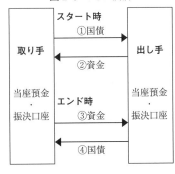

図 2-6　FOP 決済

済の決済口座は通常口を使用する。

(2) FOP（free of payment，図 2-6）

新規取組時には資金の取り手が出し手に対して担保となる国債を送り，出し手は担保が入ってきたことを確認してから取り手に対して資金を送る。期日決済時には取り手が出し手に返金し，出し手は着金を確認してから取り手に担保を返戻する。

6. 利　息

無担保コール取引と同じように計算される。利息は決済期日に元利合計で資金の取り手から出し手に返金されるのが普通である。ただし，ネッティングやオープン・エンド取引では決済期日に利息のみ返金される。

$$有担保コール利息 = \frac{元金 \times レート \times 日数}{365}$$

7. 媒介手数料

ディーリング方式では，短資会社が資金の出し手と取り手の利鞘を乗せて取引をするので媒介手数料は発生しない。ブローキング方式では，媒介手数料を前節 **10.** で述べた無担保コールと同じ要領で受け取っている。

第4節　日中コール取引の実務

日中コール取引は，日をまたがないコール取引である。RTGS 導入以前は「半日物コール」[6] が活発に取引されていた。現在，日中コールはほとんど取引されていないが，同取引の市場慣行としては，

---

6)　「半日物コール」は，1日の中の決済時点間を貸し借りする取引で，「朝半物（朝金）」「午後半物」「夕半物」の3種類があった。

以下の点をあげることができる。

① 短資ブローキング，短資ディーリング，DD取引のいずれの取引も可能である。

② 無担保取引を原則とする。

③ 約束手形の受渡しは原則行わない。

④ 取引時間は標準物を設定しており，ⓐ午前9時10分から午後1時，ⓑ午前9時10分から午後4時30分，ⓒ午後1時から午後4時30分，ⓓ午後2時から午後4時30分，の4種類がある。

標準物以外にも，スタートとエンドは取引先双方で任意に決める。

⑤ 約定から約定確認，資金決済までの事務フローは無担保取引などと同様である。

⑥ 当日約定だけでなく先日付物の取引も行われている。

⑦ 利率表示方式はbp（1/365日）で行う。刻み幅は，原則として1/100％の刻みであるが，マーケット環境に応じて1/1000％も併用できることになっている。

⑧ 利息は次の算式で計算される。利息の計算は簡素化のため，利用時間の長短にかかわらず1日で計算される。

$$日中コールの利息 = \frac{元金 \times レート \times 1日}{365}$$

⑨ 媒介手数料は，ディーリング方式では短資会社が資金の出し手と取り手の利鞘を乗せて取引をするので発生しない。ブローキング方式では媒介手数料を無担保コールと同じ要領で受け取っている。

第3章

国庫短期証券（Tビル）市場

第1節　国庫短期証券市場の形成と変遷

　国庫短期証券（T-Bill, treasury discount bills）とは，2009年2月に発行が開始された償還期間1年までの割引短期国債である。この国庫短期証券は，同年1月までFB（financing bills, 政府短期証券），TB（treasury bills, 割引短期国庫債券）という名で発行されてきた割引短期国債が，商品性に大きな差がなかったこと，また名前の違いが投資家にわかりにくかったことから，名称統合されたものである。ただし，名称統合後もこのFB・TBの財政法上の位置づけに変わりはなく，現在流通している国庫短期証券は，厳密にはFB・TBに分かれて発行されている。そのため本章では，国庫短期証券市場をFB・TBの誕生にまでさかのぼり，その後の市場拡大，また現在に至るまでの変遷を見ていくことにする。

1. FBとは

　国庫短期証券（以下Tビル）を構成しているFB・TBは，発行方法や税制など，商品性こそ同じであるが，その根拠法は異なっている。それぞれを見ると，FBとは，一般会計や特別会計といった

"国庫の一時的な資金不足を補うために発行される債券"であり，短期の「融通債」にあたる。このFBを発行できる会計はあらかじめ定められており，正式名称等の詳細は以下の通りとなる。

① FBを発行している会計とその名称

(1) 一般会計【財務省証券】

税収や国債発行などによる国庫金の収入と財政資金の支払いとの時期的なずれによって生ずる，国庫金の一時的な資金不足を補うため。

(2) 食料安定供給特別会計【食糧証券】

日本独自の食糧管理制度によるもので，政府が米・麦などの食糧やその他農産物などを買い上げる際の一時的な財源を補うため（以前の食糧管理特別会計，2007年度より農業経営基盤強化措置特別会計と統合して現名へ）。

(3) 外国為替資金特別会計【外国為替資金証券】

円売り介入をする際，外貨購入に充てる資金を調達するため。また同会計の支払い上の一時的な資金不足を補うため。

(4) 財政投融資特別会計【財政融資資金証券】

財政融資資金に属する現金に不足がある場合に，一時的にそれを補うため（以前の資金運用部特別会計〔～2000年度〕，財政融資資金特別会計〔01～07年度〕。2008年度より産業投資特別会計と統合して現名へ）。

(5) エネルギー対策特別会計（エネルギー需給勘定）【石油証券】

国家備蓄石油の購入に要する費用の財源に充てる必要があるときや，支払い上の一時的資金不足を補うため（旧石油特別会計，2007年度より電源特別会計と統合して現名へ）。

(6) 同上（原子力損害賠償支援勘定）【原子力損害賠償支援証券】

原子力損害賠償・廃炉等支援機構法の規定により，原子力損害賠償・廃炉等支援機構が行う原子力事業者への資金交付において，そ

の原資となる交付国債の償還にかかる財源として必要がある場合や，支払い上の一時的不足を補うため。

現在は上記5会計・6勘定による発行が認められており，各会計で発行限度額が定められている。

② FBの歴史（〜1999年）

FBの歴史は古く，1886年7月に利付債形式で発行されたのがはじめである（1902年3月より割引債形式に変更）。ただ，1956年までの70年間は，発行額の全額が日本銀行引受けとなっており，市場で流通することはなかった。1956年5月以降は，一定の割引歩合で発行される定率公募発行方式に変更されたものの，利回りが常に公定歩合を下回る水準に設定されていたため，ほぼ全額を日銀が引き受ける状態が続いた（定率公募残額日銀引受方式）。そのため，1956年5月以降もFBが市場に出回ることはなく，長らく流通市場が形成されることはなかった。

しかし，日銀による資金吸収手段として，1981年5月に「FB売却オペ」が開始されると状況は一変する。それまでも1955年12月〜56年4月，66年1月〜71年5月に，資金吸収手段としてFBの売却が行われたことはあったが，時限的であったことや，転売が禁止されていたことから，流通市場が形成されることはなかった。しかしこのFB売却オペでは，日銀による売却後（1986年1月以降は売現先に変更），購入した金融機関の転売（売現先）が可能となったことから，徐々にではあるが現先取引を含めたFBの流通市場が形成されていった。

2. TBとは

既述の通り，FBが「融通債」にあたるのに対し，TBは"国債の償還・借換えを円滑に執り行うために発行される債券"であり，短期の「借換債」となる。そのため，FBが複数の会計で発行され

るのに対し，TB は国債整理基金特別会計での発行のみとなる。

　この TB の誕生は FB に比べると遅く，1986 年 2 月に公募入札で発行されたのがはじめである。TB の発行が始まった背景には，以下のような社会情勢の変化があった。

3.　TB の歴史（〜1999 年）

　戦後日本では，高度経済成長にともなう税収の大幅な伸びから国債不発行主義をとっていたため長らく国債の発行は行われていなかった。しかし，オイル・ショックを契機に深刻な経済不況に見舞われると，景気対策としての公共事業等の必要性が高まる一方，その財源となる税収は大幅に悪化していたため，1975 年以降，財源確保を目的とした赤字国債や建設国債の発行が相次いでいった。

　ただし，この時期に発行された国債は 1980 年代後半以降一斉に償還を迎えることになる。そのため，借換えをいかに円滑に進めていくかが国債管理政策上の喫緊の課題となっていた。そこで，市場にインパクトを与えることなく円滑に償還・借換えを進めるためには，投資家の需要が安定的に見込める短期債の導入が不可欠との判断から，1985 年 6 月に国債整理基金特別会計法の改正が行われた。この改正により，それまで中長期債で発行されてきた借換債に加えて短期債を導入することや，年度を越える前倒債の発行が可能になる措置がとられた。

　このような経緯を経て，1986 年 2 月にはじめて発行されたのが TB 第 1 回債である。1 回債は 6 カ月物で，発行額は 5174 億円，発行レートは 5.6 ％であった。1 回債の発行が 2 月だったのは，その当時の国債が 2, 5, 8, 11 月の償還となっていたためである。

　こうして発行が始まった TB は，当初 3 年間，発行が 6 カ月物のみで年 4 回（2, 3, 8, 9 月）だったこと，また発行額も各 5000 億〜1.4 兆円と少なかったため，市場規模は小さなものであった。しかし国

図 3-1 TB 発行残高

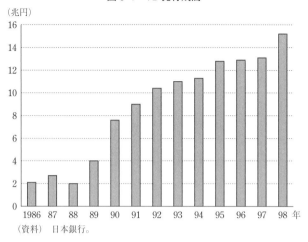

(資料) 日本銀行。

償還額の増加とともに発行額・回数が拡大, 1989年9月以降は毎月の発行となり, 3カ月物が追加された。さらに1990年7月以降は月間の発行が3カ月物・6カ月物の2回となり, 発行残高の増加とともに, 現先市場を含めた TB 流通市場が徐々に拡大していった (図3-1)。

4. 短期国債市場の誕生 (1999年〜)

このように規模を拡大させていた FB・TB 各市場に, さらなる変革をもたらしたのが, 1999年4月に開始された FB の公募入札の導入である。大蔵省・日本銀行は, 1998年に始まった金融制度改革, 円の国際化推進の一環として, FB・TB 市場の抜本的な改革を行い, 99年4月から FB の発行方式を, 「定率公募残額日銀引受け」から, 「原則公募入札」に改めた。また FB の償還期間を, 2カ月から3カ月に変更し, これに合わせて TB の3カ月物を廃止, 新たに1年物を追加した (3カ月物 TB の廃止は2000年4月)。

図 3-2　T ビル市中発行残高の推移

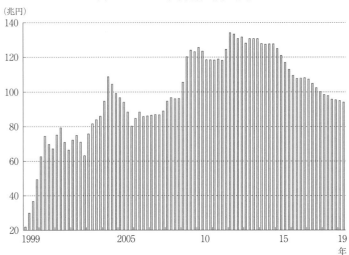

(注)　1)　各年 3, 6, 9, 12 月のデータ。ただし，1999 年は 4, 6, 9, 12 月，2019 年は 3, 6 月。
　　　2)　2009 年 2 月までは FB・TB の合計。
(資料)　東短リサーチ。

　FB の公募入札が始まるまで，3 カ月物としては既述の通り TB がすでに存在していたが，発行額が少なかったこと，購入の中心が海外中央銀行や外国人投資家であったことから，その利回りは他の短期市場金利を下回ることが常であった。指標としては難があったといえる。しかし FB の公募入札導入により，名称こそ違うものの，一定の残高を持った，期間 1 年までの均一的な商品がラインナップされることになり，その時々の金融情勢を反映した短期の国債金利が形成されるようになった。指標としての存在感が格段に高まる契機でもあった。

　こうして誕生した FB・TB 市場は，一般に「短期国債市場」と呼ばれ，その後も国内投資家の新たな需要を巻き込みながら，透明性・信用性の高い市場として拡大を続けていった。翌 2000 年 4 月

にはFBが「完全公募入札」へ移行したほか，03年から04年初めにかけて急増した政府・日銀の巨額な円売り介入により，発行額も増加が続いた。その結果，FBの発行残高は，公募入札の開始から5年余りで100兆円を突破した。

そして2009年2月，FB・TBは名称統合され，「国庫短期証券（Tビル）」として新たに発行が開始された。こうして名実ともに単一商品として生まれ変わったTビルは，短期金融市場の中核商品としての存在を確固たるものとし，2012年3月には市中発行残高が134兆円を突破するまでに至った（19年6月末時点では94兆円。図3-2）。

5.　市場動向の変遷

1999年4月のFB公募入札開始や2009年の名称統合を経て，規模を拡大させてきたTビル市場であるが，この間マーケットを取り巻く世界にはさまざまな出来事があり，そのたびに大きな影響を受けてきた。

ここからは，公募入札開始以降から今日に至るまでの過程を「公募入札開始」「量的緩和政策期」「量的緩和解除・利上げ」「利下げ」「量的・質的緩和政策期」の5つに分け，その当時の主な出来事や発行レートを振り返りつつ，市場動向の変遷をたどることにする。

①　公募入札開始〜ゼロ金利政策期（1999年4月〜2001年3月）

FBの公募入札が始まった1999年度末のFB・TB市中発行残高は62.5兆円と，TBのみであった98年度の12.8兆円から急拡大し，短期金融市場における認知度を増していった。それまで3カ月物の指標としてはCD（譲渡性預金）が代表格であったが，並んで3カ月物FBの存在感も高まっていった。なお，3カ月物FBの1回当たりの発行額は1兆円からスタートし，段階的に増額され，2年後の2001年には3.7兆円となった。

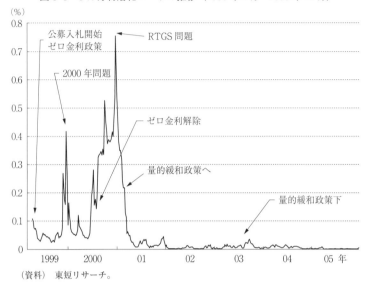

図3-3 3カ月物落札レートの推移（1999年4月～2005年12月）

（資料）東短リサーチ。

3カ月物の平均落札レートを見ると（図3-3），公募入札開始直前の1999年2月に事実上の「ゼロ金利政策」（コール・レートをできるだけ低めに促す）が実施されていたため，第1回債の0.108％以降徐々に低下し，夏場には一時0.02％台まで低下した。年末には2000年問題（Y2K問題）[1]でTIBOR（Tokyo Interbank Offered Rate, 東京銀行間取引金利）を上回る0.4％超まで急上昇する場面も見られたが，年間を通して見ると平均して0.05％前後での推移が続いた。

2000年8月にゼロ金利が解除（コール・レートを0.25％へ誘導）されると，3カ月物の利回りも同様に上昇し，0.3～0.4％のレンジで推移した。ただ，2001年1月にRTGS開始を控えていた年末に

---

1) 2000年になるとコンピュータが誤作動する恐れがあったため，市場では00年1月のスタート，エンド取引が敬遠された。

は，一時 0.755 ％まで急上昇する場面も見られた。

当時の主な購入者は，外貨準備の運用主体としての海外中央銀行や，1990 年代後半に顕著になったジャパン・プレミアム[2]によって低利で円資金調達が可能であった外国人投資家，またディーリング目的の証券会社などであり，国内銀行などの購入は少なかった。

FB 発行開始当初の入札価格の刻み幅は，3 カ月物が 0.001 円，6 カ月物，1 年物が 0.005 円だった。

② 量的緩和政策期（2001 年 3 月～06 年 3 月）

2000 年 8 月に解除されたゼロ金利政策だが，その後の IT バブル崩壊などによる経済情勢の悪化を受けて翌年 2 月に再開され，3 月には日銀当座預金残高をターゲットとする新たな「量的緩和政策」がスタートした。この量的緩和開始後も，段階的に日銀当預残高の拡大という政策がとられ，次第に金余りの状況が恒常化していった。

この間の FB 市中発行額は，2003 年 1 月～04 年 4 月に行われた未曾有の円売り介入（35 兆円強）によって急増し，1 回当たりの発行額は 3.7 兆円（01 年 3 月）から，6 兆円弱（04 年 6 月）まで拡大した。その結果，TB を含めた市中発行残高は 2004 年 4 月以降 100 兆円を超える水準で推移した（BOX 3-1）。ただし 2005 年 8 月に財務省が，国庫余裕金の繰替使用などからなる国庫金管理の改革（現金不足の特別会計に対する無利子貸付等）を実施すると，05 年 9 月以降の FB の市中発行額は抑制された（1 回当たりの発行額は 4 兆円弱へ，市中発行残高も 80 兆円台へ減少）。

3 カ月物の平均落札レートを見ると，恒常的な金余りを表すように 0.01 ％を下回る状態が続き，2004 年 12 月発行の FB 314 回債は

---

2) 1990 年代後半に相次いだ国内金融機関の破綻により邦銀に対する信用リスクが高まった結果，国際金融市場で外貨借入れなどを行う際に上乗せ金利を求められる事例が常態化した。プレミアムを受け取る海外金融機関は，マイナス金利で円を調達することが可能だった。

BOX 3-1　応札額が GDP を上回った 2000 年代前半

2001 年 3 月に導入された量的緩和政策により，金融市場には大量の資金がだぶつくこととなったが，これらは利息の付かない日銀当預からまとまって運用が可能な FB・TB へと向かった。当時この動きは「キャッシュ潰し」とも呼ばれ，債券ディーラーは銀行などの投資家需要に応えるため，0％での応札を行うと同時に少しでも多くの額を落札しようと応札額も増加させた。

FB は 5 毛刻み（0.0005 円）での入札となっていたため，13 週間の期間利回りに直すと 0.002％程度になる。そのため，100 円（0％）と 99.9995 円（約 0.002％）で入札し，0.001％以上の加重平均レートになるよう積極的な応札を行ったのである。当時日銀ネット上では，99 兆 9999 億 9000 万円まで入力が可能であったため，この額での応札が集中した結果（当時の FB 発行額は 3 兆～4 兆円），1 回当たりの応札額が 2000 兆円超と，日本の GDP（約 500 兆円）を大幅に上回る異常な事態が続出した（2005 年 7 月より応札額は発行額までに制限，また 15 年 4 月からは発行額の 50％までに制限された）。

史上はじめて 0％となった。またその後も 0％の落札が多発したほか，流通市場でも通貨スワップ取引を介した海外投資家による低利の円貸金流入から，当時としては異例のマイナス金利での売買も散見された。この状況に対応するため，財務省は入札時の応札価格単位を 2001 年 6 月以降段階的に引き下げた（3 カ月物が 0.0005 円，6 カ月物・1 年物が 0.001 円，05 年 7 月以降は 3 カ月物が 0.0001 円，6 カ月物・1 年物が 0.0005 円）。

この頃から，余剰資金の退避先として都市銀行の需要が急拡大し，流通市場における買越額全体の半分を占めるまでになっていった。

③　量的緩和解除～利上げ（2006 年 3 月～07 年 8 月）

5 年に及ぶ量的緩和政策に終止符が打たれ，2006 年 3 月より落札

図 3-4　3 カ月物落札レートの推移（2006 年 1 月～12 年 12 月）

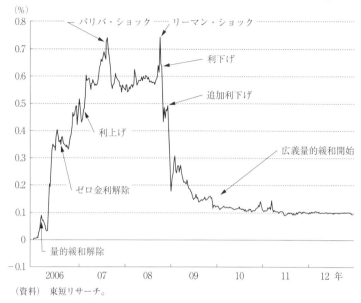

（資料）　東短リサーチ。

利回りは上昇局面に入った。久しぶりの金利上昇局面となったため市場参加者の警戒感は強く，3月の量的緩和終了後には"超過準備が解消される時期をにらみながら最初の利上げの時期"を，利上げ後には"要人発言や経済指標から追加利上げの時期"を探る動きが続いた。

　3カ月物の平均落札レートを見ると（図3-4），量的緩和解除後から徐々に上昇を始め，5月には，超過準備の解消が見込まれた夏場の利上げを織り込む水準へ達した。8月に政策金利が0.25％へ引き上げられると，落札利回りは0.3％台へ上昇，その後は追加利上げをにらみながら年末にかけて強含む状態が続いた。2007年2月に0.5％への追加利上げが行われると落札利回りは0.5％台半ばへ上昇，その後は0.6％前後で一進一退の動きが続いた。

利回りの上昇に合わせ，入札時の単価は 2005 年 7 月以前の水準へ戻り，3 カ月物が 0.0005 円，6 カ月物・1 年物が 0.001 円刻みへと引き上げられた。

この時期は，金利正常化により短期の運用商品として魅力が増したため，それまで購入を手控えていた国内投資家の購入が拡大していった。また金利先高観の醸成によるボラティリティ上昇から，債券ディーラーのディーリングなども目立つようになった。一方で日銀当座預金残高の減少とともに，それまで高水準だった都市銀行の購入量は減少していった。

④ 利下げ～追加緩和（2007 年 8 月～13 年 3 月）

世界的な景気拡大にともない 2007 年夏場には一段の金利引上げを織り込むまでに至ったものの，リーマン・ショックやその後の世界的な景気悪化から，政策金利は引下げ局面に転じることになった。政策金利は 2008 年 10 月（0.3 ％へ），12 月（0.1 ％へ）と短期間のうちに引き下げられたほか，09 年 12 月には，固定金利オペを柱とする「広義の量的緩和策」が実施された。さらに欧州債務危機などから景気に一段と下押し圧力がかかると，その後も段階的に緩和策が講じられた。

この時期は金融緩和局面ではあったものの，国内外の金融市場の混乱から投資家の動きが抑制的だったことや，資金調達環境の悪化から債券ディーラーの購入も細ったため流動性が極端に低下，緩和期にもかかわらず利回りは低下しづらい状態が続いた。

3 カ月物の平均落札レートを見ると，追加利上げの思惑から 2007 年 8 月には 0.7 ％台まで上昇したものの，その後はパリバ・ショックなどから金利先高観が急速に後退し，低下に転じていった。リーマン・ショック時には市場の混乱で一時 0.75 ％まで上昇する場面も見られたが，2008 年 10 月の政策金利引下げにともない沈静化していった。ただし，上述のように流動性が極端に低下していたため，

第3章　国庫短期証券（Tビル）市場

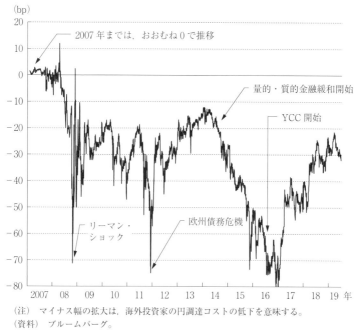

図3-5　ドル円ベーシス・スワップの推移（1年物）

（注）マイナス幅の拡大は，海外投資家の円調達コストの低下を意味する。
（資料）ブルームバーグ。

　落札レートは足元金利の実質的な上限であるロンバート・レート[3]（2008年10月31日まで0.75％，10月31日～12月19日まで0.5％，12月19日より0.3％）近傍で推移した。市場の落着きや追加的な緩和策の実施とともに，その後は0.1％台へ低下したが，2010～11年にかけては欧州債務危機により，一時的に振幅する場面も見られた。

　保有者動向を見ると，この期間は海外投資家の保有が増加し始めた時期といえる。2007年3月まで海外投資家の保有額は，5～10兆円で推移していたが，その後は急ピッチで増加し，13年3月末には46兆円強に達した。この背景には，リーマン・ショックや，そ

3）　金融機関が日銀に担保を差し入れることで資金の借入れが可能となる補完貸付制度の金利。短期金融市場の実質的な上限金利となる。

の後の欧州債務危機で国際金融市場が混乱し，国内金融機関の外貨調達環境が悪化した結果，通貨スワップを介した海外投資家の円調達金利が急低下したことがあげられる（図3-5）。加えて欧州債務危機による，海外中央銀行の円保有比率の上昇や，為替市場でリスク回避の円買いが進んだこともあげられよう。

なお，この間の2009年2月にFB・TBは名称統合され，国庫短期証券として発行が開始されている。2月9日発行の第1回債（3カ月物）の平均落札レートは，0.306％であった。

⑤ 量的・質的金融緩和の開始～マイナス金利導入～YCC政策（2013年4月～）

2013年3月に黒田日銀総裁が誕生すると，デフレ脱却に向けて積極的な金融政策を敢行，それまでの緩和策を上回る「量的・質的金融緩和政策」（QQE）を4月に実施し，マネタリー・ベース拡大を目指して市場への資金供給量を増大させた。さらに2014年10月にも一段の緩和措置（QQEⅡ）を講じたほか，16年2月には日本初のマイナス金利政策となる「マイナス金利付き量的・質的金融緩和」を実施した。

これは日銀による大規模なTビルの買入れにつながり，市中発行残高に占める日銀の保有割合が急拡大する要因となった。また買入額の増加にともない流通市場での品薄感も急速に強まっていったほか，利回り水準も強烈に押し下げられる結果となった（図3-6）。

しかし，2016年9月に「長短金利操作付き量的・質的金融緩和」（イールドカーブ・コントロール，YCC）が実施されると，政策目標がマネタリー・ベースから金利に移行したこともあり，日銀による買入額は減少に転じていった。

3カ月物の平均落札レートを見ると（図3-7），QQE以降段階的に低下が進み，2013年の年末にかけては恒常的に付利金利（0.1％）を下回る水準へ低下した。さらに2014年に入ると0.05％を下回る

第 3 章　国庫短期証券（Ｔビル）市場　129

図 3-6　Ｔビル市中流通残高の推移

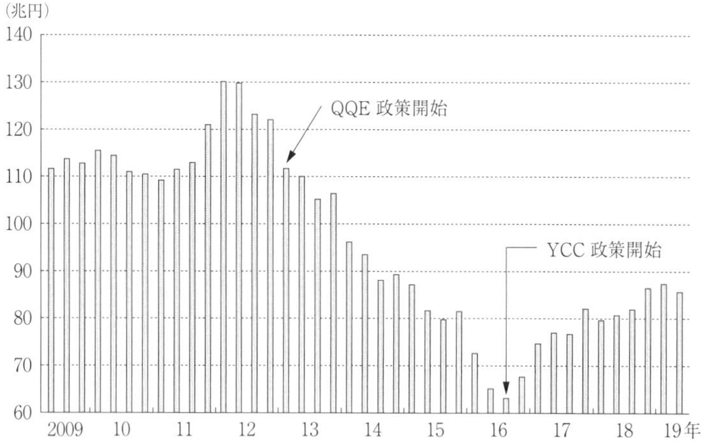

（兆円）

QQE 政策開始

YCC 政策開始

（注）　1）　市中発行残高－日銀買入残高。
　　　　2）　各年 3, 6, 9, 12 月のデータ。ただし，2009 年は 6, 9, 12 月，19 年は 3, 6 月。
（資料）　東短リサーチ。

ようになり，夏場以降は 0 ％を目指し低下を続けた。買入オペの累
積効果により市場の流通玉が枯渇し始めると，債券ディーラーによ
る日銀への売却を前提とした売買が活発化，2014 年 10 月には史上
はじめて最高落札利回りがマイナスへ転じた。その後も落札利回り
はマイナス幅を拡大させていったが，2016 年 2 月にマイナス金利
が導入されると一段と低下，3 カ月物が－0.445 ％（17 年 3 月），6
カ月物が－0.393 ％（16 年 7 月），1 年物が－0.365 ％（16 年 6 月）を
記録するに至った。しかし，2016 年 9 月に YCC 政策が実施される
と，日銀の買入額が減少に転じたため，その後は利回りも上昇に転
じ，17 年 7 月には－0.095 ％まで上昇した（18 年以降は 3 カ月物が
年末越えとなる局面で一時的に低下する場面も見られたが，おおむね
－0.10 ％台で推移）。

　保有者動向を見ると，日銀の買入残高増加にともなって国内金融
機関が大幅に保有残高を減らす一方，海外投資家の保有残高は引き

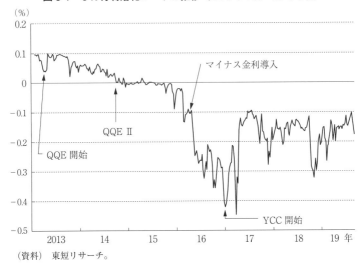

図3-7　3カ月物落札レートの推移（2013年1月～19年8月）

（資料）東短リサーチ。

続き拡大が続いた。これはQQEによってもたらされた「ポートフォリオ・リバランス」により国内金融機関がTビルを含めた国債保有残高を圧縮する一方，外貨建て資産の増加による外貨調達の高まりから，国内金融機関の外貨調達と表裏の関係にある海外投資家の円調達利回りが低下し続けたためである。この動きにより海外投資家保有額は2015年12月に60兆円を突破，18年12月には70兆円を超えた。この間，2016年9月には，45兆円まで保有残高を拡大させていた日銀と合わせて，実に市中発行残高の94％超を占めるに至った。YCC政策に移行後，日銀保有残高は減少に転じたが，その受け皿となったのは国内銀行であった。2016年9月に2兆円台まで減少していた国内銀行の保有残高は，17年6月には14兆円台まで回復した。一方で日銀の保有残高は，2019年3月には7兆円台まで減少した。

第2節 国庫短期証券の商品性

1. 法的根拠（根拠法）

TB 【特別会計に関する法律第46条第1項】
　　　　国債整理基金特別会計

FB 【財政融資資金法第9条第1項】
　　　　財政投融資特別会計

　　 【特別会計に関する法律第83条第1項】
　　　　外国為替資金特別会計

　　 【同第94条第2項，第95条第1項】
　　　　エネルギー対策特別会計 エネルギー需給勘定

　　 【同第94条第4項，第95条第1項】
　　　　エネルギー対策特別会計 原子力損害賠償支援勘定

　　 【同第136条第1項，第137条第1項】
　　　　食料安定供給特別会計 食糧管理勘定

以上の各法のもと，一体でTビル（国庫短期証券）として発行される。なお，各々の発行限度額については，予算をもって国会の議決を経なければならない。

2. 発行条件等

① 名称——国庫短期証券（英語表記：treasury discount bills）。

② 償還期間——2カ月，3カ月，6カ月，および1年。

③ 最低額面金額——5万円（入札は1000万円）。

④ 発行方法——入札発行。

⑤ 入札の方法——価格競争入札によるコンベンショナル方式および国債市場特別参加者・第Ⅰ非価格競争入札。[4]

　応募価格の単位は，償還期限が2カ月および3カ月のものに

BOX 3-2　マイナス金利政策導入以前からマイナス金利取引が発生していたTビル市場

　2016年2月から導入されたマイナス金利政策により，国債市場では一時20年債までマイナス金利で取引される異常事態となったが，Tビル市場では，導入以前の14年11月から入札時のマイナス金利が常態化していた。この背景には，①海外投資家による円資金の調達利回り低下，②日銀による大規模な買入オペの実施があった。

　国内金融機関は，2013年4月に始まったQQEにより，収益機会を求め外債などの外貨資産を増加させたが，これは同時に外貨の調達需要を強めることにつながった。国内金融機関はこれら外貨調達の一部を通貨スワップ取引で手当てしているため，外貨需要の拡大とともに外貨調達コストが上昇（ドル円ベーシス・スプレッドやドル・ディスカウントが拡大），これが外貨を融通する海外投資家の円資金の調達利回りを大幅に押し下げる要因となった。さらにリーマン・ショックを契機とした世界的な金融規制の動きも，外貨の与信減少を通し取引コスト上昇につながった。海外投資家の円調達レートは，恒常的に−40〜70ベーシス程度で推移していると見られ，Tビルをマイナス金利で購入しても，米Tビル（アメリカ財務省証券）比で十分に利鞘を得ることができるのである。

　また，YCC政策導入まで，日銀は買入オペを通し毎月5兆〜10兆円程度のTビルを市場から買い入れていたが，買い入れる際の利回りには原則下限がない。そのため，証券会社などのディーラーは入札時にマイナス金利で落札しても，さらに低いマイナス金利で日銀に売却すれば売却益を得ることができる。需給の引締りとともにこのような取引（いわゆる日銀トレード）が活発になったことも，早期のマイナス金利定着の要因になったといえる。

---

4)　国債市場特別参加者のみが参加可能な入札で，価格競争入札と同時に行われる。発行価格は競争入札における平均落札価格とし，発行額の20％を限度額として直近2四半期の落札実績に基づき決定される各社ごとの応札限度額まで応札・落札できる。

ついては 5 毛（0.0005 円）刻みとなり，6 カ月，1 年のものに
ついては 1 厘（0.001 円）刻みとなる。また，応募 1 口の金額
は，1000 万円またはその整数倍である。

⑥　入札参加者——「国債の発行等に関する省令」「政府資金調
達事務取扱規則」により定められている。具体的には，「社債，
株式等の振替に関する法律」に規定する口座管理機関のうち，
銀行，金融商品取引業者，保険会社，農林中央金庫，商工組合
中央金庫，証券金融会社，短資会社，信用金庫，信金中央金庫，
労働金庫，労働金庫連合会，全国信用協同組合連合会等で，国
庫短期証券に関する事務について電子情報処理組織を使用する
ことができる者，第Ⅰ非価格競争入札においては国債市場特別
参加者となっている。

⑦　入札スケジュール

申込締切日時　　入札当日午前 11 時 30 分

募入決定通知日　入札当日

払込期日　　　　入札日＋ 1 〜 4 日（原則 1 日）

申込みおよび払込場所　　日本銀行本店または支店

⑧　募入決定の方法——価格競争入札では，各申込みのうち応募
価格の高いものから順次割り当てて，発行予定額から国債市場
特別参加者・第Ⅰ非価格競争入札にかかる募入総額を控除した
額に達するまでを募入とする。

国債市場特別参加者・第Ⅰ非価格競争入札では，各申込みの
応募額を各国債市場特別参加者の応募限度額を上限に割り当て
る。

⑨　発行価格の決定方法——価格競争入札における発行価格は，
募入となったものにつき，それぞれの応募価格とする。

国債市場特別参加者・第Ⅰ非価格競争入札における発行価格
は，前記価格競争入札により割り当てた額の加重平均価格（2

カ月・3カ月は 0.0001 円未満, 6カ月・1年は 0.001 円未満を四捨
五入) とする。

3. 発 行 方 法

① 発行日──3カ月物 (13週) は原則的に毎週金曜日入札, 翌
週月曜日発行。6カ月物は原則 10 日発行。1年物は原則 20 日
発行。2カ月物は財政の支払い超過となる日 (年金払いなど)
を発行日, 財政の受け超過となる日 (税揚げなど) を償還日と
するものであり, 適宜発行 (原則, 偶数月は 15 日発行・税揚日
償還, 奇数月は 25 日発行・25 日償還)。

② 入札手続き──日銀ネットワーク・システム等 (日銀ネッ
ト) により行う。

入札スケジュールは次の通り。

発行要項の通知　　午前 10 時 20 分

応札締切　　午前 11 時 30 分

結果発表　　午後 0 時 35 分

なお, 財務省は入札 1 週間前の午前 10 時 20 分に, 発行予定
額を発表している。

③ 応募払込代金の払込方法──資金・債券の受渡しは通常日銀
ネット「国債・資金同時受渡システム」(国債 DVP システム)
により, オンライン処理で資金と債券の決済を同時に行う。

4. 商　品　性

① 発行形態 (国債振替決済制度) ──「社債, 株式等の振替に
関する法律」に基づく振替国債として発行され, 現物発行はな
い。

振替機関である日本銀行を頂点にしてその下に口座管理機関
が存在し, 各口座管理機関における振替口座簿の記帳により所

有権が移転する。口座振替は日銀ネット国債系で行う。

② 利払方式——償還価格を 100 円とした割引債方式。

③ 元金配分手数料——償還時，預り口Ⅰおよび信託口の自己口にかかわる元金の配分額に，100 万分の 0.9 の料率を乗じた額（1 円未満の端数切捨て）。限度額は 1 万円または 1 万 5000 円。

④ 最低額面金額および振替単位——最低額面金額は 5 万円とし，振替単位はこの整数倍。

⑤ 譲渡制限——なし。

2015 年まで国庫短期証券には譲渡制限が付されており，保有は国および法人に限られていた。しかし 2016 年にこの譲渡制限が撤廃されたため，同年以降は個人も保有可能となっている。ただし保有に際しては，社債，株式等の振替に関する法律に規定する振替機関等から開設を受けた口座で記載または記録される必要がある。

5. 税 制

① 国内法人——償還差益および譲渡益は益金に算入され，法人税・地方税の法人税割が課税される。

② 個人——償還差益および譲渡益に対して，所得税・地方税が課税される（申告分離課税の対象で，上場株式等との損益通算が可能）。償還した場合は償還時に源泉徴収が行われる。

③ 非居住者・外国法人——償還差益および譲渡益は，適格外国仲介業者に開設した振替口座により保有されているなど，一定の要件を満たした場合は非課税となる。

第3節 発行・流通市場

ここまで，国庫短期証券（T ビル）市場の変遷と商品性について

見てきたが，ここからは，発行からその後の流通に至るまでの実際の流れを見ていくこととしたい。

1. 発 行 市 場

　発行市場とは，国や企業などが経済活動をする上での資金調達を行うために，公社債や株式などの有価証券を発行する場のことであり，発行体から証券会社や投資家などへ有価証券が売却されるまでの，一次流通市場（プライマリー市場）である。Ｔビル市場においては，発行体である国（財務省）から，証券会社や銀行などの入札参加者が応札・落札するまでの「入札」がこれにあたる。Ｔビルは年間を通しほぼ毎週1〜3回，月間で20兆〜30兆円前後に及ぶ入札が行われており，その時々の経済情勢や市場動向を反映した利回り水準で発行されている。そのため，2カ月〜1年という短期間の金利見通しや資金需給動向を占うものとして注目される。

　なお，発行市場における入札参加者は，「銀行，金融商品取引業者，保険会社，農林中央金庫，株式会社商工組合中央金庫，証券金融会社，主としてコール資金の貸付け若しくはその貸借の媒介を業として行う者，信用金庫，信用金庫連合会，労働金庫，労働金庫連合会，信用協同組合，協同組合連合会，農業協同組合，農業協同組合連合会，漁業協同組合，漁業協同組合連合会又は水産加工業協同組合のうち，国債（政府短期証券）に関する事務について電子情報処理組織を使用することができる者」となっている（国債：昭和57年大蔵省令第30号，政府短期証券：平成11年大蔵省令第6号）。

　また，2004年10月以降は「国債市場特別参加者制度」という仕組みが設けられ，上記入札参加者のうち，一部の参加者による非価格競争入札も同時に実施されている。この国債市場特別参加者制度とは，海外のプライマリー・ディーラー制度を参考にして創設されたものであり，国債市場の透明性向上と国債の円滑かつ安定的な消

化を図るべく，入札参加者の一部に，発行市場で一定の義務を課すことと引換えにいくつかの特典を付与するものである。なお，この制度新設にともない，1966 年から続いてきた国債引受シンジケート団は，2006 年 3 月をもって廃止された。

「国債市場特別参加者制度」の概要は以下の通りである。

①　目的——国債市場（発行市場および流通市場）において競争的かつ重要な役割を果たし，財務省が実施するすべての国債の入札などの相手先として，財務省の国債管理政策の策定および遂行に協力する国債市場参加者および財務省等による，国債市場の流動性・効率性・透明性・安定性の維持・向上および国債の安定的な消化の促進等をその目的とする。

②　責任——国債市場特別参加者は，財務省の国債管理政策の策定および遂行に協力し，以下に掲げる事項を遵守しなければならない。

　発行市場においては，財務省が実施するすべての国債の入札について，競争的に，積極的に相応な価格で，発行予定額の 5 ％以上の相応の額を応札すること（応札責任）。また，直近 2 四半期中（発行日ベース）の国債の入札において，落札実績額および引受実績額の，発行予定額に占める割合が，「中期国債」「長期国債」「超長期国債」については 1 ％以上，「国庫短期証券」については 0.5 ％以上であること（落札責任）。

　流通市場においては，十分な流動性を提供すること。

③　財務省に対する情報提供——毎週，自らの国債アウトライト，債券先物，店頭オプションおよび円金利スワップ等の取引の動向についての情報を提供すること。

　国債入札日の前日に，市場動向並びに自らの応札予定額およ

---

5)　1965 年創設の国債引受制度。国債の安定消化を目的として 1000 社を超える金融機関により構成されていた。

び落札予定額等についての情報を提供すること。また，前日の午後3時時点における発行日前取引の動向についての情報を同日午後5時までに提供すること。

④ 国債市場特別参加者の有する特別資格——財務省との定例会合への参加資格，買入消却への参加資格，分離適格振替国債（ストリップス債）の元利分離・元利統合申請資格，国債市場特別参加者・第Ⅰ非価格競争入札への参加資格，国債市場特別参加者・第Ⅱ非価格競争入札への参加資格（ただしTビルは非該当），金利スワップ取引への優先的な参加資格，流動性供給入札への参加資格（「国債市場特別参加者制度運営基本要領」より）。

2019年9月末現在の国債市場特別参加者は以下の通りである。

SMBC日興証券，岡三証券，クレディ・アグリコル証券，クレディ・スイス証券，ゴールドマン・サックス証券，JPモルガン証券，シティグループ証券，ソシエテ・ジェネラル証券，大和証券，ドイツ証券，東海東京証券，野村證券，バークレイズ証券，BNPパリバ証券，みずほ銀行，みずほ証券，三井住友銀行，三菱UFJモルガン・スタンレー証券，メリルリンチ日本証券，モルガン・スタンレーMUFG証券，UBS証券，以上21社（50音順）。

① 入札から落札までの流れ

① 入札予定日の1週間前の午前10時20分に，財務省からホームページ，日銀ネットを通し入札参加者へ発行予定日，償還予定日，発行予定額等が通知される。また，この時点から発行日前取引（WI取引）がスタートする。

---

6) 国債市場特別参加者のみが参加可能な入札で，価格競争入札の結果公表後に行われる。発行価格は価格競争入札における平均落札価格で，価格競争入札，第Ⅰ非価格競争入札での落札額の10％に相当する額まで応札・落札ができる。

② 入札予定日の午前10時20分に正式な発行日，償還日，発行額，申込締切時，振込期日，根拠法律がホームページ，日銀ネットを通し通知される。

③ 入札参加者は応札締切の午前11時30分までに，投資家需要や先行きの金利状勢を見極め，日銀ネットを通し応札を行う。

④ 同日午後0時35分に財務省より結果発表が行われる。この時点からセカンダリー取引（後述）が開始される。証券会社などは，必要額を落札できなかった場合や，必要額以上に落札した場合，業者間市場や店頭市場で売買を行い在庫の調整をしていく。なお，正確な募入決定額（落札額）は，午後4時頃に日銀ネットを通し通知される。

2 発行日前取引（WI〔when issue〕取引）

国債が当初の予定日に発行されることを契約の効力発生条件として，発行日よりも前に約定を行い，国債の発行日以降に受渡決済を行う売買取引のことをいう。

2. 流 通 市 場

流通市場とは，発行された公社債などがその時々の経済情勢を反映した価格により売買される場のことであり，Ｔビルにおいては，入札後から償還に至るまでの売買市場のことをいう。発行市場が一次流通市場（プライマリー市場）と呼ばれるのに対し，二次流通市場（セカンダリー市場）とも呼ばれる。具体的には，入札後に債券ディーラーが投資家へ売却（または投資家から購入）を行ったり，債券ディーラー同士が売買を行う市場のことを指す。流通市場では，残存期間が数日程度から1年までの多岐に渡る銘柄が存在している上，参加者が事業法人や非居住者なども含まれるオープン市場であることから，幅広い参加者の，より細かい期間の資金需給や金利観が反映される場となる。図3-8で年間売買高（現先を除く）を見る

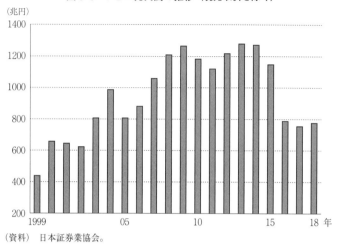

図3-8 Tビル売買高の推移（現先取引を除く）

（資料）日本証券業協会。

と，FBの公募入札が開始された1999年の453兆円から，2013年には1282兆円まで拡大している（ただしその後，QQEにより2016年には800兆円へ急減）。

取引にあたっては，当該債券のビッド・レート（希望購入レート）またはオファー・レート（希望売却レート），ロット（希望売買金額）を提示し，双方のレート，ロットが折り合えば取引成立となる。原則として決済は約定から1営業日後（$T+1$）に日銀ネット国債DVPシステムにより当事者同士で行われる。売り方・買い方双方が株式会社日本証券クリアリング機構（JSCC，BOX 3-3）に加入している場合は，当該約定の債権・債務を引き継いだJSCCが決済相手となる。

[1] **市場参加者**

流通市場における主な参加者は以下の通りである（図3-9）。

① 国内銀行——2013年のQQE開始までは都市銀行を中心に最大の保有主体であったが，日銀による買入オペの増加やその後

第 3 章　国庫短期証券（T ビル）市場　**141**

> **BOX 3-3**　**株式会社日本証券クリアリング機構（JSCC）**
>
> 　2001 年 1 月の RTGS 決済導入にともない，フェイルの発生や決済にかかる事務負担を軽減するため，市場参加者の間からは欧米並みの清算機関を設立するべきとの声が高まっていた。これを受けて 2003 年 10 月，国債市場の主要参加者である証券会社，銀行，短資会社などの共同出資により，証券取引法（当時）に基づく証券取引清算機関として日本国債清算機関（JGBCC）が設立され，2005 年 5 月より清算業務を開始した。その後，2013 年 10 月 1 日に日本証券クリアリング機構と合併し，国債の店頭取引にかかわる清算業務が同社に引き継がれた。清算参加者は 41 社（2018 年 5 月現在）。

　の利回り低下と軌を一にして減少している。保有は担保やポートフォリオ戦略上として必要最小限にとどまっている。保有残高は，QQE 直前（2013 年 3 月）の 36 兆円強から，16 年 9 月には 4 兆円弱まで減少したが，YCC 以降は 10 兆円台半ばまで回復している。

② 　農林水産金融機関——主に農林中央金庫。リーマン・ショック後は一時的に保有額を増やしたものの，その後は金利低下や QQE により必要最小限の保有にとどまっている。

③ 　中小企業金融機関等——主に信金中央金庫やゆうちょ銀行。短期の余資運用としての購入が続いていたが，やはり QQE 以降は急速に残高を落としている。

④ 　保険・年金基金——保険金の支払いに備えて，常時一定額を保有していたが，QQE 以降はほぼゼロとなっている。

⑤ 　証券投資信託——MMF（money management fund）や MRF（money reserve fund）の運用対象として恒常的な買い手。QQE 開始以降も投資信託への資金流入を反映し保有額は微増傾向となっていたが，マイナス金利導入にともない MMF が相次い

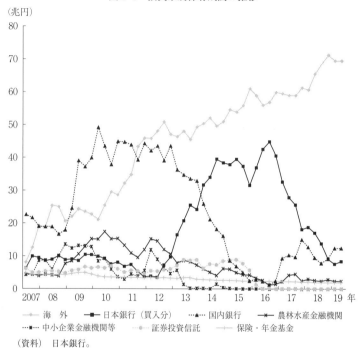

図 3-9　投資家別保有残高の推移

(資料)　日本銀行。

で停止されるなどした結果，保有は限りなくゼロに近い。

⑥　ディーラー・ブローカー——主に証券会社。投資家への売却を目的とした保有が主であるが，QQE 以降は日銀買入オペに応札するための保有が増えてきている。

⑦　海外——最大の保有主体。当初は海外中央銀行や公的機関の円貨運用が中心であったが，2008 年のリーマン・ショックやその後の欧州債務危機により外資系金融機関による保有も拡大した。QQE 開始以降は国内投資家の動きと相反する形で拡大を続けている。2019 年 6 月時点では 70 兆円と日本銀行（買入オペ分）を大きく上回る。

⑧　日本銀行——平時はテンポラリー・オペの一環として資金需
　給に沿った買入れを行うが，QQE 以降はマネタリー・ベース
　拡大のため保有額を急増させた。QQE 開始時に 16 兆円台だっ
　た買入残高は，2016 年 9 月には 45 兆円弱まで拡大した。YCC
　導入以降は減少に転じ，2019 年 4 月には 7 兆円台まで縮小し
　ている。

② 業者間市場

　流通市場には，債券ディーラー間で仲介売買を行う PTS[7] を備え
た証券会社（ブローカーズ・ブローカー）が存在しており，そこで
取引される 3 カ月・6 カ月・1 年物の取引レートは指標として日々
公表されている。国内ではセントラル東短証券株式会社，日本相互
証券株式会社などがある。

　業者間市場の概要は以下の通りである（セントラル東短証券「債
券取引の細則」を参照）。

①　取引時間——午前 8 時 40 分から午前 11 時 5 分，午後 0 時
　25 分から午後 5 時，午後 5 時 1 分から午後 6 時 5 分。

②　受渡し——原則として約定から 1 営業日後（$T+1$），午後 5
　時 1 分以降の約定については 2 営業日後（$T+2$）。

③　最終受渡日——2015 年 10 月 9 日までは償還日の 4 営業日前
　だったが，同年 10 月 13 日の新日銀ネット稼働にともない，償
　還日の前営業日へ大幅に短縮された。

④　売買単位——原則額面 5 億円の整数倍だが，端債（5 万円単
　位）の売買も行われている。

⑤　取引レート（刻み）——原則 0.005 % だが，QQE 以降は時限
　的に 0.001 % 刻みとなっている。

　7）　PTS（proprietary trading system）とは，私設取引システムのことで，証
　　券会社が提供するコンピュータ・ネットワーク上で取引するシステムのこと
　　を指す。

表 3-1 入札単価と利回りの関係

Ｔビル第 850 回債

発行額	4 兆 3000 億	
発行日	2019 年 8 月 13 日	
償還日	2019 年 11 月 11 日	
日　数	90 日	

落札単価	償還価格	利回り（%）
100.0230	100.000	− 0.093
100.0225	100.000	− 0.091
100.0220	100.000	− 0.089
100.0215	100.000	− 0.087
100.0210	100.000	− 0.085
100.0205	100.000	− 0.083
100.0200	100.000	− 0.081
100.0195	100.000	− 0.079
100.0190	100.000	− 0.077
100.0185	100.000	− 0.075
100.0180	100.000	− 0.073

（注）　入札は単価ベース，流通
　市場は利回りがベースとなる。

③　取　引　例

　表 3-1 の例でＴビルの売買を行った際の受渡単価の算出方法，決済までの流れは，以下の通りとなる。

銘　柄	Ｔビル第 850 回債
発行日	2019 年 8 月 13 日
償還日	2019 年 11 月 11 日
約定日	2019 年 8 月 29 日
受渡日	2019 年 8 月 30 日（残存日数 73 日）
約定レート	− 0.10 %
約定金額	50 億円

受渡単価 = 償還価格 ÷（1 + 約定レート × 残存日数 ÷ 365）

　　　　　= 100 ÷（1 +（− 0.10 % × 73 ÷ 365））

　　　　　= 100.0200（小数点 5 位切捨て）

受渡金額＝額面価格×受渡単価÷100

$$= 5,000,000,000 \times 100.0200 \div 100$$

$$= 5,001,000,000 \text{ 円}$$

決　済　　当事者間で当該債券と売買金額の受渡しを原則日銀
　　　　　ネット国債 DVP システムにより行う。双方が JSCC
　　　　　参加者の場合は，債権債務を引き継ぐ JSCC との間で
　　　　　DVP 決済となる。

④　国庫短期証券売買オペ

　日銀により行われる資金供給（または吸収）手段の1つであり，オペレーション対象先が日銀に対して一定の条件で売却（または購入）することができる。詳細は以下の通りである。

　(1)　オペ対象先

　金融機関，金融商品取引業者，証券金融会社，短資業者のうちのオペ対象希望先で，日銀の定める「国庫短期証券および国債の条件付売買における売買対象先の選定に関する細目」によって選定された先。

　(2)　買入（売却）額，対象銘柄

　オペ・オファー時に，日銀ネットを通して，買入（または売却）額，および買入対象銘柄（売却の場合は売却銘柄）が通知される。

　(3)　売 買 方 式

　参加者が提示する，買入（または売却）対象銘柄の希望売却レートと，当該銘柄の「公社債店頭売買参考統計値」（日本証券業協会が日々公表）を差し引いて得た値を入札に付して，コンベンショナル方式で決定される。[8]

---

　8)　公社債を店頭で売買する際の参考となる利回りで，日本証券業協会が指定報
　　　告協会員から報告を受けた気配の上下一定割合を除外して日々算出し，毎営
　　　業日公表している。

⑷　タイム・スケジュール

　　　発行要項の通知　　午前 10 時 10 分
　　　応募締切　　午前 11 時 20 分
　　　結果発表　　午前 11 時 30 分頃

第4章

債券レポ市場

　債券レポ取引とは，一般的には，債券と資金を一定の期間交換するものをいい，日本においては現在のマーケットで主流となっている「現金担保付債券貸借取引」（略：現担レポ取引）を指すことが多く，日本版レポともいわれている。ただ，その成立ちによる契約形態の違いこそあれ，現在ではほぼ同等の経済効果を生む「債券現先取引」と並立する形となっている。

　2018年5月から実施された国債の決済期間短縮（$T+1$）化において，債券現先取引への一本化を目指した議論が展開され，契約の見直しは随時進められている。

　本章では，債券現先取引と現担レポ取引を中心に説明していくこととし，特段の記載がない限り，"債券レポ"とは，債券の受渡しの反対に現金の受渡しをする，上記両取引の総称とする。

　また，貸借形式の取引には，現金担保付のほかに，「無担保債券貸借取引」や，「代用有価証券担保付債券貸借取引」も存在している（図4-1）。

第1節　債券現先・貸借取引の誕生と背景

　そもそもレポ取引とは，"repurchase agreement"が語源とされ，

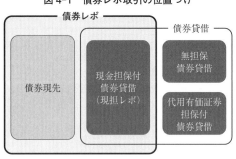

図4-1 債券レポ取引の位置づけ

これは「買戻契約」を意味する。欧米で取引されているレポ取引は，法的な形態としては売買契約で，短期金融商品の中核を占めている。日本では，古くから同じ売買形式を採用した(旧)現先取引が広く行われていたが，独自に貸借契約での取引が発展した。まずは，その成立ちを見ていく。

1. 債券現先取引

　債券現先取引（債券等の条件付売買）とは，売買の当事者間で所定の期間後に所定の価格で反対売買を行うことをあらかじめ約束して行う，「売戻しまたは買戻し特約付きの売買」のことをいう。この現先市場の誕生はかなり古く，1949年の起債市場再開，60年代からの高度経済成長期の国債発行増にともない，金融機関の債券在庫の資金調達ツールとして自然発生的に拡大していった。

　オープン市場の草分け商品ともいえるこの現先取引は，1976年3月に当時の大蔵省通達によって法的位置づけや取引ルールが明文化されると短期金融商品としての地位を確立し，80年11月には大蔵省資金運用部による余資の運用手段として買現先が開始されたほか，87年12月には日本銀行の金融調節手段として採用されるなど，参加者の裾野を広げていった。なお，基本的な取引ルールは，1992

年の日本証券業協会の理事会決議「債券等の条件付売買取引の取扱いについて」に引き継がれている。

このように年々市場規模を拡大させていった現先市場であるが，1980年代にはCD（譲渡性預金）や大口定期預金など，投資家の細かなニーズを満たす競合商品が次々と誕生して，それぞれ急速に残高を伸ばす一方，現先取引には有価証券取引税が課せられていたこと[1]や，取引期間中のさまざまなリスクについてその管理手法が必ずしも万全ではなかったことから，金融商品としての競争力は相対的に薄れていき，短期金融市場での地位は徐々に低下していった。

さらに1996年4月に現担レポ市場が誕生すると，金融機関の保有債券のファンディングの場が現先市場から貸借市場へシフトしたため，現先市場では，当時発行残高が増加し，なおかつ有価証券取引税の課せられない，TBやFB（当時）の取引が中心となっていった。

しかし，1998年に始まった金融制度改革（日本版ビッグバン）における「円の国際化」推進の過程で，現先取引の税制や取引慣行など，かねてより指摘されていた諸問題が改めてクローズアップされると，市場関係者の間からは非居住者との取引を念頭に置いた市場環境の整備を行うべきとの声が急速に強まっていった。

この流れを受け，1999年度の税制改正で，長年にわたり現先取引の障害になっていた有価証券取引税の撤廃が決定されたのに加え，非居住者が保有する国債利子の非課税化などの措置が実施されると，1999年5月には債券貸借取引等研究会が「新現先取引について」と題する提言を行った。提言では，非居住者の市場参加やリスク軽

---

1) 債券の売却時に売り手側に課される国税であり，国債の場合，譲渡価格の0.015％（債券ディーラーは0.005％）が課税された。現先取引では，スタート時には売り手側に，エンド時には買い手側にと，双方に課税されていたため，取引コストが他の商品に比べ割高となっていた。1999年3月末に廃止。

減の必要性をあげて，現先市場の整備が訴えられた。

　この提言を受け日本証券業協会は，同年に「現先売買取引等の整備・拡充に関するワーキング」を設置，2000 年 10 月に，現先取引の基本的なルールである「債券等の条件付売買取引の取扱いについて」を約 8 年ぶりに全面改正した。

　このようにして 2001 年 4 月，リスク・コントロール条項や一括清算条項などを盛り込み，グローバル・スタンダード，リスク・フリーを目指した新たな現先取引がスタートした（市場の混乱や非居住者の源泉徴収問題等もあり，1 年間の移行期間が設けられ，実質的には 2002 年 4 月よりスタート）。新現先取引の導入当初は，貸借契約からのシフトが期待されたが，すでに現担レポ取引が定着していたことで，新現先への移行はほとんど進まなかった。なお 2002 年 11 月からは，日銀によるオペレーションの 1 つとして行われていた「レポ・オペ」が現先の形態に変わり，「国債現先オペ」としてオファーされている。

　現担レポ取引の興隆により，その後しばらくの間，債券現先取引はなかなか普及しなかったが，2014 年 11 月に「国債の決済期間の短縮化に関する検討ワーキング・グループ」より公表された「国債取引の決済期間の短縮（T＋1）化に向けたグランドデザイン」で，短縮化（BOX 4-1）の意義の 1 つに「国際的な市場間競争力の維持・強化」があげられており，日本国債のグローバル化を踏まえると，「海外及びクロスボーダーのレポ契約で採用されている条件付売買の構成を採る新現先取引を普及させることが望ましい」と提言された。

　決済期間が短縮されることで時間的な制約が増すため，約定の仕方や事務処理の見直しなど，今までのマーケット慣習を変革する必要が生じ，各参加者は相応のシステム開発が必要となった。このタイミングで同時に現先取引を普及させようとする試みは，債券レ

> ### BOX 4-1　国債決済期間短縮化
>
> 　「未決済残高の圧縮に伴い，直接的な決済リスクの軽減だけでなく，金融資産の換金性を高める市場の流動性の向上，国際的な市場間競争力の維持・強化に資する間接的な効果も期待できる」（国債の決済期間の短縮化に関する検討ワーキング・グループ）ことが，短縮化の意義とされている。諸外国の動きを見ても，欧米主要国やアジアでも $T+2$ より短い期間での決済が実現しており，世界的な潮流に乗った動きであるといえる。
>
> #### 表　短縮化の流れ
>
> | | |
> |---|---|
> | 1996 年 9 月 | $T+7$, ローリング決済開始 |
> | 97 年 4 月 | $T+7$ → $T+3$ |
> | 2012 年 4 月 | $T+3$ → $T+2$ |
> | 18 年 5 月 | $T+2$ → $T+1$ |

ポ・マーケットの主流が現担レポから現先へと転換する最大のチャンスであったといえる。新たな取引慣行に合わせて，契約書の条項も見直されており，取引頻度の多い主要参加者の契約見直しが進捗したことで，短期金融市場で最大の残高を誇る商品となった。

2. 債券貸借取引

　現在の市場の前身となる債券貸借市場の誕生は，1989 年にさかのぼる。当時の国債市場を取り巻く環境を見てみると，1984 年 6 月に解禁された銀行によるフル・ディーリング開始以降，日本の債券市場は国債発行残高の増加とともに拡大の一途をたどっており，市場の拡大と同時に，市場参加者からは，価格変動リスクに対するヘッジとして，当時認められていなかった空売りに対する要望が強まっていた。

これを受け，1987年5月に証券会社に対し空売りが認められるようになったものの，空売りした債券は決済日までに買い戻す必要があるなど，依然として規制が残ったため，決済日直前には債券価格が急騰することが多く，逆に市場が混乱する要因ともなっていた。

こうしたことから大蔵省は，1989年5月に事務連絡「債券の空売り及び貸借の取扱いについて」で，受渡日をまたぐ全面的な空売りを解禁するとともに，貸借取引を行う際のルールを定めた。これが債券貸借市場のはじまりである。

こうして始まった債券貸借取引では，リスク管理上の観点から現在のように現金を担保とする取引も契約上は可能となっていたものの，金融取引としての側面から見た場合，すでに債券現先取引が存在しており，当時債券現先取引に課せられていた有価証券取引税を回避する動きを排除するため，現金担保とする場合にはいくつかの規制が課されていた。そのため，実質的に現金担保での取引が機能しない状態が続いた。

また，現金担保以外の有担保取引を行う場合でも，代用有価証券の受渡しや管理など事務面での煩雑さがあったこと，そして当時は金融機関の破綻は稀で，信用リスクに対する意識が現在ほど高まっていなかったことなどから，有担保での取引は拡大せず，大部分が無担保での取引となっていた。

現金担保の規制とは以下の通りである。

① 付利制限——現金担保への付利は，有担保コール・レート（翌日物）−1％とする。

② 担保金額の制限——担保金額として，対象債券の時価の105％以上を差し入れなければならない。

これらの規制は，債券の借り手側にとって非常に不利な条件であったため，現金担保取引を妨げる要因となっていた。

このようにスタートした日本の債券貸借市場であったが，以下の

理由から有担保化へ向けた動き，つまり資金の授受をともなう市場の整備が急務となっていくことになる。

まず1つは，国債決済制度改革の動きである。当時の決済状況を見ると，毎月5日や10日に決済を行う，いわゆる5・10日決済が中心となっており，約定後決済日までに未決済残高が積み上がる状態が続いていた。そのため，ローリング決済という，約定から一定期間後に順次決済を行っていく，よりリスクの少ない方法の導入が世界的な課題となっていたが，日本では1996年9月よりローリング決済（$T+7$：約定日から7営業日後に決済を行う）に移行することが決定された。

しかし，売買した債券を短期間で受払いするには，機動的に債券が調達できるのはもちろんのこと，保有債券のファイナンスのために資金調達も同様にできることが必要不可欠となるが，債券貸借市場では債券の調達を行うことはできたが，現金担保への規制から資金調達を行うことは事実上不可能であった。

一方，1995年2月に起きたベアリングズ事件（BOX 4-2）も，この流れに別の側面から拍車をかけることとなる。先述したように，当時の債券貸借市場においては無担保取引が主流となっていたが，この事件で改めて無担保取引に対するリスクがクローズアップされると，金融機関の間では信用リスク軽減へ向けた動きから，有担保取引へのニーズが急速に高まっていった。

このように，決済リスク・信用リスク双方の面から市場の再整備が喫緊の課題となっていたわけであるが，当時存在していた債券現先市場と債券貸借市場とを比べた場合，既述したように現先取引は形態が売買のため有価証券取引税が課せられるという障害が，貸借取引には現金担保規制という障害があった。

これらの状勢に鑑み，政府は1995年9月の緊急経済対策の中に付利制限の廃止を盛り込み，同12月には大蔵省事務連絡を改正，

BOX 4-2　ベアリングズ事件

　1995年，イギリスの名門マーチャント・バンクであったベアリングズ銀行は，シンガポール支店のディーラーの日経平均先物，日本国債デリバティブ取引によって約8億6000万ポンドの損失を出し破綻した。同行はこれらの取引における担保として，日本の債券貸借市場で借り入れた国債などを主に差し入れていたため，ベアリングズ銀行に無担保で貸し出していた国内投資家は，貸し出した国債が戻らなくなるという危機に直面したわけである。その後オランダの大手金融機関であるINGグループがベアリングズ銀行を買収したため，最終的に被害を受けることは避けられたものの，この事件以降，無担保取引の危険性が改めてクローズアップされ，信用リスク軽減へ向けた有担保化への取組みが強まっていくことになった。

付利制限の廃止とともに現金担保の下限規制を撤廃した。この改正により，日本証券業協会，全国銀行協会連合会は債券貸借取引の見直しに着手し，同年12月に日本証券業協会は理事会決議「債券の空売り及び債券貸借の取扱いについて」を改正して，翌年3月にアメリカのレポ取引を参考にした新たな「債券貸借取引に関する基本契約書」を取りまとめた。

　こうして1996年4月，日本版レポ市場とも呼ばれる現金担保付債券貸借市場（現担レポ取引）がスタートしたのである。このような背景から，日本における債券レポ取引は，売買の形態をとる欧米などとは異なり，現金を担保に債券を貸借するという日本独自の形態が根づいた。

　その後，この日本版レポ市場は，金融市場の混乱が続いた1997年以降も，そのリスク管理に優れた商品性から市場規模を年々拡大させる一方，97年11月には日銀の新たな金融調節手段として採用されるなど，短期金融市場での認知度を増していった。現担レポ取

引の市場残高は，1999 年度末にコール市場残高を上回ると，その後も拡大し，短期金融市場の中核商品に成長した。

第 2 節　債券現先取引の仕組み

1. 債券現先取引の商品性

① 法的位置づけ

現先取引とは，「売買の目的たる債券等と同種，同量の債券等を将来の所定期日に所定の価額で買い戻すこと，または売り戻すことを内容とする特約付きの債券等の売買」と定義されており，民法上の売買契約で，これは欧米におけるレポ取引と同じである。

② 取引フロー

取引スタート時に，債券の売り手は手持ちの債券を買い手へ売却する一方，買い手からその代金を受け取る。エンド時には逆の動きとなる（図4-2）。利息は売り手が受け入れた売買代金にかかる金利（現先レート）のみである。マイナス金利の場合には，エンド売買代金から利息分が差し引かれて決済される。残高は決済短縮化後に順次増加しており，2019 年 8 月時点で市場規模は約 100 兆円程度となっている。

③ 取引対象債券

「債券等の条件付売買取引の取扱いに関する規則」（日本証券業協会）により，以下の債券が取引対象債券として認められている。

国債証券，地方債証券，特別の法律により法人の発行する債券，特定社債券，社債券，外国又は外国法人の発行する債券，国内 CP，海外 CD，海外 CP，外国貸付債権信託受益証券。

④ 取引参加者

オープン市場である。金融機関に加え，事業法人等も，現先市場創設時から短期資金の運用者として取引を行っている。

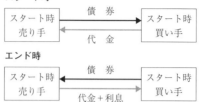

図4-2 債券現先取引の取引フロー

2. 債券現先取引の特徴

1 一括清算条項（クロス・デフォルト条項を含む）

一括清算とは，当事者の一方に債務不履行などの事由が発生した場合に，基本契約書に基づいてすべての個別取引が解除となり，不履行時の時価に直し，一本の債権・債務にして一括して清算することである。一括清算の開始事由には，クロス・デフォルト条項も盛り込まれている。クロス・デフォルトとは，取引相手が，第三者に対する債務など，当該契約以外で債務不履行（デフォルト）に陥った場合，取引相手に通知することによって当該取引についても一括清算を開始できることであり，特定の債権者のみが優位な立場に立つことを防ぐものである。

一括清算できる金融取引は，「金融機関等が行う特定金融取引の一括清算に関する法律」の施行規則に定められており，現先取引は，「有価証券の買戻又は売戻条件付売買及びその担保取引」として認められている。

2 リスク・コントロール条項

2001年4月以降に開始された現先取引では，クロス・ボーダー取引を念頭に，欧米で一般的に用いられていた当時のTBMA[2]・ISMA[3]の「GMRA」（Global Master Repurchase Agreement）を参考

---

2) 現在のSIFMA（Securities Industry and Financial Markets Association）。
3) 現在のICMA（International Capital Market Association）。

にして，以下のリスク・コントロール条項が導入された。

(1) マージン・コール（値洗い）

　債券価格は日々変動しているため，取引スタート時に受け渡されている債券の時価総額も，同様に変動する。そのためターム物で取引した場合など，スタート時に受け渡された売買代金と，その後の当該債券の時価総額に，差が生じてしまう。この差を算出することを「値洗い」という。また，この値洗いにより算出された不足額を取引相手に請求する権利を「マージン・コール」と呼び，これを適宜行うことで，相手方への与信額を調整することができる。

　計算に際しては，「債券時価総額」と，「スタート時点で支払われた売買代金に値洗いを行う日までの約定レートにかかる利息を上乗せした金額」（つまり，値洗日をエンド取引日と見なした場合におけるエンド売買金額）との差額を求めることになる。

　スタート受渡日からエンド受渡日の前営業日までの期間において，約定当事者と複数の取引がある場合は，まずそれぞれの取引ごとに値洗いを行い，個別取引与信額を合計して純与信額（エクスポージャー）を算出する。

　用いられる担保は，現金のほか，当事者間で合意された有価証券等を担保として用いることができる。なお，担保として現金を差し入れた場合は利息を付すことができ，有価証券を差し入れた場合には掛目を適用することができる。

　現先取引においては担保が現金で受け渡された場合でもマージン・コールに用いられた担保はあくまで独立したものとして扱われ，すでに受け渡されている売買代金に加減されることはない。そのため現先取引においては，取引期間中にマージン・コールが発生した場合でも，エンド売買金額はあくまでスタート時に計算された金額と不変である。

　担保金に対する利息は，当事者間で決定することとされているが，

表4-1　マージン・コール対照表

	債券現先取引	現担レポ取引
対象金額	スタート売買代金 ＋ 実行日までの利息	担保金額
対象取引	合計の純与信額	個別取引ごと
担　保	現金・有価証券	現金のみ
担保の扱い	新たな担保を受払い エンド金額は不変	担保金自体を増減 エンド金額も増減
実行日	通知当日 or 翌営業日	通知翌営業日

「新現先取引 Best Practice Guide（第4版）」（債券現先取引等研究会）では，無担コール翌日物金利 −0.25 ％，下限金利 0 ％が例示されている。

現先取引における値洗計算は，行使の通知日を基準日として行う。また行使通知は，通常午前 10 時までに相手方へ通知し，通知を受けた方は，原則として正午までに相手方に担保の詳細を連絡する必要がある。実行は現金で支払われる場合には午後3時までに，有価証券で受け渡される場合にはカットオフ・タイム[4]までと，通知から実行までの間が短く，価格変動に対するリスクを軽減できる仕組みとなっている。

現先取引のマージン・コールは，同様に債券と現金が交換される現担レポ取引とは異なる点がいくつかあげられる。表4-1 にその違いを示しておく。

(2)　ヘアカット（売買金額算出比率）

通常，取引約定後の受渡金額（売買金額）は，当該債券の時価総額となるが，この売買金額を調整することをヘアカットといい，そ

---

4)　フェイル等の認識を行うために市場参加者間で策定した日銀ネット国債系稼働終了時刻の前の決済締切時刻のことをいう。現在は午後2時と定められている。

の際に用いる数値を売買金額算出比率という。当事者間の合意により決められ，これにより，当該取引期間中の価格変動リスクや取引相手に対する信用リスクを軽減させることができる。

現先取引におけるヘアカットは，「債券時価」を，「売買金額算出比率」に1を足した数値で割ることで，スタート売買単価を算出する。

(3) リプライシング（再評価取引）

リプライシングとは，発生している与信リスクをいったん解消するため，当初の取引期間中に当該取引をいったん終了させ，終了時点の時価に基づいて当初の取引と同じ条件（エンド日，銘柄，額面金額，現先レート）で，再び取引をスタートさせる仕組みである。

先述したマージン・コールでは，純与信額の管理は取引相手ごとにしか行えず個別取引ごとの管理は不可能だったが，リプライシングを行えば個別の取引ごとの与信管理が可能となる。ただし，事務的な負担も多く，リプライシングを行うには双方の合意が必要となっている。リプライシング可能な期間は，スタート受渡日からエンド受渡日の前営業日までである。

③ 利便性向上策

(1) サブスティテューション（銘柄差替え）

サブスティテューションとは，債券の売り手が，取引期間中に受け渡している債券を差し替えることを可能とするものである。これにより，債券の売り手にとってターム物の取引を行いやすくなるというメリットがある。ただし，買い手にとっては事務負担も多い上，当該債券を売却している場合なども考えられるため，基本契約書では売り手は買い手に対して正午までに通知をし，通知日の営業終了時までに買い手により承諾する旨の意思が表示された場合に限り差替えが行われる。銘柄の差替請求が可能な期間は，スタート受渡日からエンド受渡日の2営業日前までである。

また，買い手との合意後にサブスティテューションを行う場合，請求のあった日の1営業日後に当該債券の決済を行うが，その際は原則として1銘柄に対し1銘柄（1対1）の差替えとなる。また差替対象債券の時価総額に比べ，同等かそれ以上の時価総額となるよう差し入れる必要がある。

なお，サブスティテューションは当初約定における担保の変更と考えるため，エンド売買金額は当初の約定通りとなる。

(2) オープン・エンド

オープン・エンド取引とは，約定時に取引の期日（エンド）を定めない取引のことである。これにより，債券の売り手は差し出した債券を，いつでも市場で売却することができ，債券の買い手も空売りした銘柄を市場で買い戻した段階で取引を終了することができるというメリットがある。

個別契約においてオープン・エンド取引を行う際には，合意の上でエンド日を設けず取引をスタートさせ，取引当事者の一方が，相手方へ取引エンド日を通知することで取引が終了となる。通知は指定されたエンド日を受渡日とする通常の売買約定日に相当する日（$T+1$）の正午までにする必要がある。

4 利金の取扱い

現先取引では，取引期間中に到来した利金の取扱いについて以下の2通りがある。

(1) 利含み現先

売買単価を算出する際，債券の裸値と経過利子を合算して「スタート利含み売買単価」とし，エンド売買単価はスタート利含み売買単価に約定レートと期間（日数）を掛け合わせて算出される。

取引期間中に利払いが生じた場合，利金は一時的に所有権を有する買い手に支払われるが，買い手は本来の所有者である売り手に，この利金相当額を利払日に支払うことになる。

現行の現担レポ取引と同様の扱いであり，債券レポ取引のグローバル・スタンダードな取引形態であることから，債券現先取引は利含みで行われることが推奨されている。

⑵　非利含み現先

これは，旧現先の慣行を残したもので，上述した利含み現先とは異なり，スタート時，エンド時には，債券の売買単価（裸値）と経過利子を別々に算出する。エンド時の経過利子は当該債券のクーポンによって決まっているため，エンド売買金額はエンド売買単価（裸値）を調整して期間利回りを実現させる。

この取引において取引期間中に利払日が到来した場合，利含み現先とは異なり，買い手に支払われた利金はそのまま買い手が保有し，エンド時にエンド売買単価（裸値）を調整（利金分をマイナス）した金額を受け取ることとなる。

3.　債券現先取引を行う際に必要となる契約書類

債券現先取引に関する契約書は，2000 年策定分（旧様式）と 2016 年策定分（新様式）の 2 様式があり，日本証券業協会のホームページに参考様式が掲載されている。双方とも現行の債券現先取引に対応しているが，旧様式は非利含み現先を前提とし，基本契約書の内容を変更するために「合意書」等を用いるのに対し，新様式は利含み現先を前提とし，取引対象ごとに「別紙」を付け加える形をとっている。

国債の決済期間短縮化に際して導入された銘柄後決め方式に対応しているのは新様式であり，新たに契約を締結する場合には新様式の利用が推奨されている。ここでは，新様式で必要となる項目を見ていく。

①　債券等の現先取引に関する基本契約書

現先取引を開始するときは，あらかじめ「債券等の現先取引に関

する基本契約書」を取り交わす必要がある。基本契約書の中では各用語の定義等が記載されている。主な項目は以下の通り。

①用語の定義，②取引の成立，確認および終了，③権利の移転時期，④繰上げ償還の場合，⑤担保の管理等（マージン・コール，リプライシング），⑥有価証券からの収益金，⑦契約通貨，⑧取引対象債券等の差替え（サブスティテューション），⑨債務不履行による取引終了，⑩フェイル発生時の処理。

2 **別紙1 銘柄先決め利含み現先取引に関する合意事項**

現在，一般的に行われている現先取引について，基本契約書上の定義に関する合意や，その計算式などが記載されている。主な事項は以下の通り。

①基本契約書本文第2条に規定する定義に関する合意——経過利子の端数処理，時価，担保掛目，売買金額算出比率など，②個別取引明細書の交付または個別現先取引内容の確認，③スタート売買金額の算出，④エンド売買金額の算出，⑤担保の管理等，⑥取引対象債券等の差替え，⑦オープン・エンド取引。

3 **別紙2 銘柄後決め現先取引に関する合意事項**

国債決済期間の短縮化（$T+1$化）が実施される際に導入された新たな取引手法である「銘柄後決めGC」（後出 BOX 4-3 参照）についての取決めが記載されている。主な事項は以下の通り。

①用語の定義——スタート売買金額，取引対象債券，バスケット，銘柄後決め現先取引，銘柄割当機関，銘柄割当機関規則，②個別取引明細書の交付または個別現先取引内容の確認，③エンド売買金額の算出，④契約通貨，⑤銘柄後決め現先取引の清算。

4 **別紙3 定時償還銘柄に係る現先取引に関する合意事項**

定時償還銘柄を取引対象債券等または担保証券とするものについての合意事項が示されている。

⑤ **別紙4 非利含み現先取引に関する合意事項**

売買単価に債券等についての経過利子を含めずに表示するものについて，定義や計算式などが記載されている。

①非利含み現先の用語の定義，②基本契約書本文第2条に規定する定義に関する合意──経過利子の端数処理，時価，担保掛目，売買金額算出比率，③個別取引明細書の交付または個別現先取引内容の確認，④スタート売買金額の算出，⑤エンド売買金額の算出，⑥担保の管理等，⑦有価証券からの収益金，⑧取引対象債券等の差替え。

⑥ **別紙5 短期社債等の現先取引に関する合意事項**

CP現先取引を行うにあたっての定義や計算式などが記載されている。

第3節 債券貸借取引の仕組み

1. 債券貸借取引の商品性

① 法的位置づけ

債券貸借取引は，当事者の一方（貸出者）が，他方（借入者）に債券を貸し出し，当事者間で合意された期間を経た後，借入者が貸出者に当該銘柄と同種，同量の債券を返済するもので，民法上の「消費貸借契約」（第587条）に位置づけられる。消費貸借契約は，当事者の意思表示の合致のほかに，目的物の引渡しがあって，はじめて成立する要物契約であるが，当事者の意思表示の合致により契約が成立する諾成契約も認めてよいとされており，債券貸借取引は「諾成的消費貸借契約」に該当する双務契約である。

また，現金担保付債券貸借取引（現担レポ取引）で受け渡される担保金については，債券返済請求権を担保するための「消費寄託契約」（民法第666条）であると認識されている。

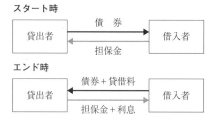

図 4-3 現金担保付債券貸借取引（現担レポ取引）

2 取引フロー

(1) 現金担保付債券貸借取引（略称：現担レポ取引）

最も一般的な取引で，市場規模は50兆～60兆円である（2019年）。取引スタート時に，債券貸出者は，債券を貸し出す代わりに債券借入者から担保としての現金を受け入れる。取引エンド時には，債券貸出者は担保金を返還し，担保金に対する利息を支払う。債券借入者は，借入債券を返済し，当該債券に対する貸借料を支払う（図4-3）。エンド時における現金の受払いはネッティング処理により一本化される。

実際の引合いでは，担保金利率と貸借料率の差であるレポ・レートで約定し，担保金利率（および貸借料率）は各々自由に設定することが多い。たとえば，レポ・レート−0.10％で約定した場合に，担保金利率を当事者間の合意で0.01％と設定した場合，貸借料率は0.11％となる。

　　　レポ・レート（％）＝担保金利率（付利金利）−貸借料率

(2) 無担保債券貸借取引

取引スタート時に，債券貸出者は無担保で債券を貸し出す。取引エンド時には，債券借入者は借り入れていた債券を返却するとともに，当該債券に対する貸借料を支払う（図4-4）。無担保での与信にあたる取引となることから，市場規模は現担レポ取引と比べると小さい。ただ，近年では現金保有コストの増加や規制対応による無担

図 4-4　無担保債券貸借取引

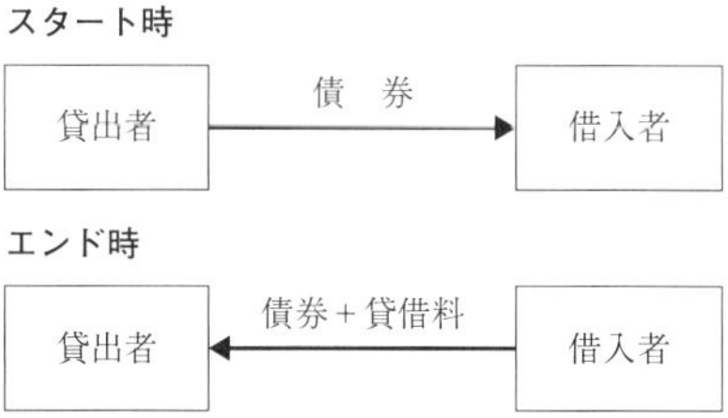

スタート時

貸出者 ── 債　券 ──▶ 借入者

エンド時

貸出者 ◀── 債券＋貸借料 ── 借入者

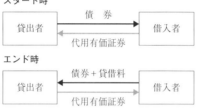

図 4-5　代用有価証券担保付債券貸借取引

保流動性余力の拡充が課題となっており，貸し手・借り手双方に取引ニーズが生じている。そのため，市場規模は近年8兆〜9兆円程度へと増加基調をたどっている。

　　貸借料
　　＝貸借数量（額面）×貸借料率×貸借期間（片端入れ）÷365
　　（円未満切り捨て）

(3)　代用有価証券担保付債券貸借取引

　取引スタート時に，債券貸出者は債券を貸し出す代わりに債券借入者から担保として代用の有価証券を受け入れる。取引エンド時には，債券貸出者は代用有価証券を返還し，債券借入者は債券を返却すると同時に当該債券に対する貸借料を支払う（図4-5）。

③　取引対象債券

　「債券の空売り及び貸借取引の取扱いに関する規則」（日本証券業協会）により，以下の債券が取引対象債券として認められている。

国債証券，地方債証券，特別の法律により法人の発行する債券，特定社債券，社債券，投資法人債券，外国又は外国の者の発行する債券。

④ 取引参加者

オープン市場であるが，取引開始当時は源泉徴収問題があったことなどから，参加者のほとんどが金融機関となっている。

2. 債券貸借取引の特徴

① 一括清算条項

この条項により，取引相手が債務不履行に陥った際の安全性が確保されるほか，当事者同士のリスクをグロスではなくネット・ベースで管理できるため，取引の効率化につながっている。

この一括清算が可能な金融取引は，「金融機関等が行う特定金融取引の一括清算に関する法律」の施行規則に定められており，レポ取引は，「有価証券の貸借及びその担保取引」として認められている。

② リスク・コントロール条項

債券貸借市場の創設にあたっては，当初からアメリカのレポ取引を参考に市場整備が進められたことから，アメリカのマスター・アグリーメント（基本契約書）であったPSA（全米証券業協会，当時）の"Master Repurchase Agreement"に沿った内容となっており，当時の旧現先取引には盛り込まれていなかった，さまざまなリスク・コントロール条項が取り入れられた。

(1) マージン・コール（値洗い）

基本的な概念は債券現先取引と同様である。現担レポ取引を約定後，債券の借入者から見た場合，借り入れた債券の時価が下落すると，債券の貸出者にすでに受け渡してある担保金が債券時価総額より多くなるため，純与信（エクスポージャー）が発生してしまう。

これを解消するため，債券の借入者はマージン・コールを行使して，差し出している担保金と債券時価総額の差額を回収することで相手方への与信額を調整することができる。また，逆の場合（債券の時価が上昇した場合）は，受け渡されている担保金が債券時価総額に比べて少なくなることから，反対に債券の貸出者が相手方にマージン・コールを行使することによって，債券時価総額と担保金の差額を受け入れて調整を行うことになる。

マージン・コール行使の方法は，行使を通知する翌営業日を基準日として値洗計算を行い，正午までに相手方へ連絡することとなっている。そして算出された債券時価総額と担保金との差額を，翌営業日の午後3時までに現金で受払いする。

(2) ヘアカット（基準担保金率）

通常，約定後の受渡金額（基準担保金額）は，当該債券の時価総額となるが，この担保金額を調整することをヘアカットといい，その際に用いる数値を基準担保金率という（基準担保金率〔％〕＝100－ヘアカット率）。この基準担保金率は当事者間の合意により決められ，これにより，当該取引期間中の価格変動リスクや取引相手に対する信用リスクを軽減させることができる。スタート代金（基準担保金額）は「債券時価総額」に「基準担保金率」を掛けることで算出する。

時価総額が100億円の債券で取引する場合，基準担保金率を95％とすると担保金額は95億円となるが，この場合，債券の借入者が貸出者へ5％のヘアカットをかけるという。また，ヘアカットを行った場合，金利はヘアカット後の担保金額にかかるのに対し，貸借料は時価総額にかかることに注意が必要である。

③ 利便性向上のための項目——オープン・エンド

債券現先取引と同じ概念である。個別契約においてオープン・エンド取引を行うことに合意した場合，両当事者どちらかの通知（正

午まで）で取引終了となる。その際，取引終了日は通常通知日から
1営業日後となる。

④ **利金の取扱い**

取引期間中に利払いが発生した場合，利金はその時点での債券の
保有者である借入者側に支払われるが，債券の借入者は受け取った
利金相当額を本来の所有者である貸出者へ利払日に受け渡す。

3. 債券貸借取引を行う際に必要となる契約書類

① **債券貸借取引に関する基本契約書**

取引を開始するにあたっては，あらかじめ当事者間で「債券貸借
取引に関する基本契約書」を取り交わす必要がある。契約書の中で
は，各用語の定義等が明記されている。

② **「債券貸借取引に関する基本契約書」付属覚書**

付属覚書は個別取引に適用される条件として，両当事者が合意す
る事項を記載する書面のことで，基本契約書中の内容について実務
面で具体的に規定を取り決めている。担保金の算出方法や，金利・
貸借料の計算方法，担保調整（値洗い）の方法や基準担保金率，オ
ープン・エンドの取引に関する取決めなどである。

③ **「債券貸借取引に関する基本契約書」に係る合意書**

約定後は，基本契約書に基づきその都度「個別取引契約書」を取
り交わす必要があるが，この合意書を交わすことで，個別取引明細
書をもって個別取引契約書の代わりとすることができるようになる。

④ **「債券貸借取引に関する基本契約書」に係る個別取引明細書の
交付省略に係る合意書**

上記の個別取引明細書の交付に代えて，電子情報処理組織などを
利用する方法により，当該個別取引明細書に記載すべき事項を提供
することができ，この場合は個別取引明細書を交付したものと見な
し，省略することができる。

⑤　その他の契約書類

　以上のほかに，代用有価証券を担保として取引を行った場合の取扱いを定める「『債券貸借取引に関する基本契約書』第5条第2項に係る合意書」，外貨を担保として取引を行った場合の取扱いを定める「『債券貸借取引に関する基本契約書』第16条に係る合意書」，フェイル発生時における取扱いを定める「フェイルに関する覚書」，取引当事者間でのネッティングについて事前にその方法等を確認した「国債のネッティングに係る事前確認書」，「個別取引明細書の電子交付に関する同意書」などが必要になる。

第4節　債券レポ取引の利用形態

　債券レポ取引は，取引対象となる債券の性質の違いにより，市場参加者には異なった2つのニーズが生じる。取引対象債券の銘柄を特定しない「GC」と，特定の銘柄に焦点を絞った取引である「SC」の2つである。ここでは，債券レポ取引全般の利用形態に触れる。

1.　GC（general collateral）

　GCとは，取引対象債券を特定しない取引のことを指す。債券の受け手は銘柄の別を問わず，一般的な債券であればそれを受け入れるため，受け渡される債券種別は出し手の選択により決定されるという取引である。このGCを，債券レポ取引で行った場合，実質的には債券を担保にした資金の調達・運用を目的としたものとなり，金融取引的な側面が強い。主に債券ディーラーの在庫ファンディングや銀行・系統金融機関・生損保などの資金調達手段として，幅広く利用されている。

　債券レポ取引は，債券の動きに主眼が置かれていることから，オ

ファーする，あるいは売るとは，債券を出すことであり，資金の調達にあたる。逆に，ビッドする，あるいは買うとは，債券を受けることであり，資金を運用することを意味する。つまり，オファー・ビッドで言い表される資金の動きが，コール市場とは逆になる。

　GC の約定項目は，「金額」と「金利」でなされるのが基本である。しかしながら，銘柄を特定しない取引であるとはいえ，実際には債券を受け入れる側には取引対象債券の年限・種別による制限や，受け入れる債券の銘柄数の制約などが存在する。また，約定する金額についても，債券額面か資金ベースかで違いがあり，実際には各種条件が合致しないと取引は成立しない。

　また，国債決済期間の短縮化と同時に導入された「銘柄後決めGC」（BOX 4-3）は，証券会社や大手銀行などに利用されている。残存年限ごとに分類されたバスケットを売買対象として取引し，株式会社日本証券クリアリング機構（JSCC，第3章 BOX 3-3 参照）へGC 銘柄のリストを提出する形をとるため，売り手にとっては決済時点まで銘柄を縛られることがなく使い勝手がよいことから，市場規模は約 30 兆円程度まで拡大している。

　GC は資金取引の意味合いが強いことから，資金調達と運用の需給バランスの変化により金利水準が変動する。たとえば証券会社は，プライマリー・ディーラーとして，国債の入札に際し，一定量を落札する義務を負っているが，実際に投資家等へすぐに売却することができるもの以外を在庫として一定期間保有しておく場合，このGC を使って必要な資金を調達することになる。そうなると，まとまった金額の国債発行日には，証券各社の GC オファー・ニーズ（＝資金調達ニーズ）が高まることで，金利は上昇しやすくなる。逆に，日銀による国債買入れや国庫短期証券買入れ等の資金供給オペが実施され，国債在庫のファンディング・ニーズが弱まる場合等は，金利が低下しやすくなる。

第4章　債券レポ市場　**171**

BOX 4-3　銘柄後決め GC

　アメリカ・イギリスでの国債売買 $T+1$・レポ取引 $T+0$ を実現可能とした背景に，「資金の運用・調達として用いられる GC におけるインフラの整備が進んでいること」があげられており，日本では GC に「銘柄後決め方式」を導入するとともに，市場インフラとして銘柄後決め方式 GC レポ取引（CCP 利用）にかかわる清算および当該 GC 取引対象銘柄の割当システムが整備された。GC を現行の現担レポ（先決め）で行った場合と，銘柄後決め（現先）方式で行った場合を比較すると，表1のような相違点が出てくる。

　銘柄後決め GC を約定した場合の，JSCC における債務引受けや決済のターム・スケジュールは，表2・表3の通りである。

表1　後決め GC の特徴

	現担レポ取引	銘柄後決め（現先）取引
約定レート[1]	GC レート，付利金利，貸借料率	GC レート
約定数量[2]	Face or Cash	Cash
銘柄連絡	個別連絡	バスケット[3] ごとに JSCC が割当て
その他	—	Rewind／Unwind[4] フェイルの扱い[5]
ネッティング	銘柄ごと	バスケット・ネッティング

(注)　1)　現担レポでは，付利金利－貸借料＝約定レートだったが，銘柄後決め GC では現先取引となるため，レートは約定する GC 金利のみとなる。

　　　2)　銘柄後決め GC は Cash（現金ベース）で約定するため，Face（債券額面）は約定項目ではなくなる。スタート受渡金額は 1000 万円の整数倍で，スタートおよびエンド受渡金額は 10 兆円未満とされている。またエンド売買金額は，従来の現先方式では取引数量・スタート売買単価・現先レートから求められていたが，後決め GC ではスタート売買金額＋（現先レート×スタート売買金額×日数÷365）で算出する。

　　　3)　約定項目に銘柄割当ての区分（バスケット）が加わる。バスケットは，銘柄種別や残存年限などで区分けされており，主に GC の買い手（債券受入先）がどのような債券を買うことができるかに依存するもの。バスケット内容は次の通りである。

⑤ All（国庫短期証券／利付国債／変動利付債／物価連動債）

④ Large（国庫短期証券／利付国債／変動利付債）

③ Fixed（国庫短期証券／利付国債）

② U10（国庫短期証券／利付国債残存 10 年以下）

① TDB（国庫短期証券）

⑥ Strips（ストリップス債）

4) ターム物取引における銘柄入替機能で，スタート決済日の翌営業日以降，エンド決済日の前営業日までの間，毎営業日，前営業日に割当・引渡しを受けた国債を返戻（Unwind）するとともに，再割当（Rewind）を行う。取引当事者はサブスティテューションでの銘柄差替えの事務負担を意識することなく，国債出し手参加者のポジション変動にともなう割当銘柄の調整が可能になり，ターム物取引の利便性の確保が可能になると考えられている。

5) 銘柄後決め GC の銘柄割当て・決済は，1 日 3 回行われる。1 回目および 2 回目の割当てで，割当対象銘柄の割当可能数量の不足等により，銘柄割当てができなかった割当対象ポジションについては，それぞれ 2 回目および 3 回目のバスケット・ネッティングの対象とする。3 回目でも割当対象銘柄の割当可能数量不足により割当てができない場合には，銘柄後決め GC レポ清算・銘柄割当システムの提供者（JSCC）が，3 回目の銘柄割当て時の割当可能残高通知の中で残高の最も大きい銘柄を割り当てることにより，必ず割当てを行う。つまり，どの銘柄がフェイル扱いとされるかは，渡し方参加者の 3 回目の割当対象銘柄のリストによることとなるが，3 回目の時限までに該当するバスケットを反対売買することで，フェイルの発生を抑止することは可能である。

表 2　債務引受けの申込開始時刻，申込時限，および債務引受けの時期

	1 回目	2 回目	3 回目
申込開始時刻	前日午後 2 時	当日午前 7 時	当日午前 11 時
申込時限	前日午後 9 時	当日午前 11 時	当日午後 2 時
債務引受時期	当日午前 7 時	当日午前 11 時	当日午後 2 時

表 3　決 済 時 限

	銘柄割当て① エンド／Unwind	銘柄割当て②	銘柄割当て③
渡し方― JSCC 間	午前 10 時 30 分	午後 1 時 30 分	午後 3 時 30 分
JSCC ―受け方間	午前 11 時	午後 2 時	午後 4 時

> ### BOX 4-4　東京レポ・レート
>
> 　「レポ取引における市場実勢の把握，レートの透明性向上により，市場参加者拡大や流動性向上に資する」といった観点から，2007年10月29日に日銀より日次公表が開始された，GC金利の指標である。なお，2012年10月29日以降の公表分より，公表主体が日本証券業協会に移管された。債券現先と現担レポ取引が対象で，レファレンス先が午前11時時点における実勢と考えるオファー・ビッドの仲値を11時45分までに報告し，報告されたレートのうち，上位15％および下位15％に相当するものを除いた単純平均値（小数点第4位を四捨五入し，小数点第3位まで算出する）が，午後0時30分に公表される。2018年10月現在のリファレンス先は銀行・信託銀行・証券・短資など14社となっている。

　GCの金利動向は，日本証券業協会により毎営業日「東京レポ・レート」（BOX 4-4）という形で公表されている。

　また，無担保債券貸借取引や代用有価証券担保付債券貸借取引でGCを約定する場合は，その貸借料率は最も安い水準に設定される。

2. SC（special collateral）

　特定の銘柄の債券を対象にした取引を，SCあるいはスペシャルと呼ぶ。債券ディーラーが空売りしてショート・ポジションとなった銘柄を，レポ市場で調達して，売買のカウンターに渡す場合などに利用される。しかるべきタイミングで買い戻すまでレポ市場で該当する銘柄を調達することになる。また，現物債の売買以外にも，債券先物取引や店頭オプション取引などにより，特定の銘柄を一定期間調達するニーズが生じる場合がある。

　SCは債券調達側が必要に迫られて，特定銘柄を取引することに意味があるので，債券レポ取引でのSC金利は，GCと比べて低い

水準になるのが通常である。すなわち，債券調達サイド（＝資金運用サイド）がコストを負担するため，債券との交換で受け渡される現金の運用金利が低くなるからである。逆にいえば，債券の出し手としてSCを行った参加者にとっては，低利での資金調達が可能になる取引であるといえる。

SCは，「×年××回債を調達したい」という証券会社からのニーズにより生じる取引であり，当該銘柄を，債券保有主体である機関投資家や債券ディーラーの間で探すこととなる。特定の銘柄に調達ニーズが集中すると，当該債券の需給が逼迫し，恒常的に深いマイナス金利で取引されるような銘柄が出てくることもある。売買の対象となりやすいカレント銘柄や，債券先物取引のチーペスト銘柄[5]などが典型的な例である。日銀のオペレーションの1つに，一定の条件のもとで，オペ対象先の希望により入札形式で日銀から特定の銘柄を調達することができる，いわゆる国債補完供給オペ（BOX4-5）があるが，需給が逼迫して取引金利が低下する場合には，上記オペでの最高落札金利が，取引するにあたっての下限金利として意識される。

取引金利は，銘柄ごとの需給が一番の決定要因であることから，ショート金額の多寡もさることながら，その保有先のオファー動向にも大きく左右される。実際には，銘柄を特定しない取引であるGC金利との乖離幅で，その銘柄がどれほどのスペシャル性を有しているかを判断することが多い。よって，SCを債券レポ取引で行うにあたっては，GC金利の目安，債券調達ニーズの強弱（金額の大きさ等），債券保有先のオファー姿勢などが金利水準の判断材料となる。最近の特徴としては，日銀による国債買入オペ実施により，市中流通玉が減少した場合などに金利が低下しやすく，逆に流動性

---

5) 受渡適格銘柄の中で最も割安なもの。長期国債先物取引の場合，その対象は残存7年以上11年未満の10年利付国債と定められている。

第 4 章　債券レポ市場　　175

BOX 4-5　国債補完供給オペ（Securities Lending Facility）

　2004 年 4 月より導入された国債の買戻条件付売却（英語の頭文字を略して SLF と呼ばれる）。「金融調節の一層の円滑化を図るとともに，国債および資金決済の円滑確保にも資する」との観点から，日銀が保有する国債を市場参加者に対して一時的かつ補完的に供給することを目的として行われる。

　2008 年 9 月のリーマン・ショック時に，大量の決済遅延・フェイルが発生する可能性が高まったことから，実施要件の緩和がはじめて行われた。この時点では，時限的な措置という扱いであったが，混乱が収まってからも期限の延長が繰り返され，2011 年 2 月に恒久化された（ただ，すでに危機的な状況は脱していたことから，最低品貸料については 0.5 ％から 1.0 ％へと引き上げられた）。また，2013 年 4 月以来，いわゆる異次元緩和が実施されると，国債市場の流動性が損なわれることへの配慮から，実施要件は順次緩和された。

　直近では 2019 年 4 月の金融政策決定会合において要件が緩和され，現在，銘柄別の売却上限金額は，「日本銀行が保有する残高の100 ％（オペ等で売却が決定している金額その他業務遂行上必要と認める金額を除く）」であり，上限期間利回りは，「GC 相当金利（T/N 物）− 最低品貸料（0.25 ％）」と定められている。また，チーペスト銘柄等の引渡しにかかる要件の緩和や，「市場オンライン」を使った利用申請等のペーパーレス化も同時に実施された。

　同オペは，日銀からいつでも大量に特定の銘柄を調達できることから，あまり要件を緩和しすぎると，過剰なショート・ポジションの構築など国債市場のモラル・ハザードにつながる可能性のあるオペレーションであるという側面もある。また，日銀による国債の売現先方式であるため，一時的にではあるが供給した資金を市場から吸い上げてしまう金融調節となる。

BOX 4-6　国債追加発行方式

　国債管理政策の基本的な目標に，国債の確実かつ円滑な発行および中長期的な調達コストの抑制がある。この目標に資するため，財務省は国債発行方式についてリオープン発行と流動性供給入札の2つを実施している。

　まず，リオープン発行とは，新たに発行する国債の元利払日およびクーポンが直近に発行された国債と同一である場合，同一銘柄の国債として追加発行する制度である。2014年度からは，20年債・30年債は年間4銘柄が発行されている。また，10年債に関しても，市場実勢利回りとの乖離が一定程度以内であれば，同じ償還日のものは，原則リオープン発行される扱いとなっている。物価連動国債も，入札が年4回実施され，発行される銘柄は年1銘柄となるリオープン方式である。

　次に，流動性供給入札とは，構造的に流動性が不足している銘柄や，需要の高まりにより一時的に流動性が不足している銘柄を追加発行することにより，国債市場の流動性の維持・向上を目指した制度であり，2006年4月に導入された。現在は，カレント銘柄を除く残存5年超～15.5年以下は毎月入札が実施され，残存1年超～5年以下は奇数月，残存15.5年超～39年未満は偶数月に入札による追加発行を実施している。

　いずれの施策も，国債発行残高・銘柄数が非常に多い中で，1銘柄の発行サイズを増やすことで，銘柄間の需給格差が大きくなるのを未然に防ぐことを企図している。債券レポのSC取引においても，特定銘柄の発行量が増大することは，同銘柄の流動性の向上につながり，銘柄調達の際のコストが低減され，証券会社のマーケット・メイクに資する施策であると考えられる。

供給入札やリオープン発行（BOX 4-6）など，特定銘柄の流通玉が増加するような場面では，需給が緩和することで金利が上昇しやすい。

　また，無担保債券貸借取引や代用有価証券担保付債券貸借取引で

は，当該債券の貸借料率は GC と比べて相対的に高くなる。

第5節　決　　済

1.　通常決済

　基本的には，日銀ネット国債系での DVP 決済である。なお，JSCC が中央清算機関として存在しており[6]，JSCC 参加者の証券の受渡しや資金決済については，当該債務が JSCC に引き受けられ，マルチラテラル・ネッティング（債権債務の相殺）により，決済量が圧縮されることで，効率化が図られている。日銀における DVP 決済残高の 80％程度が JSCC を経由して決済されており，その比率は決済期間の短縮化にともない，より一層の増加を見せた。

　2当事者間で決済を行う（JSCC を経由しない場合）には，「国債の即時グロス決済に関するガイドライン」（日本証券業協会）に従い，「バイラテラルのペイメント・ネッティング」（＝ペアオフ）と「異額面のペイメント・ネッティング」により，決済量の圧縮等による事務効率の向上が図られる。

　事業法人など，日銀ネット非保有先との決済は，一般的に資金決済は市中銀行振込み，債券決済は口座管理機関である取引金融機関に開設した振替口座簿への記録・記帳により移転登録の設定が行われる。

2.　フェイルの取扱い

(1)　フェイルとは

　フェイル（fail to deliver）とは，国債の受け方がその渡し方から予定されていた決済日が経過したにもかかわらず，対象債券を受け

---

　6)　CCP（central counterparty）。清算機関が取引当事者の間に入り，取引当事者のそれぞれの相手方となり，決済やポスト・トレード事務等を行う。

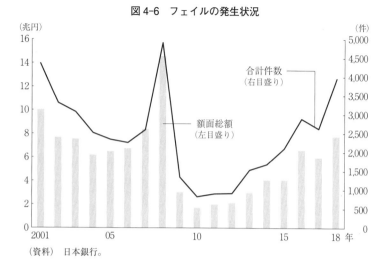

図 4-6　フェイルの発生状況

(資料)　日本銀行。

渡されていないことである。2001年1月にスタートしたRTGS決済導入により、ループの発生や決済の延滞などで当該債券を受け渡すことのできない事態が予想されたが、契約書上ではこれが債務不履行と見なされかねず、市場の混乱が予想された。そのため日本証券業協会は、2000年12月に「フェイルに関するガイドライン」を発表してルールを定めるとともに、「フェイルに関する覚書」を公表し、フェイル発生時の権利義務関係を明確化した。また2001年9月には、「『国債の即時グロス決済に関するガイドライン』に基づく決済についてのQ&A」の中で、フェイルについて、「RTGSシステムの下では、取引の拡大や決済の円滑、効率化のために海外市場で確立されているフェイル慣行を容認することが不可欠である」とし、市場参加者のフェイル容認の必要性を訴えている。

① スタート・フェイル——取引スタート時にフェイルとなった場合、当然資金決済は行われないが、取引にかかわる金利・貸借料の計算は、この段階から始まる。

スタート・フェイル発生時，現先取引では買い手は売り手に対して書面で通知することにより，いつでも取引を終了することができる。ただし，通常は取引を終了させずにフェイル解消を待つことになる。

現担レポ取引では，フェイルが解消することなくエンドを迎えた場合，両当事者は取引終了の合意を行ったと見なし，エンド時までの金利・貸借料の支払いのみが行われることになる。また，フェイル発生後21営業日以上経過した場合には，借り手が貸し手へ書面の通知を行うことにより，取引を終了させることができる。取引を終了させた場合は，取引終了日までの金利・貸借料が取引終了日に支払われることになる。

② エンド・フェイル——取引エンド時にフェイルとなった場合，金利・貸借料は当初の約定期間で計算し，原則としてフェイル解消日に支払う。

③ フェイル期間中のマージン・コールについて——現先取引においてスタート・フェイルされた買い手はフェイル解消を待つ間，当該取引における債券時価の変動に対しマージン・コールを行使することが可能である。反対に，エンド・フェイル時に取引を終了させずフェイル解消を待つ場合，売り手が債券時価の変動に対しマージン・コールを行使することが可能である。後述の現担レポ取引とは異なり，フェイル期間中でもマージン・コールは通常通り行使することができるものの，行使できるのは常にフェイルされた側のみとなっている点に注意が必要である。

現担レポ取引においては，スタート・フェイル期間中でも両当事者はマージン・コール請求を通常通り行うことができるが，マージン・コールを通知した翌日の現金受渡日においても，フェイルが解消しなかった場合，このマージン・コール請求は無

効となる。またエンド・フェイルが続いた場合であるが，基本
契約書上，マージン・コールの行使はエンド日の 2 営業日前ま
でとされているため，エンド・フェイル中のマージン・コール
は行使することができない。

(2)　フェイル・チャージ

リーマン・ショックによる決済未了の多発を契機として，2009
年 5 月に，日本証券業協会における公社債委員会の下部組織として
「債券のフェイル慣行の見直しに関するワーキング・グループ」が
設置された。同ワーキング・グループでは，フェイルの頻発を抑制
しつつ，フェイル慣行のさらなる定着を図る観点から検討がなされ，
2010 年 6 月に「フェイルに関するガイドライン」の改正を行い，
同年 11 月 1 日からフェイル・チャージ慣行が導入された。同時に
フェイル確定後の事務処理や余剰資金の運用に配慮し，カットオ
フ・タイムが従来の午後 3 時 30 分から午後 2 時へ前倒しされた。

上記の改正により，フェイルされた債券の受け方は，フェイルし
た渡し方に対してフェイル・チャージを請求することができること
となった。ループ・海外約定を含むすべての国債取引（売買，レ
ポ）について例外なく適用される扱いとなり，これにより「低金利
下においてもフェイル発生を抑制する経済合理性が有効に機能す
る」と考えられている。

フェイル・チャージは，以下の計算式によって算出される。

$$\sum_{\text{フェイル期間}} \frac{1}{365} \times \max(3\% - \text{参照レート}^{7)}, 0) \times \text{受渡金額}$$

---

7)　参照レートとは，日銀の金融市場調節の操作目標（無担保コールレート・オ
ーバーナイト物，レンジの場合はその下限）を指す。ただし，その目標がマ
ネタリー・ベースや国債金利とされている間は 0 ％で計算される。

第 6 節　具体的事例と計算

1. 債券現先取引

以下の条件で利含み現先を約定した場合の計算例を見てみよう。

約　定　日　　2019 年 8 月 26 日

スタート日　　2019 年 8 月 27 日

エ ン ド 日　　2019 年 9 月 27 日

約定期間　　31 日間

現先レート　　－0.10 ％

銘　　柄　　10 年 354 回債（2029 年 3 月 20 日償還）

約定金額　　100 億円（額面）

売買参考統計値　　－0.10 ％と仮定

クーポン　　0.1 ％

残存年数　　9.5616438 年

債券単価　　101.930 円（小数点以下第 3 位未満切捨て）

経過利子　　0.0438356 円（小数点以下第 7 位未満切捨て）

売買金額算出比率　　0 ％（ヘアカットなし）

① 【スタート売買金額】を求める。

【スタート売買金額】＝取引数量×スタート売買単価÷100

スタート売買単価（小数点以下第 7 位未満切捨て）

＝約定スタート時点の時価÷（1＋売買金額算出比率）

時価とは債券単価（小数点以下第 3 位未満切捨て）に経過利子（小数点以下第 7 位未満切捨て）を加えたものであり，債券単価の算出は，市場慣行として，日本証券業協会が公表している「公社債店頭売買参考統計値」の平均利回り（単利）を用い，スタート日を基準日として導き出す。

この式で 10 年 354 回債を 100 億円約定したと仮定して計算する

と，【スタート売買金額】は以下のようになる。

時価 ＝ 101.930 ＋ 0.0438356 ＝ 101.9738356

スタート売買単価 ＝ 101.9738356 ÷（1 ＋ 0 ％）＝ 101.9738356

【スタート売買金額】＝ 10,000,000,000 × 101.9738356 ÷ 100

＝ 10,197,383,560 円

② 【エンド売買金額】を求める。

【エンド売買金額】＝ 取引数量 × エンド売買単価 ÷ 100

エンド売買単価（小数点第 8 位切上げ）

＝ スタート売買単価

$$+ \frac{\text{現先レート} \times \text{スタート売買単価} \times \text{約定期間}}{365}$$

小数点第 8 位がゼロのときのみ切り上げない「0 捨 1 入」が一般的である。

この取引において，エンド日までリスク・コントロール条項（リプライシング）が適用されなかった場合の【エンド売買金額】は，以下の通りとなる。

$$\text{エンド売買単価} = 101.9738356 + \frac{-0.1\,\% \times 101.9738356 \times 31}{365}$$

＝ 101.9651748

【エンド売買金額】＝ 10,000,000,000 × 101.9651748 ÷ 100

＝ 10,196,517,480 円

よって，スタート・エンドの売買金額の差である 866,080 円が，金利相当額となる。

⑪ ヘアカットがある場合

例：2 ％のヘアカットをかけて取引を行った場合。

スタート売買単価 ＝ 101.9738356 ÷（1 ＋ 2 ％）＝ 99.9743486

【スタート売買金額】＝ 10,000,000,000 × 99.9743486 ÷ 100

＝ 9,997,434,860 円

$$エンド売買単価 = 99.9743486 + \frac{-0.1\,\% \times 99.9743486 \times 31}{365}$$

$$= 99.9658577$$

【エンド売買金額】$= 10,000,000,000 \times 99.9658577 \div 100$

$$= 9,996,585,770\ 円$$

2 **マージン・コール**

　現先取引におけるマージン・コールは現担レポ取引と異なり，当該取引先との全取引を合計した純与信額を調整するが，ここではこの取引のみが存在すると仮定する。値洗計算をマージン・コールの行使日を基準日として行う。

　　9月9日時点の売買参考統計値：10年354回債 −0.13％と仮定。

　　9月10日受渡しの時価 $= 102.217 + 0.0476712 = 102.2646712$

　　【10年354回債の9月10日時点での時価総額】

　　　$= 10,000,000,000 \times 102.2646712 \div 100 = 10,226,467,120\ 円$

　これに対し，【元の約定のスタート売買単価から導く，9月10日をエンド日（14日間）と見なして算出したエンド売買金額】は，エンド売買単価が 101.9699243（$= 101.9738356 + [\,-0.10\,\% \times 101.9738356 \times 14 \div 365\,]$）となることから，$10,000,000,000 \times 101.9699243 \div 100 = 10,196,992,430\ 円$ となる。

　当初約定を9月10日がエンド日であると見なしたエンド売買金額（10,196,992,430円）は，その時点の評価額（10,226,467,120円）と比べて29,474,690円少なく，スタート時と比べて債券時価が値上がりしていることがわかる。そのため債券の売り手は買い手に対し，純与信額を有する形となり，マージン・コールを行使する旨を相手方に通知し，指定の時間までに担保として29,474,690円以上の現金，または時価総額がこれを上回る有価証券を受け取ることで，純与信を解消させる。

　通常はこのような計算を日々行い，マージン・コールを行使し，

取引相手へ差し出した担保を増減させることで，未決済利息を加算した純与信額を調整する。そのため，エンド時は当初の約定通りのエンド売買金額で反対売買を行う一方，マージン・コールによって受け取った（受け渡した）現金，もしくは有価証券を返済（回収）し，取引は終了する。

③　リプライシング（再評価取引）

　次にマージン・コールではなく，9月10日にリプライシングが行われた場合について見てみよう。前述の通り，リプライシングとは，当該取引をいったん終了させ，新たにその時点の時価で，当初の条件（現先レート，エンド日，売買金額算出比率等）通りに約定し直すことで，当該取引における与信を解消させることができる。この取引例においては，当初の約定（8月27日～9月27日）がリプライシングによって約定①（8月27日～9月10日），約定②（9月10日～9月27日）の2つに分かれ，9月10日時点の利含み時価で新たな約定②を行うことになる。この際，10日にエンド金額とスタート金額の差額が受け渡されて与信は解消される（リプライシングは互いに合意した場合のみ成立する）。

　当初約定を9月10日エンド（14日間）とした場合，エンド売買金額はマージン・コールの例で見た通り，10,196,992,430円である。

　次に，9月10日時点の利含み時価（売買参考統計値：10年354回債－0.13％）は，同じくマージン・コールの例で見た通り，102.2646712円となる。約定②（9月10日～9月27日，17日間）では，この利含み単価がスタート売買単価となり，約定②のスタート売買金額とエンド売買金額は，それぞれ以下の通りとなる。

　　【約定②スタート売買金額】
　　10,000,000,000×102.2646712÷100＝10,226,467,120円
　　【約定②エンド売買金額】

$$\text{エンド売買単価} = 102.2646712 + \frac{-0.1\,\% \times 102.2646712 \times 17}{365}$$

$$= 102.2599082$$

$$10{,}000{,}000{,}000 \times 102.2599082 \div 100 = 10{,}225{,}990{,}820\ \text{円}$$

この際，約定②のスタート金額は，約定①のエンド金額を上回っているため，10日にその差額である29,424,690円が債券の買い手から売り手へ受け渡されて与信は解消，新たな取引がスタートする。また，リプライシングした結果として当初約定分のエンド売買金額と約定②のエンド売買金額は異なることになる。

④　サブスティテューション

買い手が承諾してサブスティテューションが行われる場合，売り手はすでに受渡しされている債券の時価総額（円未満切捨て）を上回る新たな債券を差し出す必要があり，実施に際してはいくつかのルールがある。

具体的には，すでに受渡しされている債券の通知日時点の時価総額を算出し，通知日時点の時価総額がこれを上回る額面の債券（原則として1銘柄）と実行日に差し替える。また，サブスティテューションによって形式的に差替前と差替後で取引を分ける必要があるが，サブスティテューションはあくまで債券の差替え（担保の交換）と見なされることから，資金フローは当初の約定のまま変わらない。そのため，差替前銘柄の取引におけるサブスティテューション実行日におけるエンド金額と差替後銘柄の取引におけるスタート金額，また当初の約定におけるエンド金額と差替後銘柄の取引におけるエンド金額は同額となる。

では，9月9日に通知し，9月10日に銘柄の差替え（10年354回債を10年325回債へ）を行う場合を見てみよう。

まず，通知日時点の時価総額から差替銘柄の額面金額を算出する。

9月9日の売買参考統計値：10年354回債−0.13％と仮定。

10 年 354 回債の 9 月 10 日時点の時価 = 102.2646712

【9 月 10 日時点の 10 年 354 回債の時価総額】

= 10,000,000,000 × 102.2646712 ÷ 100 = 10,226,467,120 円

次に，9 月 10 日時点の 10 年 325 回債の時価は，

9 月 9 日分の売買参考統計値：10 年 325 回債 − 0.19 ％と仮定。

10 年 325 回債の 9 月 10 日時点の時価 = 103.3953698

10 年 325 回債で 10 年 354 回債の時価総額（10,226,467,120 円）を上回るには，額面 99 億円分が必要となることがわかる。

10,226,467,120 ÷ 103.3953698 × 100 = 9,890,643,207.50 ⋯⋯

【9 月 10 日時点の 10 年 325 回債の時価総額】

= 9,900,000,000 × 103.3953698 ÷ 100 = 10,236,141,610 円

両銘柄の時価総額を比較すると，以下の通りである。

$$10,236,141,610 \text{ 円} \quad > \quad 10,226,467,120 \text{ 円}$$
（10 年 325 回債，99 億円）　　（10 年 354 回債，100 億円）

次に，当初約定を 9 月 10 日エンド（14 日間）とした場合，エンド売買金額は上述の通り，10,196,992,430 円である。

これが，差替前の銘柄における取引①（8 月 27 日〜9 月 10 日）のエンド金額となるが，新たな取引②（9 月 10 日〜9 月 27 日）のスタート売買金額もこれと同額となる。よって取引②のスタート売買単価は，新たに差し入れる 10 年 325 回債の額面金額（99 億円）から算出する（ただし，このスタート売買単価は逆算して算出しているため，表示単価と額面金額から算出する金額が，スタート売買金額と必ずしも一致しないことがある）。

スタート売買単価（取引②）

= 10,196,992,430 ÷ 9,900,000,000 × 100

= 102.9999235（小数点以下第 7 位未満切捨て）

次に取引②のエンド売買単価であるが，先に説明したように取引②におけるエンド売買金額は，当初の約定におけるエンド売買金額

と変わらない。そのためこのエンド売買金額と，10年325回債の額面金額を使って，10年325回債のエンド売買単価を算出する。

当初の取引（8月27日〜9月27日）のエンド売買金額は，10,196,517,480円である。よって，取引②のエンド売買単価は，以下の通りとなる（スタート売買単価同様，エンド売買単価も逆算して算出するため，表示単価と額面金額から算出する金額がエンド売買金額と必ずしも一致しないことがある）。

エンド売買単価（取引②）

$= 10,196,517,480 \div 9,900,000,000 \times 100$

$= 102.9951261$（少数点以下第8位切上げ）

よって，当初約定したスタート売買金額（10,197,383,560円）とエンド売買金額（10,196,517,480円）は，サブスティテューションが行われても，キャッシュフローが不変であることがわかる。サブスティテューションを行った場合の取引明細書上のそれぞれの項目をまとめると，以下の通りとなる。

取引①（10年354回債，100億円：8月27日〜9月10日）：

【スタート売買金額】= 10,197,383,560円

（スタート利含み売買単価 101.9738356）

【エンド売買金額】= 10,196,992,430円

（エンド利含み売買単価 101.9699243）

取引②（10年325回債，99億円：9月10日〜9月27日）：

【スタート売買金額】= 10,196,992,430円

（スタート利含み売買単価 102.9999235）

【エンド売買金額】= 10,196,517,480円

（エンド利含み売買単価 102.9951261）

5 オープン・エンド

この計算例で互いの合意のもと，オープン・エンドで約定されたものと仮定すると，一方が9月9日に相手方へ通知し，9月10日

が取引終了日となった場合，取引期間が 14 日間と確定されるため，エンド売買金額はマージン・コール等で用いた計算と同様，10,196,992,430 円となる。

6 **利金の発生時（利含み現先の場合）**

取引期間中に利払いがある場合，利金は一時的な債券の保有者である現先取引の買い手に支払われるが，この利金相当額は本来の所有者である債券の売り手へ受け渡されることとなる。この取引の場合，10 年 354 回債は，取引期間中の 9 月 20 日（20 日が休日の場合は翌営業日）に利払いが行われるため，額面 100 億円の利息である 500 万円が現先取引の買い手から売り手へと渡される。

2. 現担レポ取引

次に，現担レポ取引を約定した場合の計算例を見てみる。

約 定 日　　2019 年 8 月 26 日

スタート日　　2019 年 8 月 27 日

エ ン ド 日　　2019 年 9 月 27 日

日 　 数　　31 日間

レポ・レート　　−0.10 ％

担保金利率　　0.01 ％

貸借料率　　0.11 ％

銘 　 柄　　10 年 354 回債（2029 年 3 月 20 日償還）

約定金額　　100 億円（額面）

売買参考統計値　　−0.10 ％と仮定

クーポン　　0.1 ％

残存年数　　9.5616438 年

債券単価　　101.930 円

経過利子　　0.0438356 円

基準担保金率　　100 ％（ヘアカットなし）

① 【スタート担保金額】を求める。

【スタート担保金額】＝時価総額×基準担保金率

時価総額（円未満切捨て）＝額面金額×時価÷100

10年354回債を約定したと仮定すると，計算は以下の通り。

時価＝101.930＋0.0438356＝101.9738356

時価総額＝10,000,000,000×101.9738356÷100

＝10,197,383,560円

【スタート担保金額】

10,197,383,560×100 ％＝10,197,383,560円

② 【エンド受渡金額】を求める。

【エンド受渡金額】＝スタート担保金額＋金利－貸借料

金利（円未満切捨て）＝担保金額×担保金利率×期間÷365

貸借料（円未満切捨て）＝時価総額×貸借料率×期間÷365

取引のエンド日までマージン・コールの行使がなかった場合，エンド受渡金額は，「当該担保金にかかる付利金利」（担保金利率）と「当該債券にかかる貸借料」（貸借料率）から導き出される。

金利＝10,197,383,560×0.01 ％×31÷365＝86,607円

貸借料＝10,197,383,560×0.11 ％×31÷365＝952,687円

【エンド受渡金額】

10,197,383,560＋86,607－952,687＝10,196,517,480円

□ ヘアカット

2％のヘアカットを行い基準担保金率は98％で約定した場合，担保金額は，時価総額に98％を乗じた以下の金額となる。

【スタート担保金額】

10,197,383,560×98 ％＝9,993,435,888円

金利は担保金額に，貸借料は時価総額に対してかかるため，この取引における金利，貸借料，エンド受渡金額は，以下の通りとなる。

金利＝9,993,435,888×0.01 ％×31÷365＝84,875円

貸借料 = 10,197,383,560 × 0.11 ％ × 31 ÷ 365 = 952,687 円

【エンド受渡金額】

9,993,435,888 + 84,875 − 952,687 = 9,992,568,076 円

このように，ヘアカットをかけることによって金利は減少する一方，貸借料は変わらない。よって，実質的な利回りには変化が生じることとなる。

2 マージン・コール

それでは，債券価格の大幅な変動があり，9 月 9 日にマージン・コールが行使された場合を見てみることにする。9 月 10 日を基準日として担保金額を算出する。

9 月 9 日分の売買参考統計値：10 年 354 回債 − 0.13 ％と仮定。

利含み時価 = 102.217 + 0.0476712 = 102.2646712

時価総額 = 10,000,000,000 × 102.2646712 ÷ 100

= 10,226,467,120

【9 月 10 日を基準日とした担保金額】

10,226,467,120 × 100 ％ = 10,226,467,120 円

これは，すでに受け渡されているスタート担保金 10,197,383,560 円に比べ 29,083,560 円多く，債券時価が値上がりしたことを示している。そのため，債券の貸し手は借り手に対し，9 日にマージン・コール行使を通知し，翌 10 日にこの与信額を受け取ることで，エクスポージャーを解消する。

その後，マージン・コールが行使されず取引のエンドを迎えた場合の資金フローは，以下の通りである。

期間① (8 月 27 日〜9 月 10 日，14 日間) の金利・貸借料：

金利 = 10,197,383,560 × 0.01 ％ × 14 ÷ 365 = 39,113 円

貸借料 = 10,197,383,560 × 0.11 ％ × 14 ÷ 365 = 430,245 円

期間② (9 月 10 日〜9 月 27 日，17 日間) の金利・貸借料：

金利 = 10,226,467,120 × 0.01 ％ × 17 ÷ 365 = 47,630 円

貸借料 = 10,226,467,120 × 0.11 % × 17 ÷ 365 = 523,931 円

これらを合算した通期の金利・貸借料は以下の通りとなる。

金利 = 39,113 + 47,630 = 86,743 円

貸借料 = 430,245 + 523,931 = 954,176 円

よって，金利，貸借料の差額と，エンド時の担保金とを加えた以下の金額がエンド時に受け渡され，取引が終了する。

【エンド受渡金額】

10,226,467,120 + 86,743 − 954,176 = 10,225,599,687 円

③ **オープン・エンド**

次に，この契約が互いの合意のもとオープン・エンドとなっており，9 月 9 日に通知があり，9 月 10 日に取引を終了した場合について見てみよう。この場合，約定期間が 14 日間と確定されるため，

金利 = 10,197,383,560 × 0.01 % × 14 ÷ 365 = 39,113 円

貸借料 = 10,197,383,560 × 0.11 % × 14 ÷ 365 = 430,245 円

となり，以下の金額が受け渡されて取引が終了する。

【エンド受渡金額】

10,197,383,560 + 39,113 − 430,245 = 10,196,992,428 円

④ **利金の発生時**

最後に，取引期間中に利払日が到来した場合の資金の流れは，利含み現先と同様で，10 年 354 回債も，取引期間中の 9 月 20 日に利払いがあるため，額面 100 億円の利息である 500 万円が一時的な所有者である債券の借り手側に支払われるが，この利金相当額は，本来の所有者である貸し手側へ 20 日に受け渡される。

第 7 節　市場概況

1.　市場動向

債券レポ取引（現担レポ＋現先）は，2008 年までに 140 兆円台に

乗せるほど残高の増加を見せていたが，リーマン・ショック後の海外ヘッジ・ファンドの退場など，債券マーケット全体でのフローの減少により，その残高は縮小傾向となった（図4-7）。

① 量的・質的金融緩和（2013年4月〜）

2013年4月に，日銀により「量的・質的金融緩和」（いわゆる異次元緩和）が実施され，日銀が国債を大規模に買い入れる政策が行われるようになると，債券レポ市場は，国債系オペレーション（国債買入れ，国庫短期証券買入れ）の動向に大きく左右されるようになる。

国債を日銀へ売却する機会が増加したことで，保有する債券在庫は必然的に減少し，市場参加者においては，GC取引で資金を調達する必要性が減少し，GC金利は低下傾向となった。日銀が設定したマネタリー・ベース増加目標を達成するため，国庫短期証券買入オペへの依存度が増したため，国庫短期証券（以下Tビル）の利回りは低下の一途をたどった。Tビルへの投資を中心に行っていた投資信託等の余剰資金は行き場を探し，主にGCでの余資運用を増加させたため，GC金利が低下しやすい地合いが形成されていった。金利環境が正常であれば，現物債へ向かっていたはずの資金が，GC取引の比重を高めざるをえなくなったことは，債券レポ取引の残高増加の一因になったとも考えられる。

一方，国債金利の低下により，国債市場は投資家の実需から離れ，対日銀取引が中心となった。そのような状況でのSC取引は，マーケットの流動性が低下しがちとなり，特定の銘柄に対する調達ニーズが集中する場面が増加し，国債補完供給オペの利用も多発している。

② マイナス金利付き量的・質的金融緩和（2016年2月〜）

2016年1月には，「マイナス金利付き量的・質的金融緩和」の導入が決定され，短期金利・国債金利ともにより一層低下した。SC

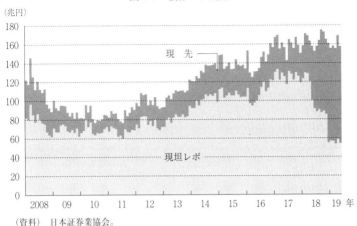

図 4-7 債券レポ残高

(資料) 日本証券業協会。

取引は基本的な流れに変化は見られないが，GC 取引においては，基礎残高・マクロ加算残高・政策金利残高と 3 段階の金利が設定されたことで，各当座預金間での裁定機会が生じ，同政策の実施前とは異なった参加者に債券レポ取引のニーズが生まれた。そのため，債券レポの取引残高は 160 兆円を超え，より一層の増加基調となった。

③ 長短金利操作付き量的・質的金融緩和（2016 年 9 月〜）

2016 年 9 月には「長短金利操作付き量的・質的金融緩和」が導入され，マネタリー・ベースの増加を維持しつつも，日銀の金融政策の主眼は「イールドカーブ・コントロール」へと移行した。短期金利は日銀当座預金の政策金利残高に対してマイナス金利を適用し，同時に長期金利に対しては固定利回りによる国債買入オペ（BOX 4-7）を導入することで，金融調節により 10 年物国債金利を一定程度に誘導する政策である。これにより，国債系オペレーションに頼ってマネタリー・ベースを増加させる意味合いが低下したことで，T ビル利回りは上昇し，債券レポでは T ビルの代替として GC を

> **BOX 4-7　国債買入オペ（固定利回り方式）**
>
> 　2016年9月の日銀金融政策決定会合において，「長短金利操作付き量的・質的金融緩和」の実施が決定されたことを受けて，主に長期金利をコントロールする目的でオファーされるオペレーションのことを指す（いわゆる指値オペ）。日銀が指定する利回りで，金額に上限を設けずに対象の銘柄を買い入れることから，金利上昇局面でのイールドカーブに対して強力な影響を及ぼす。

ビッドする動きが減少した。

2. 参　加　者

① 都 市 銀 行

　SC での主要な債券出し手である。投資勘定で保有している国債を出し，低利の資金を調達する手段に SC を利用している。また，以前は GC での主要な資金運用者であったが，異次元緩和以降は日銀の補完当座預金制度における付利金利との裁定取引を含めた資金調達者としての存在感が増している。一方，商品勘定では証券会社同様，売買にともない SC・GC 両面で取引を行っている。

② 信 託 銀 行

　主要な債券の出し手であり，大口資金運用者でもある。有価証券信託（通称レポ信託）などを中心に SC をオファーすることによる低利での資金調達と，GC での資金運用を組み合わせたスプレッド取引を積極的に行っている。ターム物 GC 金利が低下する場面では，GC で債券の出し手になることもある。

③ 地 方 銀 行

　SC・GC ターム物で低利の資金調達を行うことが多い。レポ取引自体を行っていない地方銀行もまだまだ多く，コール市場などとは

異なりレポ市場におけるシェアは小さい。しかし，都市銀行などの保有債券残高が減少していく中，債券の出し手として取引を開始する先も増加している。現物債の利回り低下を，債券を出すことで得られる貸借料や当座預金金利との裁定取引で補う面もある。

4 証 券 会 社

レポ市場のメインプレーヤー。店頭取引にともなう売却債券のショート・カバーや，手持ち在庫となった債券の資金調達手段としてSC・GC両面での取引を活発に行っている。また，債券先物と現物債（チーペスト銘柄）との裁定取引によって引き起こされるレポ市場での需給に着目し，このチーペスト銘柄のレポ・ディーリングを行うこともある。

5 外 国 銀 行

GCを中心に裁定取引を行っている。ドル需要が高まり円転レートが低下したときなど，低利で調達した円を，オーバーナイト〜1カ月程度の期間で運用することが多い。

6 系統金融機関

下部金融機関から集まった系統預金を，GCで一部運用している。また，SCでは債券の出し手に回り，低利の資金調達・裁定取引も進めている。

7 投 資 信 託

GCにおける大口の資金運用者。MRFやMMFなどの資金運用のため，以前は現先取引を中心に，取引を積極的に行っていた。現在では，Tビルの枯渇にともない，現先での取引が成立しない場面が出てきたことから，利付国債が中心である現担レポ市場に参加する先も見られる。

8 生命保険・損害保険会社

SCにおける主要な債券の出し手。保有する債券（主に超長期債）の有効活用や資金調達手段として取引を行っている。SCに見合う

銘柄を保有していない場合には，GC を活用する場面もある。

⑨ 事 業 法 人

主に現先市場で短期の余資運用を行っている。システム面や事務手続きの煩雑さから，以前から行っていた T ビルを使った現先での取引が中心となっている。

⑩ 短資会社・証券金融会社

レポ市場における仲介業者。当事者の間に入り，直接の取引相手として仲介を行うワンタッチスルー・ブラインドと呼ばれる形で取引を行っている。また日銀による現先オペのオファー先に選定されており，非選定先の金融機関は短資会社を通してオペレーションに参加することが可能である。現先市場においても，自己勘定で取引の仲介を行うほか，自らも T ビルのディーリングを行っているため，証券会社や他の金融機関と同様に売現先で資金調達を行ったりもする。

3. レポ市場の1日

債券レポ市場の1日の取引の流れを見てみることにしよう。

まず，前場午前8時過ぎから午前9時頃までは，キャッシュ・スタート（$T+0$）GC のオーバーナイト物（C/N 物）で決済日当日の資金繰りが調整される。資金調達を行うのは主に証券会社などの債券ディーラーとメガバンクを中心とした機関投資家であり，資金運用を行うのは系統金融機関，メガバンク，信託銀行，投資信託，外国銀行，外国証券などである。決済期間が短縮化されたとはいえ，参加者の裾野が狭くオファー・ビッドの板が常時厚いわけではないため，$T+0$ スタートの取引は，突発的なニーズが生じた場合に行われることが多い。

午前9時前後から SC が始まり，期落ちが到来する約定の中でロール・ニーズのある銘柄のショート・カバーが，トム・スタート

（$T+1$, 1営業日後[8]）の T/N 物（トモネ物）やターム物で進められる。また，資金繰りが確定している部分の $T+1$ スタートの GC も同時に進められることになる。

日銀による国債買入オペや国庫短期証券買入オペなどの国債系オペレーションがオファーされる午前 10 時台からは，ターム物のレート形成や債券市場の売買動向への影響などを考慮しながら，午前 11 時頃まで各参加者がオファー・ビッドを入れていく。

後場は午後 0 時半頃から始まるが，このタイミングでは国債等の入札日にはその落札結果が判明することで，債券ディーラーの在庫状況や機関投資家の資金繰りが判明していき，これらのポジションを調整するための GC・SC が，T/N 物を中心に午後 3 時頃まで取引される。SC は，最近では電子プラットフォーム[9]での取引が増加傾向となっている。約定後の入力等を STP 化[10]することができるため，利便性に優れている点が好まれている。

また，ロンドン市場での取引が始まる夕方には，スポット・スタート（$T+2$, 2営業日後）での新たなポジションの発生により GC・SC が断続的に取引され，最終的な調整を再び翌営業日の $T+1$ スタートで行うことになる。

債券レポは先日付決済の取引がメインであることから，取引時間に明確な区切りは存在せず，約定後の事務処理などに支障がなければ，午後 6 時頃まで取引が行われることもある。

大まかにはこのような流れとなるが，決済玉として突発的に債券の在庫不足（ショート）が判明した場合や，資金調達が必要となっ

---

8) レギュラー・スタート物と呼ばれることもある。

9) ジェイ・ボンド東短証券株式会社が運営している債券レポの電子取引システム。同システムは日本で唯一の債券レポ取引に関する私設取引システム（PTS）である。

10) straight through processing の略。約定から決済までの過程を人の手を介さず自動的に電子処理すること。

た場合などは，$T+0$時点でも，その都度オファーやビッドを探して取引を行っていくことになる。

第5章

CP市場

　CPとは，コマーシャル・ペーパー（commercial paper）の略で，かつては一般に「企業が資金調達を行うために発行する短期の無担保の約束手形」と定義されてきた。「約束手形」とされたのは，日本のCPが1987年の創設当初に「手形」として位置づけられ，2003年3月31日に短期社債振替制度が開始されるまで，手形CPが唯一の形態であったためである。

　しかしながら，今日ではCPのほとんどがいわゆる「電子CP＝短期社債」による発行となっており，CPの定義も「約束手形」ではなく，「短期（期間1年未満）の社債」とするのが実態に即したものとなっている。本書においても，CP＝短期社債という意味で，商品の紹介をしていく。

　CPは2002年4月に施行された「短期社債等の振替に関する法律」によりペーパーレス化が実現され，振替制度（振替口座簿の電磁的記録）によって流通の保護が図られることとなった。これにより，ペーパーレス化されたCPは「短期社債」として位置づけられ，金融商品取引法（以下，金商法）上の有価証券となった。

第1節　国内CP市場創設の経緯

1. 手形CP市場の創設

　1980年代から短期金融市場の自由化の流れが一段と顕著になり，アメリカ等の海外子会社においてCPを活用していた産業界から，日本国内においても同様の調達手段を要望する声が聞かれるようになった。当時の企業の調達は主に銀行借入れが中心であり，直接金融の必要性や金融の国際化が叫ばれていた。

　1981年5月，銀行法改正時に衆議院大蔵委員会において「国際化の進展に鑑み，金融商品の多様化を図る観点から，コマーシャル・ペーパー等についても前向きに法制面・実務面の検討を進めること」との付帯決議が行われた。翌年9月，産業構造審議会の産業金融小委員会「今後の望ましい産業金融のあり方に関する報告」の中でもCP導入の必要性が述べられ，1986年5月の経済団体連合会の資本市場部会報告においても，CP導入が緊急の課題である旨指摘された。さらに同年12月，証券取引審議会答申においても，「CPの基本的性格，取引業務，ディスクロージャー等を含め，CPをめぐる諸問題について，今後検討が進められていくことが望ましい」と言及された。

　そして1987年に入り，大蔵省の証券・銀行両局長の主催するCP懇談会において，大蔵省の国内CP市場の具体案が了承され，同年5月20日に証券取引審議会および金融制度調査会において同案が了承された後，行政当局と関係業界との間の実務的検討を経て，同年11月2日に大蔵省通達が出され，11月20日より国内CPの取扱いが開始されることとなった。産業界の市場資金調達の要請と，この取扱いをめぐる銀行・証券両業界の業務問題論争を経て，大蔵省の裁定により，国内CPの法的性格を有価証券取引税がかからな

い手形として扱い，流通取扱いはこのほか短資会社を加えることとし，市場創設後１年を経過した時点で市場の動向を踏まえ見直しを行うことで決着を見た。

2. 発行企業や発行条件の規制，そして規制緩和

1987 年 11 月に取扱いが開始された CP だが，発行適格企業は，上場企業のうち無担保普通社債発行適格企業と一般担保付社債発行企業の，およそ 170 社程度に限定されていた。また，一定の基準を満たしている電力や卸売企業などを除き，原則として，バックアップ・ラインの設定（第３節参照），または金融機関の保証を必要とした。加えて，手形期間は１カ月以上６カ月以内という規制も存在し，翌年からは発行適格企業の基準として格付制度も導入された。

1988 年に入り，非居住者の外国企業の発行（いわゆるサムライ CP）の解禁をはじめとして，規制緩和・制度変更が相次いだ。証券金融会社の発行解禁，手形期間の拡大（２週間以上９カ月以内），外貨建て CP（いわゆるショウグン CP）の容認等の措置がとられ，証券会社の発行，印紙税の一律化（5000 円）などが認められた。

1993 年，「金融制度及び証券取引制度の改革のための関係法律の整備等に関する法律」の施行にともない，国内外で発行される CP 等が新たに有価証券とされた。同年には，貸金業・リース企業・斡旋企業に CP の取扱いが認められ，1994 年には生損保に CP の取扱いが認められた。1995 年には，「新経済対策」に盛り込む規制緩和策の１つとして，償還期限が２週間未満の CP 発行が解禁となった。

3. ペーパーレス化の議論～制度開始

IT 技術の進歩を背景として，1990 年代後半から事務効率化のための有価証券のペーパーレス化の機運が高まっていた。手形 CP に関しても，手形の保管やデリバリー・コストを無視できず，盗難・

紛失リスクが常について回った。そうした中で，有価証券をペーパーレス化する改革の第一弾として，CP を電子上で決済・管理する方針が打ち出された。

2000 年 6 月の金融審議会第一部会「証券決済システムの改革に関するワーキング・グループ報告」における，有価証券のペーパーレス化等についての提言が第一歩となり，翌年 6 月には，「短期社債等の振替に関する法律」が国会で成立した。2001 年 12 月には保振新規業務検討委員会に「CP 実務検討ワーキング・グループ」が設置され，02 年 3 月に「短期社債振替制度の基本要綱」が取りまとめられた。2002 年 4 月に「短期社債等の振替に関する法律」が，翌 03 年 1 月に「社債等の振替に関する法律」（現在の「社債，株式等の振替に関する法律」）が，それぞれ施行され，同年 3 月 31 日に短期社債振替システムが稼働した。

4. 現在の使用状況

制度開始から年を追うごとに発行登録企業は増加し，2019 年 8 月末現在で 500 社を超える企業が発行登録を行っている。当初は上場企業等の大企業が中心であったが，非上場の中堅企業や外国企業の参入等もあり，企業の資金調達の多様化に寄与している。

また，市場関係者の働きかけもあり，最終投資家の CP 市場への参入が増加の一途をたどり，多い月には取扱高が月間 100 兆円を超える市場に成長していった。さまざまな業態の投資家の参入が取扱高を増加させた側面は大きい。後述する通り，マイナス金利政策が導入されてから，流通市場の取扱高は減少しているが，短期金融市場における有力な運用商品であることに変わりはない。

CP は，日銀の金融政策でも買入れの対象になるなど，短期金融市場においてきわめて重要な金融商品と位置づけられている。買入目標に向けて毎月オペ参加者に買入オペレーションを実施し，事業

会社の発行レートの低位安定に寄与している。

第2節　CP（短期社債）の商品性

1.　法的位置づけ

短期社債の「社債，株式等の振替に関する法律」（以下，振替法）第66条第1号における要件は下記の通りである（次に掲げる要件のすべてに該当する社債を短期社債という）。

・各社債の金額が1億円を下回らないこと。
・元本の償還について，社債の総額の払込みのあった日から1年未満の日とする確定期限の定めがあり，かつ，分割払の定めがないこと。
・利息の支払期限を上記の元本の償還期限と同じ日とする旨の定めがあること。
・担保付社債信託法（明治38年法律第52号）の規定により担保が付されるものでないこと。

証券保管振替機構（以下，機構）は，短期社債を以下の通りに定義している。

①　振替法第66条第1号に規定する短期社債
②　保険業法第61条の10第1項に規定する短期社債
③　資産の流動化に関する法律第2条第8項に規定する特定短期社債（特定目的会社による特定資産の流動化に関する法律等の一部を改正する法律附則第2条第1項により，なおその効力を有するものとされる同法第1条の規定による改正前の特定目的会社による特定資産の流動化に関する法律第2条第6項に規定する特定短期社債を含む）
④　信用金庫法第54条の4第1項に規定する短期債券
⑤　農林中央金庫法第62条の2第1項に規定する短期農林債券

機構が取り扱う短期社債等は，以下の条件を満たすものである。

(イ) 割引の方法により発行されるものであること。

(ロ) 各銘柄の各社債の金額は，1億円以上100万円単位で，均一であること。

(ハ) 国内で発行されるもの。

また，旧商法上，原則的に社債の発行において取締役会決議が必要となっていたが，機動的な発行という観点からCPの発行を特定の取締役に委任することができるという特例が設けられた。現在では，次に掲げる事項を取締役会で決議し，担当取締役に委任するという形態をとっている企業が多い。

(a) CPを発行することができる期間

(b) 発行総額　など

2. 短期社債のメリット

短期社債は手形CPと比べた場合に，以下のようなメリットがある。

① 券面が不要

発行時の券面作成事務や手形の保管コスト等がかからず，移転・呈示も不要である。紛失・盗難等のデリバリー・リスクはなく，遠隔地との取引も容易である。手形CPでは，現先取引などのときに現物の授受をともなわず，売り手（ディーラー）が買い手に預り証を発行するのが市場慣行であり，投資家は当該ディーラーに対してCPを預託（寄託）するリスクを負っていたが，そうしたリスクはない。

従来，流通市場において手形の券面単位での流通に限定されていたが，同一銘柄（ISINコード）について各社債の金額を設定することで当該CPを小口化して流通させることができ，投資家のきめ細かい運用ニーズにも応えることが可能になっている。たとえば，

100 億円の手形 CP と各社債の金額を 10 億に設定した額面 100 億円の短期社債があった場合，手形 CP では額面でのみ流通可能であるので，当該 CP は 1 人の投資家にしか販売できないが，各社債の金額を 10 億に設定した短期社債であれば 10 人の投資家に販売することが可能になる。より広範な投資家に当該 CP を販売することができ，額面のうち一部の金額を転売することも可能になる。現在，流通する多くの CP は各社債の金額を 1 億から 10 億円程度に設定しており，その整数倍で流通が可能である。

② DVP 決済の実現

短期社債取引では，DVP（delivery versus payment）決済が可能である。日銀ネットの利用によって発行から償還まで資金決済と証券決済を同時に行う DVP 決済が実現し，取引にかかる受渡し・資金決済の確実性が手形 CP に比べて格段に向上した。

③ 取引にかかる事務の軽減

機構では売買成立後の約定照合から決済照合を行っており，約定から決済までの事務を軽減することが可能である。決済照合は DVP 決済を行う上で必須要件とし，これにより，機関投資家取引にかかわる運用会社，証券会社，信託銀行，カストディ銀行，保険会社等の間についての注文から決済に至るすべてのプロセスの処理は，STP（straight through processing）化により約定から取引までの期間を短縮することが可能になった。短期社債導入当初は，$T+0$ 取引の拡大が期待されたが，照合等にかかる事務の制約もあり $T+0$ 取引は限定的となり，事実上 $T+1$ 以降の取引が中心となっている。

④ 発行時にかかるコストの軽減

現在では手形による CP 発行は，一般の約束手形・為替手形同様の印紙税（段階税率）が課せられている。たとえば，券面 10 億円以上の手形では 1 枚につき 20 万円の印紙税が必要になり，発行に

かかるコストを上昇させてしまうことになる。

　一方，短期社債発行時にかかるコストは，1引受金融機関当たりの新規記録手数料（引受額 × 0.19 bp〔年率〕）＋振替手数料（DVP決済の場合1件につき100円）で，かつ前者には10万円のキャップ制が敷かれており，両者の差は歴然としている。

第3節　発行市場

1.　発 行 要 領
① 発 行 方 法
　CPの発行方法は，ほとんどが少人数私募形式での発行である。

　発行企業は，あらかじめ引受業者＝CPディーラー（銀行，証券会社，短資会社等）との間で引受契約を締結しておき，通常，発行希望日の2営業日前にCPディーラーと発行金額，各社債の金額，期間，金利などの条件を決める。

　発行企業は条件を決定するに際して，複数のCPディーラーに引受条件の提示を依頼し，発行企業にとって条件のよいCPディーラーの提示を採用する，いわゆる「入札形式」をとる発行企業が多い。また，その他金融等の一部の発行企業は，CPディーラーや投資家と2者間で条件を決める，いわゆる「相対形式」での発行を行っている。

② 発 行 期 間
　発行期間は発行日から償還日まで1年未満とされている。実際に発行されている一般事業法人のCPは，3カ月程度のものが多い。（図5-1）

　決算書上の有利子負債を抑制する意向から，四半期末を超えないようなオペレーションをしている企業も多く，資金ポジションの調整という性格が強い。一方で，事務の手間や金利観から，ノンバン

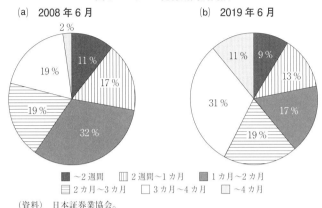

図 5-1　CP の発行期間別内訳
(資料)　日本証券業協会。

クを中心に発行期間の長期化を進める企業も存在するため，発行ニーズは業種によって大きく異なる。

　一方で，金融機関は流動性指標対策を目的として，期間の長いCP を発行するケースもある。長期間の CP 発行は，2015 年から段階的に導入されている流動性カバレッジ比率（LCR＝liquidity coverage ratio）の改善につながることから，とくに証券会社や外資系金融機関では散見される。

③ 発行金額

　各社債の金額を 10 億円と設定するケースが多く，その整数倍での発行が一般的である。1 回当たり 10 億〜300 億円程度での発行が多いが，1 回の調達金額が多い大企業では 500 億円を超える発行も見られる。多くの企業が少人数私募形式で CP を発行していることから，500 億円を超える CP を 1 度に発行する場合，各社債の金額を 50 億円に設定したり，複数の ISIN コードを設定したりして，当該 CP が 50 人以上に同時に流通されないような建付けにしている。

なお，1発行企業の発行総額に関する規制はないが，CP格付けを設定する際の発行限度額が，事実上の発行限度額となっているケースが多い。

④ 発行者の要件

手形CP導入当初に見られた格付けや社債発行残高の有無といった規制はない。つまり，必ずしもCP格付けを格付機関から取得する必要はない。ただ，実際に発行されているCPにはほとんど格付けが付与されている。

何らかの要因により国内CPマーケットが機能しえなくなり，継続発行によってCPの支払いに充てるべき資金の調達が困難になったときに，CPコストとは別にあらかじめ契約した金利で貸出しを受ける予約のことであるバックアップ・ラインは，後述のABCP（asset backed commercial paper）や一部の企業を除き，設定している発行企業はほとんどいない。

⑤ ディスクロージャー

実務上は，CP発行のほとんどが少人数私募によるものであるため金商法上の開示義務はないが，日本証券業協会の「国内CP等及び私募社債の売買取引等に係る勧誘等に関する規則」において，「発行者に関する説明等を取扱業者が顧客の求めに応じ，交付する等，情報の説明に努める」こととなっている。発行企業は最新の有価証券報告書等の資料が付された「発行体等に関する説明書」を作成し，これをもって投資家への情報開示をする旨を引受契約に盛り込むケースもある。

2. 市場参加者
① 発 行 者
(1) 事 業 法 人

2019年8月で，発行登録企業数は500社を超えている。事業法

人が 8 割強を占め，中でもその他金融の企業は 80 社程度と高いプレゼンスを維持している。次いで，電気・ガス，電気機器，石油・石炭，鉄鋼，卸売業等さまざまな業種にわたっている。

発行動機は個々の企業で事情は異なるが，経常的な運転資金の手当てや賞与・配当，法人税の支払い等の季節的な要因で発生するニーズのほか，発行時の経済・金融情勢（たとえば，原材料費の高騰や在庫増加にともなう運転資金の増加，信用不安にともなう予備的動機の高まり）などがある。これらの調達ニーズに対して，銀行借入れ等の他の調達手段とコストや機動性などを比較して CP を発行する。

近年ではキャッシュ・マネジメント・システムを導入する企業が増えており，より効率的・戦略的なキャッシュ・マネジメントを実践する上で，CP 発行のニーズは高まっている。

(2) 金融機関等

都市銀行や信託銀行の一部の大手銀行に加えて，外資系銀行の発行も見られる。また大手証券会社や一部の保険会社も発行登録をしている。金融緩和によって資金調達ニーズは盛り上がっていないものの，市場動向を見極めつつ機動的な発行が行われている。昨今の金融機関に対する国際的な規制強化の流れを汲み，流動性対策として CP を発行するニーズがある。金融機関の発行のほとんどが相対取引で条件決定され，自社の顧客向けにダイレクト CP を発行することもある。ただ，2016 年 1 月のマイナス金利政策の導入によって金融機関の資金調達ニーズは大幅に減退し，残高は減少している。

(3) ABCP・投資法人

ABCP は資産を流動化するために設立される特定（特別）目的会社（SPC）が発行する CP で，SPC が国内法人（株式会社，あるいは「資産の流動化に関する法律」に基づく特定目的会社）によるものと，海外法人によるもの（海外の企業が日本国内で発行する円建て

図 5-2　CP 発行者区分別残高状況

(a) 2008 年 8 月

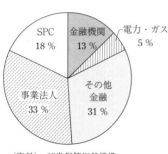

(b) 2019 年 7 月

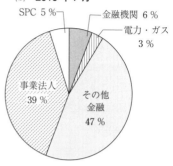

（資料）　証券保管振替機構。

CP＝サムライ CP）がある。

　銀行の貸出余力が低下した 2000 年代前半には，売掛債権の早期資金化，資金調達手段の多様化とともに，バランスシートのスリム化を図る企業のニーズが高まり，発行残高はピーク時に 7 兆〜8 兆円程度に膨らんだと推定される。しかしその後は，銀行の貸出余力の回復や企業のバランスシートの改善などにより発行ニーズは低下し，残高は縮小傾向となっている。

　投資法人が発行するのは短期投資法人債で，2007 年 9 月 30 日から取扱いが開始された。「投資信託及び投資法人に関する法律」第 139 条の 13 で発行要件が細かく定められている。取扱開始から日が浅いこと，REIT（不動産投資信託）市場の低迷などから発行実績も低迷している。

2　引受業者

　発行企業の調達期間と投資家の投資期間のミスマッチを解消するため，CP ディーラーは新発 CP を在庫玉として一定期間保有し，現先玉として使用しながら投資家のアウトライトの引合いを待つのが一般的である。日銀の各種オペレーションにも参加しており，金

融政策に寄与するとともに，市場全体の円滑な取引を促している。
各業態の特徴は，下記の通りである。

　(1)　銀　　行

　巨大な自己資本を背景に，プライマリー市場で高いプレゼンスを維持している。自己勘定でディーリングを目的として購入し，セカンダリーでのアウトライトの取引に備えている。CP プライマリー市場を支える一大プレーヤーとなっている。一度の購入金額が大きいことが特徴である。

　(2)　証　　券

　自己勘定というよりも，幅広い顧客層からオーダーを預かり，プライマリー市場のブローキングを行っている。社債等の関係からCP でのポジション・テイクはあまり行っていないのが特徴である。

　(3)　短 資 会 社

　プライマリー市場での購入に加えて，セカンダリー市場において他のディーラーから既発玉を購入し，投資家に売切りないし現先を頻繁に行う回転売買が特徴である。最終投資家を相手に，セカンダリー市場において高いプレゼンスを誇っている。

　③　最終投資家

　最終投資家として，投資信託，保険会社，地方銀行，事業法人等があげられる。金融緩和下において市場金利が全体的に低下する中，相対的にレートが出ている CP 市場への最終投資家の短期資金のシフトが顕著である。コール市場や国庫短期証券（T ビル）の代替として CP を購入する最終投資家のプレゼンスは，日を追うごとに高まっている。新発ないし既発 CP を CP ディーラーから購入すると，基本的に償還日まで保有する Buy & Hold のスタンスをとる場合が多い。マイナス金利の導入により短期金融市場の「金余り」はさらに強まり，投資家のリスク許容度は以前に比べて高まっている。

BOX 5-1 　特定投資家制度と本人確認の強化

　昨今，金融商品の取引に際してさまざまな規制が導入されている。2007年に施行された金融商品取引法では，投資家保護の観点から，知識・経験・財産の状況に鑑みて投資家を，「特定投資家」と「一般投資家」に区分し，「一般投資家」に対しては以下の規制が金融商品取引業者に適用される。

　　一般的規制：
　　・広告等の規制
　　・取引業態の事前明示義務
　　・契約締結前の書面交付
　　・契約締結時の書面交付
　　・適合性の原則
　　・最良執行方針等記載書面の事前交付義務
　　・顧客の有価証券を担保に供する行為等の制限

　なお，「特定投資家」と「一般投資家」の区分は下表の通りである。
　また，国際的な犯罪にかかわる資金への対策の一環として，2008年3月に施行され，13年4月に改正された，「犯罪による収益の移転防止に関する法律」により，取引時の顧客への確認義務が強化された。特定事業者は，本人特定事項に加え，取引目的や事業内容および実質的支配者に関する情報の取得が義務づけられた。

表　特定投資家と一般投資家の区分

特定投資家（プロ）		一般投資家（アマ）	
①一般投資家への移行不可	②一般投資家への移行可能	③特定投資家への移行可能	④特定投資家への移行不可
・適格機関投資家 ・国 ・日本銀行	・投資家保護基金その他の内閣府令で定める法人	・①②に該当しない法人 ・一定の要件を満たす個人	・一般の個人

投資家の申出により，
一定の手続きを経れば移行可能

3. 発行レートの決定要因

発行時の発行レートは，一般的に下記の要因等によって決定されると考えられている。

① 発行体の信用力・属性

発行企業の収益性や事業構造，財務状況等に鑑みて，格付機関が自社の基準に基づき発行企業の格付けを行う。CP を発行するほとんどの企業が CP 格付けを格付機関から取得しており，発行限度額の範囲内で発行する。

CP を購入する投資家・CP ディーラーは，付与された格付けをもとに内部の与信枠を設定するケースが多く，言い換えれば，発行レート決定の大きな要因になっているといえる。

一般的には，高格付けの銘柄から低格付けの銘柄になるにつれて，発行レートのスプレッドは開きやすいといわれている。しかし，昨今の金融緩和によって，格付け間のレート格差は限りなく縮小する傾向にある。

② 発行期間・需給

一般的に，残存期間が長くなると，経済・金融情勢や発行体の信用力の不確実性が高まるため，発行レートは高くなるのが一般的な解釈である。そのため，発行期間や発行日の金融市場の需給状況は，発行レートを決定する上で大きな要因となる。

決済が膨らむ「5・10 日」は発行も償還も多く，市場の需給に大きく影響する。また，業種によっては，月初の支払いに備えた毎月 1 日スタートの発行も多く見られる。

四半期末は異なるレート形成の傾向が見られる。T ビルのレート低下や玉確保の動きから，四半期末を超える案件の買い需要は底堅く，一方で償還が集中しやすい四半期末近辺の期間の短い案件のレートが上昇する，いわゆる「逆イールド」を形成することが多くなっている。発行企業にとってみると，四半期末の有利子負債の調整

のために CP の発行残高を四半期末で落とす傾向がある一方で，投資家にとってみると四半期末で落とされた CP の再運用ができないリスクを意識し，ある程度長めの期間の CP 購入を優先し，期内物の CP を敬遠する動きが背景にあるものと思われる。

3 他の短期金融商品との比較

CP 以外の短期商品との比較感からレートが動くケースもよく見られる。とくに，T ビルの現先やレポ市場と CP のセカンダリー市場の参加者が似ていることもあり，国債の発行日等はレポ・レートも上昇し，CP の現先レートも上昇する傾向にある。現先レートが高めに推移すると，既発玉のオファー・レートも上昇することから，結果的に発行レートにも影響を及ぼす。

また，発行企業がインターバンク市場参加者であれば無担保コールの金利水準，一般事業法人であれば銀行借入れのレートが参考になる。他の調達手段との比較感から発行レートの水準が決定されることもある。

4 ファンダメンタルズ

経済情勢・海外の金融市場の動向も発行レートに大きく影響する。日本の金融市場と海外の金融市場の連動性は高くなっており，CP 市場の発行レートに影響を与える。株式市場の急落は投資家心理を冷やし，新たな買いが控えられるようになり，全般に発行レートの上昇要因になりうる。

また，個社の業績発表や不正にかかわるニュースにもセンシティブに反応する。格下げや収益構造の変化をもたらすニュースに対する感応度は，以前にも増して高くなっている。具体的には入札による調達が難しくなったり，発行レートが高くなったりするケースもある。

第5章　ＣＰ市場　215

BOX 5-2　証券保管振替機構による発行レートの公表

　市場の透明性の向上等に資する取組みの一環として，それまで日銀が行ってきた平均発行レートの公表を，2009 年 9 月より機構が行うようになった。発行者や投資家にとり有益な情報となっている。
　発行レートは，業態別，期間別，格付け別に区分されており，区分別の加重平均レートになっている。また，日次，週次，月次でのデータが取得できることから，マーケットの発行レートを観察する上で参考になるデータである。該当期間に該当する発行企業が 3 社未満の場合にはデータはブランクで公表され，個社の発行レートが特定されないような建付けになっている。
　なお，マイナス金利での発行を想定していなかったことから，はじめてマイナス金利での発行があった 2016 年 3 月より一時的に公表が停止された。機構のシステム改修を経て，2017 年 1 月より公表が再開された。

表　2019 年 7 月の平均発行レート

(単位：％)

格付け 期間	その他金融				事業法人 (電力・ガス, その他金融を除く)			
	a-1+	a-1	a-2 以下	合計	a-1+	a-1	a-2 以下	合計
1 週間以内	—	0.03	—	0.03	—	—	—	—
2 週間	—	0.03	0.05	0.03	0.00	0.00	0.09	0.00
1 カ月	—	0.02	—	0.02	0.00	0.00	0.05	0.00
2 カ月	—	0.01	0.07	0.01	0.00	0.00	0.04	0.00
3 カ月	0.00	0.02	0.06	0.02	0.00	0.00	0.04	0.01
3 カ月超	0.00	0.01	0.04	0.01	—	0.00	0.02	0.00

(資料)　証券保管振替機構。

---

4. 発 行 残 高

　手形ＣＰ発行時の印紙税にかかる租税特別措置法の期限が切れた 2005 年 3 月末以降は，急速に短期社債へのシフトが進み，同年 12

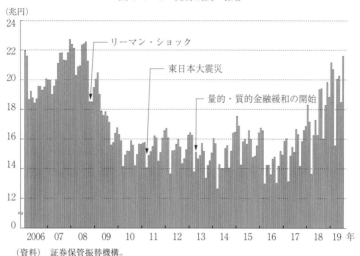

図5-3 CP発行残高の推移

(資料) 証券保管振替機構。

月末に22兆円を超えた。その後は18兆〜20兆円程度と一進一退で推移したが，短期社債振替制度の利用者は徐々に増え続け，2007年6月以降08年9月末までは20兆円の大台を維持して推移した。

しかし，2008年9月のリーマン・ショックによって，多くの発行企業が銀行借入れにシフトし，残高は減少の一途をたどった。リーマン・ショック以降は，円高が長く続いたこともあって，一部の企業で国内生産から海外生産への切替えが行われたことなどにより，国内での設備投資額が減少していった。加えて，金融緩和による低金利を背景に，銀行の貸出競争も激化し，企業の短期借入れのレート水準も低下したことによって，発行企業のCP発行需要は一段と低迷した。結果として，2014年3月末の発行残高は12.6兆円となった。

その後は，企業業績の回復によって資金調達の需要も回復基調となり，また，マイナス金利政策の導入によって調達金利が顕著に低

下したこともあり，発行者の広がりとともに残高は増加を続けている。背景としては，積極的な設備投資需要や各種支払準備のためのCP発行があげられる。事務の手間やコスト削減のため，発行期間の長期化が進み，ベースとなる残高増加の要因になっている。ノンバンクを中心に発行残高が伸びているが，鉄鋼や卸売りといった業種にも波及している。2019年7月末現在21兆円に達し，金融機関の発行残高が伸び悩む中，事業法人の発行がそれを上回るスピードで推移している（図5-3）。

第4節　流通市場

1.　取引種類

流通市場は，CPディーラーが保有する既発CPを投資家に転売するアウトライト取引と一定期間後の買戻条件を付けた現先取引に分けられる。

なお，アウトライト取引および現先取引のいずれにおいても，CPを購入する場合には短期社債振替口座の設定が必要である。

１　アウトライト取引

CPディーラーはファンディング目的や新発債購入のために当該発行企業のラインを外すことを目的として，保有している残存期間の短いCPを投資家に売ることがある。このときにCPディーラーの提示する既発CPのオファー・レートが，新発CPの入札時などにおいて1つの目安となる。最終投資家は，余資の期間や金額に合わせて新発CPの入札に参加するか，ディーラーの既発CPを購入するかを検討する。

電子化されたことにより，決済・残高管理などの効率化が図られ，投資家のアウトライト取引が促進されたといわれている。ただ，流通市場におけるアウトライト取引の取扱高の比率は低く，投資家の

裾野は広がりを見せていない。アウトライト市場の取扱高が伸び悩む理由として，投資家のポートフォリオ上の債券（国債，一般債等を含む）の加重平均利回りを薄めてしまう点や個社ごとの与信枠管理の煩雑さが背景にある。加えて，CPディーラーが日銀のCP買入オペでの売却を重視する傾向があり，流通市場で積極的に投資家に売り急ぐ展開ではないことも要因としてあげられる。

金利引上げ局面において，既存の投資家で受け止めきれないほどの発行残高になると発行金利上昇幅も拡大することから，アウトライト取引の投資家の裾野の広がりが今後の課題といえよう。

② 現先取引

CPディーラーのファイナンスとして現先取引は多用されている。流通市場の大半が現先取引であり，CP現先の取扱高は月間100兆円を超える水準で推移した。取引期間は，トムネ，スポネといったオーバーナイト物が多く，ターム物でも2〜3週間程度の取引が中心である。

取扱いが増えた背景には，後述するCP買入オペが関係している。同オペが月に3回程度オファーされていることから，CPディーラーはオファーに合わせた玉繰りを行うため，現先をする期間が以前より短期化している。また，金融緩和によって，Tビル市場等からの資金シフトが顕著に起こっていることで，CP現先での運用を選好する投資家が増えてきたことも一因であった。ただ，マイナス金利政策の導入後，ディーラーのファイナンス需要が後退したことからCP現先の取扱高は激減した。

なお，現先取引を行うに際して，投資家はCPディーラーとあらかじめ「債券等の現先取引に関する基本契約書」を締結しておく必要がある。

BOX 5-3　売買の取引例

　発行者と CP ディーラー，また CP ディーラーと投資家の間で約定された売買代金がどう計算されているか，以下の例を用いて説明する。なお，市場慣行として CP の発行や運用の引合いは，スタート日の2営業日前に約定することが多い。

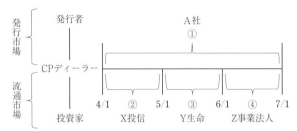

　① 3月30日，CP ディーラーは，A 社の期初の資金調達の打診を受け，A 社と下記の内容で CP を引き受ける約定を行った。
　　発行日：4/1，償還日：7/1，日数：91日間（片端）
　　引受金額：100億円，各社債の金額：10億円
　　発行レート：0.015 %，計算方法：利回り方式
　　スタート金額：9,999,626,042円，割引料：373,958円
　　エンド金額：10,000,000,000円
　なお，利回り方式による割引料およびスタート金額は，下記の計算式で算出される。
　　利回り方式による利息金額（割引料）
　　＝（金額×発行レート×日数÷365）÷（1＋発行レート×日数÷365）
　　スタート金額＝引受金額－割引料
　② 同日，CP ディーラーは A 社の CP を利用して，X 投信と下記の内容で売現先を行い，ファイナンスを行った。
　　スタート日：4/1，エンド日：5/1，日数：30日間（片端）
　　額面金額：100億円，約定レート：0.010 %
　　スタート金額：9,999,750,690円
　　エンド金額：9,999,832,880円
　なお，現先取引のスタート金額およびエンド金額は，下記の計算

式で算出される。

スタート単価 ＝ 100 ÷［100 ＋ 約定レート ×（日数 ÷ 365）］× 100

日数はスタート日から償還日までの日数（片端）。（日数 ÷ 365）とスタート単価は，小数点以下 7 桁未満切捨て。

エンド単価

＝ スタート単価 ×［1 ＋ 約定レート ÷ 100 × 現先日数（片端）÷ 365］

［ ］内は小数点以下 13 桁まで算出。小数点以下 14 桁目を四捨五入。

スタート受渡金額 ＝ スタート単価 × 額面金額 ÷ 100

スタート受渡金額は円未満切捨て。

エンド受渡金額 ＝ エンド単価 × 額面金額 ÷ 100

エンド受渡金額は小数点以下 1 桁目を切上げ。ただし，小数点以下 1〜3 桁目までの数字がすべて 0 の場合には切捨て。

③　4 月 28 日，CP ディーラーは A 社の CP を利用して，Y 生命と下記の内容で売現先を行い，ファイナンスを行った。

スタート日：5/1，エンド日：6/1，日数：31 日間（片端）

額面金額：100 億円，約定レート：0.010 ％

スタート金額：9,999,832,870 円

エンド金額：9,999,917,810 円

④　5 月 29 日，CP ディーラーは A 社の CP を利用して，Z 事業法人と下記の内容で売切りを行った。

スタート日：6/1，エンド日：7/1，日数：30 日間（片端）

額面金額：100 億円，約定レート：0.010 ％

スタート金額：9,999,917,800 円

発行企業は支払利息である割引料（373,958 円）のほかに，機構に対して支払義務が発生する新規記録手数料（47,369 円 ＝ 100 億 × 91 日間 ÷ 365 × 0.19 bp）や振替手数料（DVP 決済の場合 100 円），償還申請に際する IPA（issuing and paying agent：発行支払代理人）手数料，格付会社に支払う格付取得・維持等の諸コストを勘案する必要がある。

また，投資家および CP ディーラーは，保有期間と金額に応じて発生する口座残高管理手数料（口座残高 × 0.065 bp）や振替手数料（DVP 決済の場合 1 件につき 100 円，非 DVP 決済の場合 50 円）等の諸コストを勘案する必要がある。

2. 流通市場の投資家

　流通市場の投資家としては，投資信託，保険会社，事業法人等があげられる。発行レートが 0.100 ％を恒常的に下回るようになってからは，0.100 ％の日銀付利金利を享受できる地銀や系統金融機関の参加は少なくなっていたが，以前は最終投資家として流通市場に参加していた。取引関係のある企業が発行する CP を購入するケースもある。マイナス金利政策後の資金の変化から，地銀の CP 市場への回帰が期待されている。

　CP 流通市場の特徴は，事業法人の投資家が一定のプレゼンスを示していることである。業績回復にともない，手元資金が増加している企業にとって，余資の効率的な運用が新たな課題になっている。加えて，一部の発行企業は現先取引でも CP 市場に参加し，流通市場のマーケットの状況を把握することで，発行市場で調達する際の材料にしているケースもある。また，発行市場同様に，投資信託のT ビルやコール市場からの資金シフトが起こり，現先取引においても投資信託は高いプレゼンスを示している。

　投資家の余資の期間・金額およびリスク許容度に応じて，CP ディーラーはそれに見合った銘柄を提示することで，投資家のきめ細かい運用を実現している。余資の期間は投資家によってさまざまであるが，1 日物から 1～2 週間程度のものが多く，運用期間に見合うアウトライトの銘柄がない場合，現先取引での運用をするケースが多い。また，投資家の急な資金需要に応じて逆現先（または買現先）することも可能である。

3. 流通レートの決定要因
① 他の短期金融商品との比較

　CP 現先レートは，投資家と CP ディーラーの相対によって取引される。投資家は債券レポの GC レートや無担保コールのレート水

BOX 5-4　CPディーラーの1日

　CPディーラーの1日は，通常午前7時半から8時に出社し，発行案件に関するメールやFAXを確認することから始まる。その日の発行予定の案件および保有している在庫玉のリストを作成し，投資家に案内する。同時に，発行企業に関連する記事を新聞や情報ベンダーから収集する。とくに企業の決算動向，信用格付けの変動，不祥事に関する報道は，株価やCDS（credit default swap）がセンシティブに反応し，CPの発行レートやセカンダリーの流通レートに大きく影響を及ぼすことから，CPディーラーの関心度は高い。

　午前9時を過ぎるとコール市場や債券市場のレートをチェックした投資家からの引合いが徐々に増えてくる。事業法人の投資家からも，余資を確認した上での引合いが増えるのはこの時間帯である。CPディーラーは前日までに購入した在庫を売現先や売切りをすることで資金化し，その日の入札に向けた準備を整える。事業法人の行う入札の締切が主に午前10時から正午前後の間に行われることから，ポジション状況を勘案しながら入札に参加する。なお，入札の回答方法としては電話やFAXでの回答が一般的であるが，回答方法や様式に決まりがないため，発行企業の希望する方法で行われるケースが多い。

　入札の結果が返ってくるのが午前11時から正午前後になるため，CPディーラーは交代で食事に行くか，月末などの繁忙期はデスクで食事を済ませることもある。入札の結果が出揃うと，新しいポジションが構築され，資金ポジションを見ながら全体のポジションを調整するために午後の投資家の引合いに応える。

　午後3時前後にはほぼすべての取引が終了し，その日の収益計算等の事後処理が行われる。夕方以降，翌営業日に予定されている入札案件を整理し，翌日以降のポジション構築や先々の玉繰り等のストラテジーを組む。午後6時半から7時ぐらいには退社し，CPディーラーの1日が終了する。

準を参考にするケースが多い。また，事業法人の投資家等は，同期間のCDやMRF・MMF等のレートとの比較を行っている。現先取引に使用する銘柄は，国債や銀行が発行するCD等に比べて信用に劣る企業債務であることから，GCレートやCDレートに比べて現先レートは高いのが一般的である。つまり，GCレートやCDレートが上昇すると，現先レートも連動して上昇し，逆に落着きを取り戻すと，現先レートも低下する。

　また，四半期末等の季節的要因によって，発行市場で発行が膨らみCPディーラーの在庫が多くなる場合は，CP現先レートも上昇する傾向にある。ただ，近年では四半期末の残高は償還超になるケースが多く，ディーラーの在庫は四半期末が明けてからも軽いことが多いため，以前に比べると季節的要因による影響は小さい。

　②　日銀のオペレーション

　日銀の資金供給オペレーションが，CPディーラーの在庫状況に影響を及ぼすことから，現先レートも上下に動く。後述するCP買入オペは事前にオファー日程・金額がアナウンスされることから，現先レートは各CPディーラーの相場観に委ねられる。CP等買現先オペもディーラーの在庫を減少させる作用があることから，現先レート上昇時には長めの期間の現先レートに一定の歯止めがかかりやすい。また，副次的ではあるが，国庫短期証券買入オペによって債券市場の流通量が変化すると，債券レポのGCレート・Tビル現先レートが上下し，結果としてCP現先レートも上下する。

　マイナス金利導入後は，ディーラーの売り物自体が少ないため，日銀のオペレーションの多寡によって流通レートが大きく変わる展開にはなっていない。

4.　流通取扱高

　CPが電子化されて以来，残高の増加とともに流通時の取扱高も

図 5-4　CP 流通時における取扱額の推移

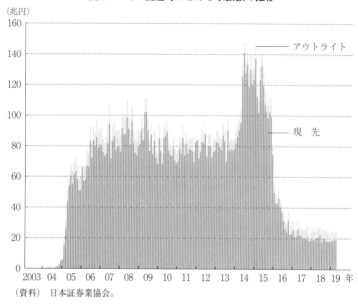

(資料)　日本証券業協会。

増加していった（図5-4）。マイナス金利政策の導入前は，日銀の買入オペが定期的にオファーされたことから，CPディーラーの現先での調達期間が短期化し，取扱高は増加した。

しかし，2016年1月に決定されたマイナス金利政策の導入によって，取扱高は減少傾向に転じた。現先をすることで資金化されると，マイナス金利を適用されてしまう恐れがあることから，ディーラーの日々のファンディング・ニーズは減退し，結果として取扱高も減少している。流通市場で取引される現先レートは，若干のマイナス金利から0.01％程度と非常に狭いレンジで取引されている。

流通市場はCP市場全体の発展にとってきわめて重要な市場であり，発行市場と緊密にリンクしている。ディーラーのポジション・テイクは，流通市場の投資家がいてはじめて成り立つといっても過

第 5 章　CP 市場　225

BOX 5-5　マイナス金利導入後の CP 市場

1.　資金流入と投資家の退出

　2016 年 1 月の金融政策決定会合において，当座預金の一部にマイナス金利を課す決定がなされた。これによって短期金融市場で扱われる金利はおしなべて低下した。他市場の金利が低下したことで CP 市場への資金流入は加速し，ディーラーと投資家のゼロ金利近辺の買いが殺到した。投資家の運用需要に加えて，銀行勢のキャッシュ潰しやマイナス金利からの逃避目的から，発行市場においてもゼロ金利での発行が頻発するようになった。ディーラーは CP を売って資金化すると，その分マイナス金利を適用される可能性もあることから，プラスないしゼロ金利で CP を売るインセンティブは急激に減退した。大手金融機関が 0.020 ％の普通預金金利を 0.001 ％程度に設定したが，CP の流通利回りが普通預金金利を下回り，多くの投資家が CP 市場からの退出を余儀なくされた。

2.　市場関係者のマイナス金利への対応

　マイナス金利政策の導入があまりに唐突であったため，市場参加者の対応は後手を踏んだ。機構は発行時におけるマイナス金利での発行を想定していなかったため，マイナス金利での発行はシステム上，不可能であった。その後，2016 年 3 月 22 日より「非 DVP 決済」（債券と資金の決済が同時ではない決済方法），4 月 4 日より「DVP 決済」によるマイナス金利での発行が段階的に許容されるようになったが，多くの市場参加者は自社システムにおいてマイナス金利での取引を想定しておらず，また経理上の処理やマニュアルの整備等に時間を要した。

　上述の通り，2016 年 3 月下旬に「非 DVP 決済」によるマイナス金利での発行が許容され，一部の発行企業の CP がマイナス金利で発行されると，さまざまな報道機関がそれを取り上げ，市場参加者もマイナス金利での取引を意識するようになっていった。ただ，市場参加者の多くがマイナス金利へのシステム対応をできていなかった上に，クレジット物である CP に対してマイナス金利で購入することへの抵抗感は根強く存在した。このため，他の短期金融市場の

金利に比べると，CP発行金利の低下幅は限られたものとなった。

3. 日銀の買入オペ

日銀はマイナス金利の導入後も買入オペを実施し，2016年2月にはじめて同オペの足切レートはマイナスを記録し，その後もマイナス金利が恒常化した。

一部のディーラーはシステム対応が遅れていたこともあり，同オペに応札できる銘柄が極端に細っていった。季節的にも年度末の有利子負債削減の動きから発行残高は伸び悩んでおり，同オペを取り巻く環境は一層厳しくなった。3月末スタートのオファーでは残高が減少する中で買入金額を増額させたことから，応札金額は限定的となり，日銀は深いマイナス金利でCPを買い入れることになった。マイナス金利でCPを買うということは，日銀自身が損を覚悟でCPを買い入れることにほかならず，痛みをともなう政策を日銀自身が体現した形となった。

なお，当該オファーにおいて日銀は，その裁量により，6000億円のオファー金額一杯までは買入れを実行しなかった。買入目標達成のために実勢レートから大きく乖離したレートを採用しないという日銀のスタンスが窺い知れた。

言ではない。マイナス金利政策の導入によって，流通市場では多くの投資家が市場からの退出を余儀なくされ，流通市場は以前より細っているといわざるをえない。市場が収縮している中でリーマン・ショックや東日本大震災のような金融市場を揺るがす事象が起きると，発行市場を含めてCP市場は機能しえなくなる。金利正常化の局面等においても同様のことがいえる。企業の資金調達ニーズが強くなっても，それを受け止める投資家がいなければ，企業の健全な発展の足を引っ張ってしまう。今後も流通市場が低迷していくことが予想され，予期しない金利急騰や日銀自身が過度な信用リスクを背負うことになりかねず，金融政策の副作用を意識する局面が遠くない未来に到来しそうである（BOX 5-5）。

第5章 CP市場 227

第 5 節 日本銀行のオペレーション

1. CP買入オペ

1 導入の経緯

2008年のリーマン・ショック直後の金融市場の混乱にともない，CP市場においても発行レートが急上昇した。CP等買現先オペや共通担保資金供給オペで流動性供給を行ったものの，発行レートは高止まりした。

日銀は年末越えの資金供給を積極的に増やすことを表明し，加えて民間企業債務を活用したオペレーションの検討を開始した。民間企業債務の適格担保の範囲を拡大（従来：「A格」→変更後：「BBB格相当以上」）し，2008年12月19日には政策金利を0.300％から0.100％に引き下げると同時に，企業金融支援特別オペの実施を公表した（BOX 5-6）。そして，発行レートを押し下げるために，当時の中央銀行としては異例の対応ともいえる民間企業債務の買入れについて議論が開始された。議事要旨によると，CP市場の機能の一層の低下への危惧，損失発生（買入債務のデフォルト）による納税者負担を極力減らす配慮が議論されていたこともあり，同オペ導入当初慎重に対応していたことが窺える。

2 当時のCP買入オペ

議論の結果，買入総額は3兆円となり，買入対象は日銀の定める適格担保かつa-1格相当，残存3カ月以内のものに限定し，期間に応じた下限利回り（残存1カ月以内の下限利回り：0.300％，残存1カ月から3カ月以内の下限利回り：0.400％）が設定されており，CPディーラーは期間に応じた「利回較差」を提示することで入札に参加していた。各企業の発行レートがそれらを下回ると理論上応札金額が限定され，制度利用者が減っていく仕組みを採用していた。つ

BOX 5-6　リーマン・ショック後の対応策

　2008年12月に公表された企業金融支援特別オペおよび09年3月から実施された社債買入オペは，金融危機において所々の効果を発揮した。

　企業金融支援特別オペは，共通担保資金供給オペと性質上は同じであるが，差し入れられる担保がABCPを除く民間企業債務に限定され，無担保コールレートの誘導目標と同水準で供給する点が異なっていた。社債やCP等が持ち込まれ，ディーラーのファンディングに大きく貢献した。

　2009年10月，CP市場が落着きを取り戻してきたこともあり，同オペを2010年3月まで延長した上で完了し，4月以降はより広範な担保を利用できる共通担保資金供給オペ等への切替えが決定された。

　また，社債買入オペも，上述の旧方式によるCP買入オペ同様，導入に際して慎重な議論が行われた。当初の同オペでは，買入対象は格付けがA格以上の日銀が定める適格担保の範囲内で，残存期間が1年以内のものに限定されていた。総額は1兆円，1社当たりの買入上限は500億円に設定されていた。その後，資産買入基金の創設や買入対象および買入金額の拡大，買入方法の変更などを経て，現在では買入総額は3.2兆円，格付けはBBB格以上のものの残存1年超3年以下のものに設定された。企業債務を利用して長期の資金供給をしたことで，リスク・プレミアムの低減につながったことはいうまでもない。

　そして企業金融支援特別オペや社債買入オペと並んで効果を発揮した対応策として，日本政策投資銀行によるCPの買入れがあげられる。同行のCP買入れに際して，日本政策金融公庫が政府保証CPを公募で発行し，それを財源として，日本政策投資銀行がCPディーラーから既発CPを購入するというものであった。金融危機対応として資金供給をしたという意味で，効果的なオペレーションであったといえる。

表5-1 2009年実施のCP買入オペと現行同オペの比較

			2009年実施	現 行
買入額	総 額		3兆円	2.2兆円
	1社当たりの上限		1000億円または発行残高の4分の1	
	1回のオファー額		3000億円	2500億〜6500億円
買入対象	格付け		a-1格相当	a-2格も可
	期 間		3カ月以内	3カ月以上も可
買入方式	入札方式		コンベンショナル方式	
	入札利回り		利回り格差	売却希望利回り方式
	下限利回り	1カ月以内	0.300%	—
		1カ月以上3カ月以内	0.400%	—

まり、同オペが発行レートのキャップ（上限）になり、市場金利を大きく押し下げる結果となった。

　2009年1月を境に、日銀の当初の想定通り、多くのCPが買入れの下限金利を下回る発行レートになった。同年3月下旬には3カ月物のTビルの利回りを下回る金利で3カ月物のCPを発行できる企業が続出するという異様な「官民逆転現象」が現れた。同オペの応札金額も限定的となり札割れが頻発し、事実上の役目を終えた。

③ 現行のCP買入オペ

　2010年10月、当時の政策金利であった無担保コール・オーバーナイト金利は0〜0.100%のレンジに誘導されており、短期金利の低下余地が限定的となった状況を踏まえ、各種リスク・プレミアムの縮小を促すべく、多様な資産の買入れを行うための基金が創設された。CPの買入れに関しても、0.5兆円を上限として買入れが開始された。翌年3月東日本大震災が起こり、金融緩和の強化が行われ、買入残高の上限は1.5兆円に増額された。その後数回の増額を経て、黒田総裁の量的・質的緩和政策の開始にともない、買入残高の上限

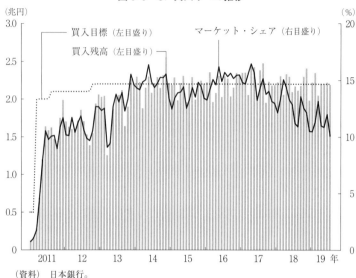

図 5-5　CP 買入オペの推移

(資料)　日本銀行。

が現行の 2.2 兆円に設定された。

同オペのスキームは，下記の通りである。

- オファー日前日
  (1) 売渡希望銘柄を CP ディーラーが日銀に提出。
  (2) 日銀は各銘柄の買入上限額等を参照した上で，CP ディーラーに買入対象銘柄を提示。
- オファー日当日
  (3) CP ディーラーは前日に日銀から提示された買入対象銘柄の中から，銘柄・利回り・金額を入札。
  (4) 日銀は利回りの高い順からオファー金額に達するまでの銘柄を買入れ。

4　オペの効果と副作用

同オペのオファーのスケジュール（オファー日およびオファー金

額）を事前に参加者にアナウンスすることで，CPディーラーのポジション形成と発行レートに一定の影響を与えている。また1社当たりの買入上限額を1000億円ないし基準日の発行残高の4分の1にあたる金額と設定しているため，発行残高の多い銘柄や発行頻度の多い銘柄が持ち込まれている可能性は高く，低金利での発行の恩恵を受けているものと思われる。

　一方で，市場残高が減少しやすい四半期末においても，日銀は買入目標である2.2兆円に向けて買入れを行うことから，日銀のマーケット・シェアが高まって，市場の流通量が減り，市場機能の低下を誘発することが危惧されている（図5-5）。また，同オペの利用度が高い銘柄は，金利引締め局面において発行金利の急騰の可能性があり，同オペのあり方が今後問われてくることになろう。

2. CP等買現先オペ

　1989年5月，日銀は「機動的な金融市場調節を確保し，もって短期金融市場の一層円滑な運営に資する」ことを目的として，CP買現先オペをはじめて導入した。このオペの導入の背景としては，金利自由化の流れの中でより短期のきめ細かい金融調節手段の確保が必要であったこと，また急拡大したオープン市場に対する影響力の強化があった。この方式による同オペは1991年11月まで実施された。

　その後，CP買現先オペは1995年11月に「年末に向けて資金不足の拡大が予想されることを踏まえ，今後とも金融市場において円滑な金融調節を行い，安定的な市場地合の形成を図ること」を目的として再開された。

　2008年にリーマン・ショックが起き，前述の通り，金融市場の混乱に対応すべく，同年10月に同オペの積極活用等，年末越えの資金供給を表明した。

同オペのスキームは，オペ対象先に対してオファーし，CP ディーラーは日銀が定める適格担保の銘柄を提示するというものである。買入方式はコンベンショナル方式と固定利回り方式がある。主に四半期末等の資金供給を目的としているため，2 週間から 1 カ月程度のものが多いが，同オペの基本要領では 3 カ月以内と規定されている。オファー期間中は，提示した銘柄が固定されてしまうが，担保に対して掛目が 100 ％の資金が供給される。2019 年 8 月現在，同オペは東日本大震災直後の流動性供給として行われたのを最後にオファーされていない。

3. 共通担保資金供給オペ

同オペのスキームは，日銀が定める適格担保の銘柄を根担保として差し入れることで，オペに参加できるというものである。買入方式はコンベンショナル方式と固定利回り方式がある。オファー期間は同オペの基本要領では 1 年以内とあるが，実際には 2 週間から 3 カ月程度のものが多い。オファー期間中の銘柄の差替えは可能であり，担保に対して掛目が 96 ％の資金が供給される。

第6章

CD市場

　CD（譲渡性預金）とは，negotiable certificate of deposit（＝譲渡可能定期預金証書）の略で，日本ではCP（commercial paper）との発音上の混同を避けるためNCDとも略されている。一般的な定期預金との違いは，一定の手続きを経ることで譲渡できる点にある。

　CDは20世紀初頭からアメリカで主として個人を対象にして発行されていたが，1961年にFNCB（First National City Bank，現在のシティ・バンク）が大規模な発行を開始し，同時にニューヨークのTBディーラーが流通市場を形成するに至って急速に発展した。その後も発行残高は増大し，TBやCPと並んでマネー・マーケットの主力商品に成長した。アメリカでのCD発行が契機となって，1966年にはロンドンでドル建てCD，その2年後にはポンド建てCD（スターリングCD）が発行されるようになった。

　日本では，1960年代後半には海外のCDが紹介されていたものの，時期尚早として導入は見送られていたが，オイル・ショック後のマネー・フローの変化，金融市場の国際化・金利自由化の進展などにより資金運用・調達サイドの双方から新たな短期金融商品への期待が高まり，1979年5月にようやく発行解禁となった。

第1節　CDの国内市場の歴史

1.　CD市場の創設

　1973年のオイル・ショック後のマネー・フローの変化が資金需給構造に大きな影響を及ぼしたといわれている。この頃から大量発行される国債の大量引受けを余儀なくされた銀行は，資金ポジションの悪化にともなって外部負債依存度が高くなり，コール市場等に代わる調達手段を模索していた。一方で，手元の流動性を厚くしていた企業も，新しい短期の運用商品の誕生を望んでいた。双方のニーズが合致したことで金利自由化の流れにも乗り，CDの発行市場が徐々に形成されていった。

2.　発行需要の変遷（昭和〜平成）

　都市銀行にとってみると，CDは定期預金的性格を併せ持っており，取引先企業との関係を緊密化する手段ともなっていた。貸出しの顕著な増加や銀行間の預金残高競争の機運もあり，CDでの調達は都市銀行にとって欠くことのできない手段となっていった。その後，オープン市場の拡大にともない，金利裁定やALM（資産負債管理）の観点から独自の相場観で機動的に発行するスタンスへと変わっていった。

　地方銀行や信託銀行にとってみると，CDでの調達は，地方公共団体や官公庁共済組合とのつながりを重視した結果であった。コールや手形，日銀借入れといった外部負債による資金調達より，CDでの調達を優先する地方銀行もあった。その後，預金者の大口定期預金などへのシフトも進んだことで残高は減少したものの，都市銀行同様に独自の相場観で発行が行われるようになった。

　また外資系銀行は，すでに自国においては商品地位が確立されて

いたこともあって，日本における発行市場の創設を強く希望していた。当時，各種の規制によって制約を受けていた外資系銀行は，無担保で金利を独自に決定できるCDを格好の資金調達手段として重要視していた。リテール業務が邦銀に比べると弱いことから，CDディーラーを経由した発行などでの調達を積極化させていた。

3. 発行需要の変遷（金融緩和政策下において）

2000年以降，ゼロ金利時代が長引き，銀行の資金調達ニーズは減退していた。コール市場での調達が優位に進められることや融資の伸悩み，ALM上の観点から，調達ニーズは減退した。一方，企業は業績の回復にともなうキャッシュフローの改善，加えて金融危機に備えた手元の流動性の確保により，現預金のポジションは高めに推移し，余剰資金が行き場を求めてCDにも流れていった。銀行としても資金需要は強くないものの，取引先企業との関係維持のためにCDを発行するようになった。融資残高が伸び悩んでいたこともあり，企業が資金余剰のときには高い利回りのCDでの運用に寄与し，資金調達時には自行から融資を受けてもらうなどの「抱合せ」を行うこともある。最近では国庫短期証券（Tビル）の流通利回りが低位で推移していることもあり，短期商品におけるCDの存在感は改めて高まっている。

第2節　CDの商品性

1. 商 品 性

CDの基本的な性質は一般の預金と変わりはないが，金融庁の監督指針「主要行等向けの総合的な監督指針」のⅡ-3-4（1）において，以下のように「譲渡性預金（外国で発行されるものを除く）」の取扱いの留意点が記されている。

「譲渡性預金とは，『払戻しについて期限の定めがある預金で，譲渡禁止特約のないもの』をいう。なお，こうした商品性にかんがみ，以下のような取扱いについて留意する必要がある。

　イ．期限前解約及び買取償却

　　　預入日に指定された満期日前の解約及び発行金融機関による買取償却は行われていないか。

　ロ．流通取扱

　　　金融機関は，自己の発行した譲渡性預金の売買を行っていないか。また，金融機関は，譲渡性預金発行の媒介等を行っていないか。

　ハ．個別の相対発行ではなく，均一の条件で不特定多数の者に対して，公募といった形で大量に発行されていないか」

　発行期間，発行単位などの発行要件に関しては，CD 創設以来，徐々に緩和されていったが，1998 年 6 月 8 日の大蔵省「金融関係通達の見直しについて」によって「預金，定期積金の取扱いについて」（の通達）が廃止されたことなどから，現在ではそうした規制はない。

2. 特徴と問題点

① 指名債権譲渡方式

　日本の CD の特徴であり，かつ問題点となっているのはその譲渡方式にあるといえる。すなわち欧米のように指図式または持参人払方式ではなく，指名債権譲渡方式になっていることである。これは CD 発足に際し，CD が有価証券的色彩を帯びるのを防ぎ，あくまでも預金として銀行固有の商品としておこうとする趣旨が強く働いていたためである。このため，譲渡に際して，その都度発行金融機関へ通知しなければならず，さらにその通知が金融機関以外の第三者に対抗するには公証人役場での確定日付が必要となり，流通取扱

いの事務処理がかなり煩わしいものとなっているが，2019 年 8 月末現在，譲渡方式は変更されていない。

② 税　　制

CD は預金であるため，最終所持人が非課税法人の場合を除いて，全期間にわたって利子に対する税金が源泉徴収される。その後確定申告時に，受取利息は利益に算入して法人税額を算出し，これから源泉徴収納付額を控除して納付することとなる。このため譲渡の過程における所持人の利子所得を明確にする必要があり，譲渡人・譲受人は発行金融機関に住所，氏名，譲渡価格を告知し，発行金融機関はこれに基づいて通知書を作成し，所轄税務署に提出しなければならない。また，受取利息が源泉徴収の対象となるため，孫利息を考慮すると実質利回りは低くなってしまう。

これも発行者，資金運用者，流通取扱業者それぞれにとっても事務負担が大きいため簡略化が望まれているが，変更はない。

なお，5％の地方税が CD の利子に対して課せられていたが，2016 年 1 月 1 日以降に支払いを受けるべき利子等について，利子割が課税対象外になった。

③ 実質調達コスト

CD は預金であるため準備預金制度の対象となっており，発行金融機関にとっての実質調達コストは準備預金率を考慮して計算する必要がある。

なお，CD は預金保険制度の対象外であるので，預金保険料のコストはかからない。

第3節　CD 発行市場

1. 発 行 要 領

CD の発行に際しては，投資家と個別の相対発行が主流となって

表6-1　日本で発行されるCDの概要

名　称	譲渡性預金
発行単位	規制なし（店頭では1000万円あるいは5000万円以上としている金融機関が多い）
預入単位	規制なし（店頭では1円単位あるいは1000万円単位としている金融機関が多い）
発行期間	規制なし
金　利	自由
発行限度	規制なし
発行方法	相対発行
期限前解約	行わない
買取償還	行わない
準備預金制度	準備預金制度における準備率適用
預金保険制度	対象外
譲渡方式	指名債権譲渡方式
税区分	総合課税・源泉分離課税・非課税法人・源泉徴収不適用の金融機関に分類
届出および報告	発行および流通取扱いを行う場合，所管行政庁に対し，あらかじめその内容を届け出るとともにその実績を報告する

いる。CDの概要は表6-1の通りである。

2.　市場参加者

1　発　行　者

　預金取扱業務を行う金融機関であれば，CDの発行は可能である。主に，銀行，信用金庫，信金中金，信用組合，同連合会，商工中金，信用農業協同組合連合会，農林中金，労働金庫，同連合会などが該当する。

　CD発行金融機関のうち，最も発行残高が多い業態は都銀である。取引先とのリレーション維持の意味での発行も増加している。また，マネー・マーケットのレートが低位で推移する中，安定的な運用を

望む投資家の資金シフトもある。四半期末等の季節的要因によって，Tビルの流通量が極端に細ると運用できないリスクがあることから，アセットの一部をCDに振り向ける動きは想定しうる。最近では，流動性指標の改善につながることから，期間の長いCDを発行する金融機関もあり，そういった意味では日々の資金繰りを目的にCD発行をしている金融機関は少なくなってきている。

② 流通業者

金融機関（自己発行分を除く）や短資会社，証券会社等があげられる。後述するように，流通市場の衰退によりCDのみを行う流通業者は姿を消した。

③ 最終投資家

金融機関，投資信託，保険会社，年金基金，事業法人，宗教法人，学校法人，地方公共団体等が最終投資家としてあげられる。

大企業が最終投資家としてのプレゼンスを発揮しており，定期預金等の延長線上としてCDを購入するケースも見られる。CP同様に他の短期金融商品との比較感からCDを購入するケースもある。当然のことながら，最終投資家は少しでも金利が高い商品を志向するが，CDは預金保険料がかからない分，大口定期等よりも高い金利となるケースが多く，余資の運用商品としてのツールになっている。

3. 発行レートの決定要因

CDは個別の相対発行によって取引されるため，発行者たる金融機関と運用者たる最終投資家の希望が一致したところでレートが決まる。

一般に，コール，円デポ，レポ，日銀の各種供給オペ・レート等の市場金利を勘案し，発行レートを提示する。そこに最終投資家との取引関係上の濃淡で金利が上乗せされることもある。

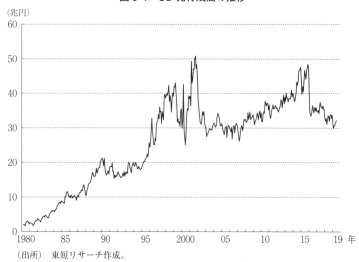

図 6-1 CD 発行残高の推移

(出所) 東短リサーチ作成。

　一方,最終投資家も同様に,市場金利に加えて,他行の大口定期預金や CP,MMF 等のレートを比較し,信用度や流動性を勘案して希望運用レートを提示することになる。

　1990 年代後半頃まで,マーケットで出合った 3 カ月物の CD のレートは,短期金融市場の指標レートの 1 つであったが,現在ではその指標性は低下している。

4. 発 行 残 高

　預金保険制度の見直しによって,2001 年度から公金預金も預金保険制度の対象となり,預金保険料が徴収されることとなった。上述のように CD には預金保険料のコストがかからないため,金融機関が公金預金の大口定期預金から CD へのシフトをうながしたことなどもあり,2001 年 8 月にははじめて 50 兆円を突破した。その後はおおむね 30 兆円程度で推移していた。

その後，マネー・マーケットの金利が低位で推移したことで相対的にCDの魅力が増し，発行残高は45兆円に達した。しかし，マイナス金利政策の導入によって残高は再び減少傾向に転じ，2019年7月現在，30兆円程度の発行残高となっている（図6-1）。

第4節　CD流通市場

1. 流通市場の発生

1979年の大蔵省通達に基づきCDの流通を取り扱う機関として，短資会社，金融機関および金融機関の関連会社が指定された（その後1985年には証券会社が指定された）。このようにCD発足時から流通を取り扱う機関が指定されていたが，その本格的な市場が形成されるには，CD登場後1年あまりを待たねばならなかった。

当初，CD発行金融機関および預金者としての一般事業法人，団体などはいずれもCDを特利預金としてとらえていた面が少なくなかった。すなわち，大手金融機関としては，自行取引先の一般事業法人などが余資を運用している債券現先市場からの資金の呼び戻し，さらにはこれら大口預金の防衛と積極的な預金の獲得のための，また地方銀行としては，地方公共団体の預金確保ならびに他行への流出防止のための手段であった。一方，事業法人等は金融機関との取引関係からいったん買ったCDは満期日まで保有するのが一般的であり，たまに転売が起こっても発行金融機関の関連会社を通してグループ内で処理されていた。

このような事情から流通市場の発生が遅れていたが，オイル・ショック以後の低成長経済への移行を余儀なくされていた事業法人は，財務体質の強化，金融収支の改善のためにきめ細かい余資の運用を志向していた。すなわち1週間から2カ月程度の短期の余資を高利回りで運用できる新商品の出現を待ち望んでいた。また一方では，

流通取扱機関として指定されていた短資会社は，それまでインターバンク市場が活躍の場であり，一般事業法人との取引は皆無であったが，金利自由化の進展にともない，将来的にも短期金融市場の担い手となるためにはオープン市場とのかかわりを持つ必要があると考え，一般事業法人へのアプローチがなされた。

　こうして1980年5月以降，第三者的立場の短資会社が流通市場に登場し，一般事業法人との取引が徐々に始まっていった。短資会社は取引にあたっていち早くCDの条件付売買（いわゆるCD現先）を行った。短資会社はこの現先取引手法を駆使して，単に売りと買いをつなぐのみならず，ディーラーとして機能することにより，事業法人等の希望する期間の余資運用または資金調達を可能とし，流通市場は急拡大していった。その後，銀行・証券会社も流通取扱いに参入し，流通市場は一層厚みを増していった。

2. 流通市場における取引種類と取扱業者
① 流通市場における取引種類

CD流通市場でCD取扱業者が事業法人等と取引する場合，以下の3つの基本型がある。

(1) 新発CDの売買

取扱業者は発行金融機関と投資家との間に立って，両者の希望する期間とレートの調整を行って取引を成立させる。実際には，取扱業者が当初預金者として銀行よりCDを買い取り，それを即日売り切るという方法で行われる。

(2) 既発CDの売買

既発のCDを満期日までに売り切る（買い切る）もので，これも売り（買い）オファーに対して買い（売り）手を探して，取扱業者が調整を行い，取引を成立させる。

⑶ CD現先取引

一定期間後にCDを売り戻す（または買い戻す）という約束で取引する条件付売買である。資金運用の場合あらかじめ運用期間，利回り，買入価格，売戻し価格を決めておく取引で，債券現先の基本的な取引手法と同じことからCD現先と呼ばれている。

この取引も前述と同様に取扱業者は，売りと買いのオファーを受けて，買い手，売り手を探し取引を成立させることとなる。

② 流通取扱業者とその役割

上記の基本型はそれぞれ単独に成立することは少なく，これらが組み合わさることにより流通市場が成り立っている。流通市場で取引が円滑に行われているのは，取扱業者が一定の範囲内でCDを保有しているからである。

たとえば事業法人等が金利裁定取引を行うためや，一時的な資金ショートのために手持ちのCDを売り切る，あるいは逆現先（＝買現先）で資金を調達しようとした場合を考えてみる。取扱業者は自己資金でこうしたCDを買い入れて自己のポジションに加えておき，その後別の投資家からの買いの引合いに応じることとなる。手持ちの支配玉で引合いに応じ切れない場合には，新発CDを仕込むあるいは既発CDの買切りまたは現先による買いを行うことで，そうしたニーズに応じることとなる。

このようにして取扱業者は，マーケットにおけるさまざまな期間，金額，レートのCDについて自ら売り手や買い手となり，先行きの金利の動向，売買需要を予測してポジションの増減を行い流通市場の円滑化に一役買っているわけである。

また，近年では発行銀行や投資家においてCDの取扱ノウハウが継承されていないため，取扱業者は譲渡事務や商品概要の説明など，CD市場の基盤維持に貢献している。

BOX 6-1　実際の取引例と一般的な譲渡手続き

　CD流通市場はテレフォン・マーケットであり，発行銀行と取扱業者，取扱業者と投資家との電話による相対交渉で取引が成立している。なお現先取引では，取引の都度，個別取引契約書が交わされる形となる。

時間軸		発行銀行	取扱業者	投資家
			① 約定　　　② 約定	
T+3 〜 T+1	約定日〜		③ 譲渡通知書1通　売買契約書2通　（投資家分，取扱業者分）　売買計算書1通　を作成・郵送 →	④ 譲渡通知書に押印　売買契約書に押印　取扱業者に郵送
			譲渡通知書　売買契約書を受領 ←	
T+0	譲渡日	代金を受領確認 ←	代金を受領確認 ←　⑥ スタート代金を送金　⑦ 確定日付をもらう　⑧ 譲渡通知書を提示	⑤ スタート代金を送金
		譲渡通知書を受領 ←		
		⑨ 預金証書の作成　証書の書換え　預金証書を郵送 →		預金証書を受領
償還	〜償還日	預金証書を受領 ←　⑪ 償還金を送金		⑩ 預金証書の返却　代金を受領確認

　具体的な例をあげてみよう。新発CDを即日顧客に売り渡す場合の手順は，下記の通りである。

① 発行銀行と取扱業者の約定

発行日：4/1，償還日：7/1，日数：91日間

金額：100億円，発行レート：0.020％

スタート金額：10,000,000,000円

エンド金額：10,000,498,630円

エンド金額
＝元金×［1＋発行レート(％)×日数/365(日)］
（円未満切捨て）

② 取扱業者と投資家の約定

売渡日：4/1，償還日：7/1，日数：91日間

金額：100億円，売渡レート：0.015％

スタート金額：10,000,124,652円

エンド金額：10,000,498,630円

所得税・復興特別所得税の合計：76,365円

源泉徴収後のエンド金額：10,000,422,265円

スタート金額
＝エンド金額/［1＋売渡レート(％)×日数/365(日)］
（円未満切捨て）

約定日に取扱業者は発行銀行と投資家の両方と約定した後（①～②)，譲渡手続きを行う。取扱業者は事前に譲渡通知書・売買契約書等を投資家に送り，押印後スタート日までに返送してもらう（③～④)。

スタート日（＝譲渡日）に，取扱業者は投資家からの入金を確認次第，発行銀行に入金する（⑤～⑥)。同時に取扱業者は公証人役場に行き，確定日付を譲渡通知書に押印してもらい，譲渡通知書を発行銀行に提示する（⑦～⑧)。発行銀行はスタート代金の入金が確認され次第，預金証書を作成し，譲渡通知書に基づき譲渡手続きを行い，預金証書を投資家に交付する（⑨)。

償還日までに，投資家は当該預金証書を発行銀行に返却し（⑩)，発行銀行は償還金を投資家の指定口座に入金（⑪)することで，一連の手続きが完了する。

投資家が課税法人である場合，投資家は所得税（現行15％）に加えて，2037年末まで復興特別所得税（0.315％）が源泉徴収されることを勘案する必要がある。

3. 流通レートの決定要因

BOX 6-1 に記したように CD 流通市場はテレフォン・マーケットで，流通業者と運用者たる購入者の希望が一致したところでレートが決まる。その要因としては，市場の需給や新発 CD，コール，CP，債券現先，円デポ，MMF，大口定期預金等のレート，先行きの金利動向の予測等，基本的には CD 発行時と同様のメカニズムで決定される。

4. 流通取扱高の推移と市場の衰退

CD の流通取扱高は，市場創設後 1980 年代後半まで一貫して増加した後，100 兆円を挟んで推移していた。しかし 1998 年以降急低下し，近年ではピーク時の 1 ％にも満たない水準となっている。なお，流通市場の衰退にともない，日銀が 1985 年から公表していた取扱高は，2013 年に更新が停止されている（図 6-2）。

このことは投資家等が購入した CD は満期まで持ち切ることがほとんどであることを示しており，流通市場としての存在感は大きく低下してしまった。その原因としては，以下の点が考えられる。

① 高い確定日付料と煩雑な事務

CD は譲渡の都度，公証人役場で確定日付を得なければならない。その確定日付にかかる費用（現在 CD の証書 1 通につき 700 円）は取扱業者がすべて負担している。現先取引の場合は取扱業者自身の分と顧客分のスタート時・エンド時の双方を負担することになるから，CD 証書 1 通で 700×2×2＝2800（円）がかかってしまう。これはたとえば金額 10 億円（証書 1 枚），期間 10 日間の現先取引だとすると金利換算しておよそ 0.01 ％強となってしまう。また，そうした金銭的なコストに加え，譲渡手続きにかかる事務は煩雑であり人的なコストもかかる。こうした問題は CD 市場創設当初から指摘されていたが，変更されることはなかった。

図 6-2 CD 流通時の取扱高の推移

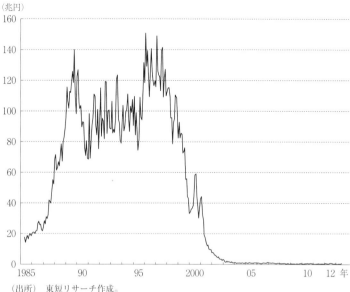

(出所) 東短リサーチ作成。

　新発CDとの競合の激化や金融緩和政策が長引き利鞘が得られなくなったことに加え，リスク管理上もCD創設当初のようなポジションをとれなくなったこともあり，取扱業者のほとんどはCD流通取扱業務からの撤退を余儀なくされた。また発行金融機関もこれまで流通市場で運用していた事業会社等の余裕資金を積極的に取り込んでいった。その結果，流通市場における取扱いは激減するに至った。

　流通市場の厚みが失われた今日では，たとえばCDを保有している投資家が自らの資金的な事情によりそれを売却（あるいは逆現先）したいと思っても，機動的に取引が成立しない，あるいは売却（逆現先）時に割高な価格での取引を余儀なくされるケースも見られている。

2 本人確認の強化

第5章BOX 5-1でも述べたが、CDの取引開始時に発行銀行による本人確認が強化されたことがあげられる。たとえば投資家が余資の運用で取扱業者から買現先をする場合でも、発行銀行に対して本人確認資料の提出を求められるケースが多く、場合によっては店頭での本人確認を求められる場合もあり、投資家にとっては煩雑な手続きの1つとなっている。

第**7**章

外国為替市場

第1節 外国為替市場の変遷

1. 金本位制における外国為替

19世紀前半にイギリスで金を本位貨幣とする金本位制が確立，20世紀前半までは金と紙幣の交換を保証する制度（金兌換制度）が各国で採用され，外国為替は各国の金交換レートにより決定される仕組みとなっていた。しかし，金本位制を維持していくには各国が十分な金の保有を必要とするため，同制度を廃止する国が相次いだ。

2. ブレトンウッズ体制への移行

1945年に国際通貨基金（IMF）が設立され，金とドルを基軸とした通貨体制が発足した。各国通貨はドルに対して固定される貨幣制度（固定相場制）が確立された。円は1949年に1ドル＝360円の固定レートが定められ，日本も同体制に組み込まれていくこととなった。

3. 変動相場制への移行

1971年8月にアメリカのリチャード・ニクソン大統領がドルと

金との兌換を停止する措置を発表すると，ブレトンウッズ体制は崩壊した。その後，1971年12月にスミソニアン会議が開かれ，円に関しては1ドル＝360円から308円に基準相場が変わり，固定相場制は一時的に維持されることとなった。しかし，固定相場制の崩壊を見越した投機筋などはさらにドル売りを仕掛けた。これに対して各国通貨当局は介入で抵抗したものの，結局押さえ込むことは無理であった。まず，1972年6月にイギリスが変動相場制に移行し，73年2月に日本，3月にEC（欧州共同体）諸国が，それぞれ変動相場制に移行することとなり，スミソニアン合意は短期間で終わりを迎えた。

4. 変動相場制移行後の主な出来事

1 オイル・ショック

1973年10月に第四次中東戦争が勃発すると，第一次オイル・ショックが起きる事態へと発展していった。この結果，日本では原油価格上昇にともなって商品価格が値上がりし始め，トイレットペーパーや洗剤などの買占め騒動が起きるなど，国内の物価情勢は急激な悪化を示すようになった。変動相場制移行後に260円近辺で推移していたドル円相場は，オイル・ショックによる急激なインフレで一時300円程度まで円安が進行した。

2 プラザ合意以降

1980年代初めのアメリカは，財政赤字が増大したものの，景気拡大のもとで長期金利が上昇したことからドル高が進行した。ついには，過度なドル高是正に向けて1985年9月ニューヨークのプラザ・ホテルでG5（先進5カ国財務相・中央銀行総裁会議）が開催され，対外不均衡の解消を目的とした合意が発表された（プラザ合意）。そして，FRBが金融緩和を行い，日米の間でドル高・円安是正に向けて介入が行われたことにより，1987年1月には1ドル＝

150 円近辺までドル売り・円買いが進行した。さらに，同年 10 月のブラック・マンデーで株価が暴落するなど，アメリカ経済の不安定な状況が続いたこともあり，1990 年代前半まではドル安に歯止めをかけることはできなかった。とくに円高の流れは止まらず，1995 年には 1 ドル 80 円割れの水準まで急落することになった。

③ 1990 年代の新興国での経済通貨危機

1994 年末から 95 年初頭にかけてのメキシコ通貨危機が一段落した 97 年に，それまで著しい経済成長を見せていたタイで通貨危機が勃発した。陰りの見え始めた同国の経済事情を背景にヘッジ・ファンドがタイ・バーツ売り／ドル買いを集中的に行った。このタイ・バーツ安が，韓国やインドネシアなど他のアジア各国にも飛び火し，アジア通貨危機と総称されることとなった。

1998 年にはロシアで経済危機が起こり，ロシアからの資本の流出が進み，ついに債務不履行（デフォルト）に追い込まれて経済は大きく混乱した。アメリカのヘッジ・ファンドはロシア株式やルーブルに巨額の投資をしていたが，一部のヘッジ・ファンドの損失額は大きく膨らみ，大手ファンド LTCM（Long-Term Capital Management）は破綻に追い込まれた。

④ ヨーロッパ単一通貨・ユーロの誕生

ヨーロッパの単一通貨ユーロは，1999 年 1 月 4 日に 1 ユーロ＝1.17 ドル台で取引を開始した。ユーロが通貨として実際に流通すればユーロ高が進むと予想する向きが出ていたため，一部の市場参加者は先回り的にユーロ買いのポジションを構築していた。ところが，実際にユーロが発足してみると思惑は外れ，市場参加者の失望売りを誘ったことがユーロの下落につながったと思われる。2000 年 9 月には日米欧の通貨当局がユーロ買いの協調介入に踏み切ったものの下げ止まらず，同年 10 月 26 日にユーロ・ドルは 1 ユーロ＝0.82 ドル台前半の史上最安値をつけた。しかしその後は，低迷していた

ユーロ圏の景気が右肩上がりに回復し始める一方，IT バブル崩壊でアメリカの経済が失速したため，2004 年には一時 1.30 ドル台まで反転する動きが見られた。さらに 2005 年末から ECB（欧州中央銀行）の政策金利は利上げサイクルに入り，対ドルにおいてユーロ高が加速した。そして 2008 年 2 月には節目と見られた 1 ユーロ＝1.50 ドルを突破し，4 月には一時 1 ユーロ＝1.60 ドルに達した。サブプライム・ローン問題などアメリカ金融市場の混乱を受けてFRB が金融緩和に踏み切り，政策金利であるフェデラル・ファンド金利が断続的に引き下げられて欧米の金利差が拡大したことも，ユーロ買い・ドル売りにつながった。

　しかし，2009 年のギリシャから始まった欧州債務危機でヨーロッパの景気も悪化し，ECB も大幅に政策金利を引き下げたため，2010 年 6 月には 1.18 ドル台まで急落した。

　ただ，すでにユーロは各国における外貨準備高で米ドルに続く地位を占めている上に，新興国を含む各国は外貨準備をドル一辺倒で保有することのリスクを感じており，長期的に見れば第 2 の基軸通貨としての存在感は高まっていくと思われる。

　⑤　キャリー・トレード

　日銀の 1999 年のゼロ金利政策，2001 年の量的緩和策導入で，円を調達したキャリー・トレードが容易になり，ヘッジ・ファンドの活動が目立ってきた。キャリー・トレードとは，金利の低い通貨を調達し，それを売って金利の高い通貨や金利の高い金融商品に投資し，その利鞘を稼ぐ方法をいう。たとえば，低金利である円を売り，金利が高いオセアニア通貨のオーストラリア・ドルやニュージーランド・ドルを購入して運用する取引などがあげられる。古くは1980 年代の前半から国内の生保各社が，円投でアメリカ国債などを購入し運用してきたが，これも一種のキャリー・トレードである。1990 年代から最近まで，ヘッジ・ファンドだけでなく機関投資家

はこうしたキャリー・トレードを活用し，高金利通貨との金利差や為替差益を目的として活発に取引を行ってきた（第8章も参照）。

6 近年における金融市場の出来事

① リーマン・ショック―― 2008年9月にサブプライム・ローン問題による経営悪化でアメリカの金融大手リーマン・ブラザーズ・ホールディングスが破綻した。当時は「大きすぎて潰せない」といわれており，財務省や大手金融機関は直前まで救済に向けて動いていたが交渉は失敗に終わり，結果的にリーマンは破綻に追い込まれた。これがリーマン・ショックと呼ばれ，金融危機の引き金となった。

② 欧州債務危機―― 2009年から始まったアイルランドやギリシャを発端としたヨーロッパ各国における債務問題の影響で，2010年にヨーロッパの景気は悪化し，ECBは政策金利を大幅に引き下げた。5月にはギリシャ財政再建をめぐる先行き不透明感が強まる中で，NYダウ平均株価はHFT（高頻度取引）が暴走し，数分間で1000ドル以上急落した。

③ 東日本大震災―― 2011年3月11日，東北地方で起きた大地震は，津波による甚大な被害をもたらした。これにより，リパトリエーション（資金を本国へ送還すること）に対する思惑から海外投機筋などが仕掛け的なドル売り・円買いを持ち込み，ドル円は76円台へ突入した。その後は，日米欧が協調介入で対抗したためドル安・円高は修正され，81円台へ持ち直した。

④ ドル円，史上最安値75円台へ――アメリカ経済の減速や欧州債務危機に対する懸念でドル売り・円買いが加速，2011年10月31日には75円32銭まで下落して史上最安値をつけた。

⑤ 日本企業のM&A ―― 2012年に国内企業が欧米などで積極的にM&A（企業の合併・買取）に動いたことから，ドル円は円安基調となり，年末には86円台へ上昇した。

⑥　アベノミクスの誕生——2012年12月，第二次安倍内閣が発足した。デフレ脱却と円高是正に向けて「財政出動」「金融緩和」「成長戦略」の3本の矢を柱とするアベノミクスが考案された。この効果が表れて株高や円安が進み，半年後にドル円は100円を回復した。

⑦　日銀の金融緩和——2013年に日銀は，インフレ率2％，2年でマネタリー・ベース2倍を目標に大胆な異次元緩和を推進した。この効果で日経平均株価は年間で4000円上昇，ドル円も110円近辺まで円安が進行した。

⑧　スイス・ショック——2015年1月，スイス国立銀行は3年以上にわたり1ユーロ＝1.2000スイス・フランで支えていた防衛ラインを突如撤廃した。2014年にECBがマイナス金利を導入した影響で，スイス国立銀行はユーロ買い／スイス・フラン売りを続けていくのには限界があると判断した。これを受けてユーロ／スイス・フランは短時間で暴落し，他の主要通貨に対してもスイス・フラン買いが加速した。これがスイス・ショックと呼ばれている。

⑨　中国株の暴落——2015年のドル円は，アベノミクスと日銀の異次元緩和を背景に125円台まで急伸した。しかし，6月の中国株暴落をきっかけに，これまで積み上がっていたドル買い・円売りポジションが巻き戻され，110円台へ下落した。

⑩　マイナス金利——2016年1月，日銀は金融政策決定会合でマイナス金利の導入を発表した。これがサプライズとなって，ドル円は118円から121円台へ急伸した。しかし，マイナス金利の導入は金融機関の収益を圧迫するとの見方から円安は短期間で収束した。その後，アメリカの株価急落や原油安などでリスク回避が鮮明となり，約2週間で111円近辺まで円高が進んだ。

⑪　イギリスの EU 離脱——2016 年 6 月，イギリスで EU 離脱の是非を問う国民投票が実施された。世論調査では残留支持派が優勢だったものの，大方の予想に反して離脱賛成派が勝利した。これがネガティブ・サプライズとなり，ポンド円は史上まれに見る暴落となった。ドル円はリスク回避のドル売り・円買いが加速，106 円を割り込んで一時 99 円台へ突入した。

⑫　トランプ大統領の誕生——2016 年 11 月に行われたアメリカ大統領選挙は，ドナルド・トランプ共和党候補がヒラリー・クリントン民主党候補に勝利した。アメリカ第一主義を公言するトランプ候補がアメリカ大統領に就任したことで，日本に対しても保護主義的な圧力をかけてくるとの思惑からドル円は 105 円を割り込んで 101 円台へ急落した。しかし，同氏が公約として掲げていた大型減税やインフラ投資に対する政策期待からアメリカで株価が急上昇すると，為替市場はリスクオンとなり，年末にドル円は 118 円台までドル高・円安が進行した。

⑬　アメリカ・トランプ政権の問題——2017 年に入ると，トランプ・アメリカ大統領にロシアゲート疑惑が浮上した。さらに，政府高官の相次ぐ辞任や更迭がドル売りを誘い，同年 9 月にドル円は 107 円台へ突入した。アメリカと北朝鮮の間で緊張が高まったことも，リスク回避の円買いにつながった。

　2019 年には，アメリカと中国の貿易摩擦が激化し，世界経済の減速懸念が高まった。これによって，FRB は 7 月におよそ 10 年半ぶりとなる利下げを実施した。さらに，8 月にはアメリカと中国の貿易戦争に歯止めがかからないことや景気後退の前兆とされるアメリカの長短金利の逆転（逆イールド）が発生したことを背景に，ドル円は 104 円台までドル安・円高が進行した。

第2節　外国為替の取引内容と相場

1. 外国為替とは

　遠隔の2地点における債権や債務などの決済は，時間のロスや安全性を考慮すると非効率的である。このような不便な状況を回避するため金融機関が媒体として仲介に入り，債権や債務の決済を円滑に行う仕組みが考え出された。

　　　内国為替　　国内において同一通貨で取引され，主に即日決済される。

　　　外国為替　　国内外において異種通貨で取引され，主に2営業日後に決済される。

　外国為替市場は，株式市場のように立会場があるわけではなく，電話を使ったテレフォン・マーケットと定義づけることができる。ただ近年は，通信機器や電子ブローキング・システムを使用して取引が行われることがほとんどである。

2. 外国為替における通貨

① 為替における通貨の種類

　東京外国為替市場では主に次のような通貨が，対顧客相場，対銀行相場において取引されている。USD（米ドル），EUR（ユーロ），JPY（日本円），GBP（英ポンド），CHF（スイス・フラン），CAD（カナダ・ドル），AUD（オーストラリア・ドル），NZD（ニュージーランド・ドル），THB（タイ・バーツ），HKD（香港ドル），SGD（シンガポール・ドル），KRW（韓国ウォン），ZAR（南アフリカ・ランド）などであるが，これ以外にも，他のアジア諸国の通貨や北欧通貨など多くの種類が取引されている。

　また外国為替市場で交換される互いの2通貨は，通貨ペアと呼ば

第7章 外国為替市場 257

表7-1 世界の外国為替市場における通貨ペア別の取引高
(各年4月の1営業日平均)

(単位：十億ドル相当)

	2010年		2013年		2016年	
	取引高	シェア (％)	取引高	シェア (％)	取引高	シェア (％)
ドル／ユーロ	1,099	30.7	1,292	30.9	1,172	30.1
ドル／円	567	15.9	980	23.5	901	23.2
ドル／ポンド	360	10.1	473	11.3	470	12.1
ドル／オーストラリア・ドル	248	6.9	364	8.7	262	6.7
ドル／カナダ・ドル	182	5.1	200	4.8	218	5.6
ドル／スイス・フラン	166	4.6	184	4.4	180	4.6
ドル／スウェーデン・クローネ	45	1.3	55	1.3	66	1.7
ドル／その他	446	12.5	214	5.1	215	5.5
ユーロ／円	111	3.1	148	3.5	79	2.0
ユーロ／ポンド	109	3.0	102	2.4	100	2.6
ユーロ／スイス・フラン	71	2.0	71	1.7	44	1.1
ユーロ／その他	102	2.9	51	1.2	65	1.7
その他の通貨ペア	71	2.0	44	1.1	116	3.0
合　計	3,577	100	4,178	100	3,888	100

(注)　四捨五入の関係等で，各項目を加算しても合計と一致しない場合がある。
(出所)　BIS, "Triennial Central Bank Survey 2016"。

れ，たとえば USD/JPY，EUR/USD，EUR/JPY などといった具合に表示される。

2　基軸通貨としての米ドルの存在

世界の外国為替市場において，取引の中心となる通貨を基軸通貨といい，米ドルがその役割を担っている。表7-1にある通り，ほとんどの取引がドル対価で行われている。なお，ドル／円の取引量は，ユーロ／ドルに次いで大きい。

3　外国為替の表示方法

(1)　自国通貨建てと外国通貨建て

外貨1単位に対しての自国通貨の金額を表記する方法を自国通貨建てという。またその逆の場合，自国通貨1単位に対しての外貨の

金額を表記する方法を，外国通貨建てという。

(2)　コンチネンタル・タームとニューヨーク・ターム

　世界中の市場で外国為替売買はほとんどドルを対価として行われ
ており，1ドルに対し他通貨の金額を表示するのを，コンチネンタ
ル・タームといい，他通貨1単位に対しドル金額を表示するのをニ
ューヨーク・タームという。どちらで取引されるかは，通貨ごとに
市場慣行で決まっている。

　　　例：コンチネンタル・ターム　　　1ドル　109円40銭

　　　　　　　　　　　　　　　　　　　1ドル　0.9620 スイス・フラン

　　　　　ニューヨーク・ターム　　　　1ユーロ　1.1210 ドル

　　　　　　　　　　　　　　　　　　　1ポンド　1.2328 ドル

3.　外国為替の構成と需給

①　為替市場の構成

　外国為替市場は，大きく分けて銀行，顧客，中央銀行，為替ブロ
ーカーなどで構成されている。

(1)　銀　　　行

　為替市場において銀行同士で積極的な売り買いを手がけ，さらに
自分の顧客に対して為替レートを提示（クォート，後述）し，マー
ケット・メーカーとしての機能を果たしている。インターバンクの
ディーラーは基本的に短期的な売り買いが中心で，顧客の為替取引
のカバーなどを経て市場に流動性を供給している。

(2)　顧　　　客

　顧客として為替市場に参加している者は多く見られ，一般事業
法人，機関投資家，証券会社などがあげられる。外為証拠金取引
（FX）を通じて個人もその存在感を増している。

　また，ヘッジ・ファンド，投資銀行，年金基金，人工知能（AI）
のHFTのように，まとまった金額で取引を手がけるプレーヤーが

いる。

(3) 各国の中央銀行

各国の中央銀行が参加することはめったになく，相場が急激に変動し，明らかに行きすぎた状況のときに介入することによって市場の安定化を図り，相場を適正な水準に誘導する役割を果たしている。

(4) 為替ブローカー

為替ブローカーは銀行間の売り買いを仲介することで，為替市場に参加し，銀行にマーケットの流れを随時報告する。銀行のディーラーはブローカーのレート・クォートや電子ブローキングの画面を参考にして，他の銀行や顧客に建値を提供する。またディーラーはカバー取引を行うときに，為替ブローカーを通じて取引を行えば，瞬時にプライスを得ることができ，電子ブローキング・システムと併用して為替ブローカーを利用する銀行が多い。

② **外為法の規制緩和**

1998年まで国内におけるすべての為替取引は，外国為替公認銀行を通じて行われるなど，厳しい規制のもとに置かれていた。しかし時代の変化とともに効率性や利便性の向上から1998年に新外為法（外国為替及び外国貿易法）が施行され，企業内や関連会社との間で，外国為替の売買を相殺すること（マリー）ができるようになった。また，外国為替公認銀行制度が廃止され，その他の金融機関や一般企業での為替取引が可能となった。一部の証券会社や商品取引業者の中には，個人の外為証拠金取引を手がけるものが出てくるなど，新外為法の施行は国内における外国為替市場の裾野が広がるきっかけとなった。

③ **外国為替の変動を説明する主要な説**

① 国際収支説——為替相場は国際収支による影響が大きく，需給を反映して相場が動いていると考える説。

② 購買力平価説——ある商品を手に入れようとする場合に，国

BOX 7-1　為替ブローカーの1日

　為替ブローカーの1日は，通常午前7時から8時の間に出社して始まる。マーケットの状況によっては午前7時半過ぎに銀行のディーラーから注文が出始めることもあるが，通常取引が活発になるのは，8時以降である。その間は，前日の欧米市場におけるレンジのチェックや，新聞の為替関連の記事に目を通し，為替相場のイメージを頭に浮かべて，ブローキングの準備をする。その後，徐々に銀行からの引合いが多くなる。そして仲値（後述）が決まる午前9時55分には，銀行サイドに顧客からの注文が多く集まり，売り買いの需要が高まることになる。この結果，ディーラーからのオーダーが入りやすく，仲値にかけての取引は連続して売り買いが成立することが多いので，為替ブローカーはアマウントの相違や，売り買いが合わないなどのミスをしないように，集中して臨んでいく。

　正午から午後1時半までの間に交代で昼食をとるが，昼休み中でも市場は開いており，レートは変動していることから，ディーラーからの注文が入ることも多く，席を外せない状況が続く。

　東京市場の為替ブローカーは，各自担当銀行を数行任されており，忙しいときは1人で多くのブローキングを手がけることになる。市場が荒れているときなどは，ディーラーのオーダーやヒットが重なって，わかりづらい状況が起きることがある。このような場合は，周りの為替ブローカーがアシストして，銀行の売り買い状況やアマウントを計算し，不測のロスが発生しないように対処してマーケットの流れが滞らないように努めている。

　また，為替ブローカーの中には，リンク・マンと呼ばれ，海外のライン（オセアニアやアジアの銀行）に，東京市場の売り買いをクォートしている人間が存在する。リンク・マンは夕方になると，ロンドンにある同業の提携会社に電話をつないで，東京市場とロンドン市場のプライスを互いに流し，中継する役割を果たしている。

　東京市場の午後6時を過ぎると，銀行のディーラーもポジションをスクエア（後述）にする傾向にあるため，為替ブローカーへの注文が少なくなってくる。為替ブローカーは銀行に帰る挨拶を済ませ，午後6時半ぐらいに為替ブローカーの1日が終了する。

によって通貨が異なることから，それぞれいくら支払わなければならないのかを比較する説。

③　アセット・アプローチ説——為替レートは金融資産（アセット）に対する需給関係によって大きく左右される。このため金利の変化や為替相場の変動を予測しながら，短期的な資本が移動し，為替相場に影響を及ぼしているという説。

④　為替心理説——外国為替相場は，市場に参加している人々の思惑が動かしており，心理的な要因による影響が大きく，他のいろいろな要因と複合して為替レートは変動しているととらえている説。

4　ドル・円相場の日々の変動要因

外国為替相場とはどのような要因で変動するのか，ドル・円相場を例にあげると次のような要因で動くケースが考えられる。

①日米の株価動向，②日米の金融政策，③中央銀行の介入などによる通貨政策，④日米の経済指標，⑤日米の要人発言，⑥先進7カ国財務相・中央銀行総裁会議（G7）など世界的な会合，⑦テロや戦争の勃発，⑧他の通貨による影響，⑨原油先物相場の上げ下げ，⑩長期金利の指標である10年物アメリカ国債利回りの動向，⑪中国情勢，⑫政治状態。

5　相場を形成する需給

(1)　実　　需

為替相場は外貨（邦貨）の需給によって変動するため，その要因となる売り買いを考察するためには，国際収支の項目から判断するとわかりやすい。国際収支とは2つの種類に分かれて構成され，経常収支（貿易・サービス・所得収支），資本収支（直接・証券投資）と呼ばれている。

一般的に中長期的な相場のトレンドを判断していく上で重要な貿易収支や資本収支の黒字は，その国の通貨高を引き起こしやすいと

いわれている。しかし実際の為替相場は複雑な要因が絡み合って形成されており，経常収支や資本収支の金額が必ずしも反映されるとは限らない。

(2) 投　機

現在為替相場においては，投機による取引が多く，活発な売買で市場の流動性が確保されている。投機とは，将来の為替相場の変動を予想し，利得を目指してポジションを持つことである。短期的なポジションを保有している市場参加者は，1日の間に売り買いを多く手がけた後に，ポジションをスクエア（ノー・ポジション）にする場合が多い。

銀行以外で大口の為替ポジションを保有しているのが，ヘッジ・ファンド，保険会社や年金基金などの機関投資家である。近年では個人の外為証拠金取引やAIのアルゴリズムを駆使したHFTも，ポジション・テイカーとなっている。

また輸出業者が為替ヘッジとして輸出予約を入れたり，為替動向を見ながらその量を増減（リーズ・アンド・ラグズ）させたりするのは実需と投機の中間に位置づけられる。

⑥　市場介入（為替平衡操作）

市場介入とは，変動相場制において為替レートに急激な変動が見られ，実体経済に悪影響を及ぼす可能性が出たときに通貨当局（中央銀行）が市場に参入して為替売買を行い，過度な動きを牽制して為替レートを正常な水準に戻すように操作することである。

介入の種類は主に4種類あり，日本銀行が電子ブローキングや民間銀行，直接市場を経由してオープンに行う通常介入，他国の中央銀行に介入を依頼して実施する委託介入や，複数の中央銀行が協力して介入を行う協調介入，今まではほとんど行われなかったが，一部の金融機関を通じて市場レートを支えるように行う覆面介入がある。

介入の目的としてはスムージング効果，為替レートを調節し適切な水準に誘導するディシジョン効果などがある。

日本においての外国為替平衡操作は財務省がその権限を有しており，日銀経由で市場介入が実施されることになる。

介入が実施される場合に使用される通貨は，日本では米ドルが最も多くなっている。日本の場合，市場介入により必要とされる円貨・外貨は，財務省による国庫短期証券（Tビル）の発行，アメリカ国債の売却などによって賄われている。

７ 為替のリスク

為替レートは常時変動しているため，為替取引においては次のようなリスクが存在する。

(1) 信用リスク

取引相手の金融機関の倒産などによって，決済ができなくなるリスクである。カバーの売買を行う際に為替差損が発生するリスク。

(2) 流動性リスク

市場参加者や取引額が少なくなるタイミングに流動性が低下し，プライス・スプレッドが拡大して想定レートでの取引ができず，損失を被る恐れがある。まとまった買い注文（売り注文）が入ると，相場が大きく振れるリスク。

(3) 地政学（カントリー・）リスク

取引相手の国や拠点で政変や戦争（有事），格付変更などが起きて，資本還流や資金停滞が変化する恐れから取引が円滑に行われないリスク。

(4) マーケット（市場価格変動）・リスク

景気見通しの変化などによる急激な市場価格の変動で起こるリスク。

(5) オペレーショナル・リスク

事務処理で発生するヒューマン・エラーや，システム障害による

リスク。

(6) レピュテーション・リスク

東日本大震災の風評被害のように，信用や価値が低下して損失を被るリスク。

(7) コンダクト・リスク

近年注目度が最も高い新リスクで，サブプライムから LIBOR・為替操作問題まで幅広いカテゴリーにかかわる。コード・オブ・コンダクト（行動規範）の刷新でも注目度が上がっている。業務の提供，執行における不備や意図的不正行為から生じる金融機関の利益や自己資本に影響を及ぼすリスク。

(8) 不確定要素・新リスクの出現

革命やテロ，また技術革新などによる想定外のリスク。

(9) 災害リスク

自然災害により物理的に金融機関が決済できなくなるリスク。

第3節　市場における為替取引

1.　取引の種類

1　直物取引（スポット取引，spot transaction）

直物取引とは2種類の通貨の一方を購入（または売却）し，同時にもう一方の通貨を売却（または購入）する取引である。直物為替取引の決済日は通常，取引日から数えて2営業日後となり，たとえば，ドル・円において12月1日（月）に取引を行ったとすると，資金の受渡し（delivery）は翌々日の12月3日（水）となる。12月5日（金）にドル円の取引を行った場合は，週末をまたぐため決済日は12月9日（火）となる。

2　アウトライト取引（outright transaction）

アウトライト取引とは，先日付の2種類の通貨の売買を指す。直

物取引を先日付で行ったと考えてもよい。顧客との取引では頻繁に見られるが，インターバンク市場ではアウトライト取引そのものが市場で見られるのは稀である。

2. 市場での取引単位

東京インターバンク市場で行われる為替取引においては，慣行として最小取引は100万ドル（1ドル＝100円換算で1億円）とされている（ただ，実際には100万ドル未満の小口の取引も行われている）。ドル・円相場は，現状，500万ドル，1000万ドル，2000万ドル，といった金額の取引を中心に行われている。

3. 公表相場，仲値制度

外国為替市場においては，インターバンク市場の実勢レートを基準に，それぞれの銀行独自の対顧客レートが算出される。この顧客レートは，東京市場の午前9時55分に取引されているレートを基準に銀行ごとに算出して決定する。これを仲値（正式名称は顧客電信売買仲値，TTM：telegraphic transfer middle rate）という。このTTMをベースに，銀行の手数料を加えた±1円のTTS（telegraphic transfer selling rate）とTTB（telegraphic transfer buying rate）が公表される。たとえば，TTMが109円30銭だった場合は，TTS＝110円30銭，TTB＝108円30銭となる。

以前は市場実勢がドル・円相場の仲値よりも1円以上の円高あるいは円安に振れた場合には市場連動制となり，2円以上動いた場合は新たな公表相場を取り決めるなどの銀行統一ルールが存在した。しかし現在では相場が大きく動いた場合の公表レートの取扱いは各金融機関の裁量に任されており，各行で対応は異なる。

4. 東京外国為替市場の特徴

日本の外国為替は，大部分が東京市場で取引されている。東京外国為替市場の特徴は，国内輸入企業，国内輸出企業，国内機関投資家，金融取扱会社，個人投資家などの動向が市場に影響を与えやすいことである。他の欧米市場に比べると，顧客による為替取引の割合が高い。

また，東京外国為替市場における通貨別取引量を見ると，ドル・円取引が最も多く，全体の約7割近くを占めている。他の通貨ではユーロ・ドルとユーロ・円が主に取引されており，オーストラリア・ドル，カナダ・ドル，イギリス・ポンドなど他の主要通貨に絡んだ取引は，欧米市場と比較すると少ないことが特徴となっている。最近のドル・円相場の傾向としては，東京市場では比較的狭い値幅の中で推移し，ロンドン市場やニューヨーク市場で値動きが活発になるケースが多く見られる。これは，日銀による政策にほとんど変更がないことに加え，欧米時間のほうが市場参加者に厚みが出ることや，欧米の経済指標・株価動向の注目度が高いため，相場が動き出すことが多いものと考えられる。

5. 取引時間と海外市場

現在の東京外国為替市場における銀行間取引は，とくに取引時間の制限はない。以前は東京株式市場と同じように，前場と後場に分けられて時間帯が区切られていた。しかしIB取引（インターナショナル・ブローキング取引）が認可され，海外との件数が増加し始めたことから，取引時間の制限がなくなった。

1日の相場の流れとしては，まず早朝にニュージーランド市場が開き，オーストラリア市場がスタートする。そして東京市場へとバトンタッチされ，次いでシンガポールと香港が参入してくる。そして夕方の早い時間帯にはヨーロッパでスイス市場やフランクフルト

市場などが開き，ロンドン市場が始まる。ロンドン市場の昼頃になると，ニューヨーク市場が開く。ニューヨーク市場の終盤になるとニュージーランド市場がスタートするというふうに，1日中どこかで為替市場が開いている。このように週末以外，為替取引は24時間行われており，市場参加者にとってはいつでも売り買いが可能であることから，安心してポジションを保有することができる。

6. 市場取引の実際

外国為替市場では，為替レートを提示（クォート）するマーケット・メーカーが存在し，主に主要銀行がその役割を果たしている。一方でマーケット・メーカーに対してプライスを求め，それによって為替相場の売り買いを手がける市場参加者をマーケット・プレイヤーと呼び，一般の企業や機関投資家，個人投資家などがあげられる。また銀行は，マーケット・メーカーの顔を持つ反面，マーケット・プレイヤーでもあり，他の銀行に為替レートを問い合わせるケースも多く存在する。なお最近の東京市場においては，メガバンクなど顧客の注文が集まりやすい銀行が，マーケット・メーカーとして存在感を増している。

外国為替ブローカーは，担当銀行から出てくるオーダー（売り注文・買い注文）を，より速く正確に他のブローカーに伝える。そしてブローカーは銀行に市場の売り買いのプライスをクォートし，取引を成立させる媒介機能を果たしている。

外国為替ブローカーは単純に仲介業者なので銀行から出てくる売り買いを結びつけているだけで，自己資金でのポジションは保有しておらず，ブローカレッジ（手数料）を双方の銀行から受け取ることによって，商売が成り立っている。

□ 主な市場取引用語

為替市場において使用されている取引用語には，次のようなもの

があげられる。

　マイン（Mine）＝買った（ドルを買って円を売る）。スリー・マイン（Three Mine〔3百万ドル買い〕），テン・マイン（Ten Mine〔10百万ドル買い〕）などのように金額を先に明示する。マインのみ発声された場合は，その相場の売り金額全額に対する買いを意味する。ユアーズ（Yours）＝売った（ドルを売って円を買う）もマインの場合と同様，金額を頭につけて明示する。スリー・ユアーズ（Three Yours），テン・ユアーズ（Ten Yours）などと発声する。マイン，ユアーズは文字通り，そのドルは「俺のものだ」，その値段でドルを「お前にあげる」との意味合いで，外国為替業界では業務以外にもよく使われるほど身近な言葉である。

　相場は，ビッド（Bid）＝買いレート，オファー（Offer）＝売りレートで表示される。また，すでに出していたオーダーを変更するときはチェンジ（Change），取り消すときはオフ（Off）という。

② 相場のクォート

　まず，インターバンク市場における直物相場の建て方を見ると，通常ビッド（買値）とオファー（売値）の双方が提示される。たとえばドル・円相場において，クォートを依頼された銀行のビッド（買値）が111円01銭，オファー（売値）が111円04銭とすると，「111円01-04銭」と表される。111円の大台を市場参加者は認識しているので通常は省略され，口頭では「マルイチ，マルヨン」（01銭と04銭の意味）と下2桁が使用される。このようにドル・円の場合，ビッド，オファーの順にクォートされる。これを相手方の銀行から見れば，ドルを買いたいときには1ドルにつき111円04銭を支払い，売りたいときは111円01銭を受け取ることになる。相手方銀行にとっては，買う相場は低いほど，売る相場は高いほど収益が上がることとなり，たとえば前の相場で売り相場が111円03銭とクォートされると，111円04銭で買う銀行はいなくなり，売り

相場が111円02銭とクォートされると，111円01銭で売る銀行は
いなくなる。このようにインターバンク市場では，売り買い取引を
行う市場参加者にとって最も有利な相場（ベスト・プライス）が瞬
時に表示されるシステムとなっている。

③ ブローカー取引

銀行のディーリング・ルームとブローカーとの間はホット・ライ
ン（専用回線）でつながっており，ボタン1つですぐに取引ができ
る便利なシステムが採用されている。また刻々と変わる市場のレー
トを伝えるブローカーの声を流すスピーカーがあり，銀行のディー
ラー席にセットされている。ディーラーはブローカーを呼び出すこ
となく市場の状況を把握することができる。一方，ブローカーは銀
行から出たオーダー（売り注文・買い注文）を集め，取引を成立さ
せていく。ブローカーはまず集めた注文の中から一番安い売りオー
ダーと一番高い買いオーダーを選択し，マーケットでクォートする。

直物取引における銀行ディーラーとブローカーの間のやりとりは，
次のようにして行われる。

　　　銀行：スポット円いくら？

　　　ブローカー：23-25（ニーサン・ニーゴー）です（たとえば111
　　　　　　円23-25銭の場合，一刻の時間の無駄を省くため，111円の
　　　　　　大台を省略して銭単位の部分のみを伝える）。

　　　銀行：テン・ユアーズ（111円23銭で1000万ドルを売りたいと
　　　　　　の意味）。

　　　ブローカー：テン・ダン（111円23銭で1000万ドル取引成立）。

　　　銀行：OK，10本ダン（取引の成約を告げる言葉）。どこです
　　　　　　か？

　　　ブローカー：○○銀行東京へ10本，23で売りました。

このケースでは，買いが10本以上あったので，即座に「テン・
ダン」となったが，この相場で買いが5本しかなければ，ブローカ

ーが「ファイブ・ダンです」と返事することでこの取引は終わる。

前述の111円23銭で買い注文を出していた銀行も，ブローカーが「ダン」と言ってくる前であれば，「オフ」とコールしてオーダーをキャンセルすることができる。

なお，買い相場がヒット（hit）され，取引が成立した場合，ドルが売られたという意味でギブン（given）されたといい，逆にドルが買われた場合はテイクン（taken）されたという。

ブローカーは，取引が成立すると即座に，TRTN（Thomson Reuters Trade Notification[1]）というシステムを使って銀行側に取引明細書を送信し，約定内容に相違がないか相互に確認する仕組みになっている。

また，取引を終えて一段落すると，銀行側からブローカー側に対して次のような確認作業が行われる。

　　銀行：コンファーム（確認）したいのですが，よろしいでしょ
　　　　　うか。

　　ブローカー：お願いします。

　　銀行：○○銀行東京に111円23銭で1000万ドル売りました。
　　　　　以上1件です。

　　ブローカー：はい，そのようになります。どうもありがとうご
　　　　　ざいました。またよろしくお願い致します。

このような形で銀行側とブローカーの間で，取引相手のネームと売り買いや取引の金額に間違いがないかのやりとりが行われている。万が一売り買いの金額や取引の金額に間違いが生じても，すぐに気づけば，即座にポジションや金額を突き合わせて，実際に行った取

---

1)　トムソン・ロイター（現リフィニティブ）社が開発・運営しているFTP（file transfer protocol）の一種で，取引内容を締結後ただちに送受信させるネットワーク・システム。これにより為替ディーラーのポジション管理や，その銀行システムへの入力を補助する役割を担っており，邦銀・外銀を含め参加行の大部分が導入している。

BOX 7-2 CLS による決済

　CLS（Continuous Linked Settlement）とは，外国為替の決済時が取引関係諸国間で異なっているという従来の問題を，外為決済の専門銀行（CLS 銀行）を設立し，世界同時時間帯に連続して行うことにより参加銀行間の時差決済リスクを克服しようとするシステムである。同専門銀行は各国中央銀行に口座を保有し，参加行との決済資金の受払いは各国決済システム（日本は外為円決済システム・日銀ネット，アメリカは Fedwire など）を利用し中央銀行口座を通じて行われる。

　外為市場への影響として，時差リスクの削減効果から参加銀行に対しては基本的に為替取引の促進効果があると見られている。また，バックオフィス事務処理時間の大幅な短縮が要求されるため，一段と CLS 決済が有用視されていくと考えられる。

引と同じようにカバーすることが可能となる。このため，ブローカーは，コンファームを早めに行うことでミスの軽減を図っている。

④ 確認と資金の受渡し

　取引が成立した銀行間では，そのディール（個別取引）に対して，互いの条件（売買サイド，通貨の種類，金額，レート，取引相手，受渡しする場所）などが記載されている確認書（コンファメーション・スリップ）を互いに発行する。こうして，ディールの内容に間違いがないかを確認する作業が，各銀行内のバックオフィスで行われている。ブローカーを通じて取引が成立した場合は，それに加えて，ブローカー側が双方の銀行に対して確認書を発行し，確認作業が行われる。

　金融市場の決済については，かつては SSI（Standing Settlement Instruction）という方法で銀行間において決済していたが，近年では CLS（BOX 7-2）が主流となっている。これは外為決済専門銀行

であるCLSを通じて時差リスクを削減するために行う方法である。CLSは2002年9月に39の銀行と7通貨（AUD，CAD，EUR，JPY，CHF，GBP，USD）でスタートした。内外の銀行を中心とした金融機関が決済を行う方法である。現在では一部を除きほとんどがCLSを通じて決済されている。

第4節　市場の構造

1.　電子ブローキング

　電子ブローキングとは，コンピュータが取引を仲介するブローキングのことをいう。ディーラーが情報端末を通じて入力した希望する取引金額や取引条件について，コンピュータが売り手と買い手を瞬時に成約するシステムである。日本ではロイターが1992年，マイネックスが93年，そしてEBS（エレクトニック・ブローキング・サービス，当時）が同じく93年に，電子ブローキング・システムを導入した（なお，マイネックスは96年，EBSに営業譲渡した）。電子ブローキングが稼働し始めると，使い勝手のよさもあって急速にシェアを伸ばし，現在では直物為替の約9割を占めるいわばマーケットの中心的存在になった。現在，電子ブローキングにおいて圧倒的な強さを誇っているのがEBSであり，急成長の背後には出資している欧米の銀行によるサポートにより，プライスが集まりやすくなっていることが影響している。電子ブローキングがここまで急成長して市場に活用されるようになった理由としては，次のような点が考えられている。

　　①　手数料が人間の仲介するボイス・ブローカーよりも安いこと。
　　②　映し出される画面にレートと金額が表示されるため，マーケットのイメージがわかりやすく把握できて，ミスが少なくなること。

③ 事務処理が簡単で，さらにコスト削減にもつながっていること。

④ 人間と違ってコンピュータは疲れを知らず，何時間でもレートを表示し続けられること。

⑤ 電子ブローキングで提示されている価格をヒットすると，2社の金融機関がほぼ同時にヒットした場合，0.1秒でも早いほうと約定が行われるために公正さが確保されていること。

⑥ 市場プライスがデータ化されており，規制対応がスムーズなこと。

このように電子ブローキング・システムはメリットが多いことから，現状において金融機関のディーラーにとっては欠かせない存在になっている。こうした電子ブローキング・システムの台頭により，従来銀行のディーラーにとって大きな役割を果たしていたボイス・ブローキングは，マーケット・シェアが大きく低下している。しかし，電子ブローキングのコンピュータ・システムにトラブルが生じた場合には，銀行のディーラーは人間が仲介しているブローカー会社に頼らざるをえず，電子ブローキングのみへ依存することはリスクが高いとの見方が強くなってきた。このため最近では，ボイス・ブローキングが，銀行などのサポートを得てマーケット・シェアを持ち直す状況も見られる。

2. 海外主要市場との規模比較

日本と海外主要市場の外国為替取引の規模を比較してみよう（表7-2，表7-3）。国際決済銀行（BIS）サーベイ対象の52カ国と地域では，G7諸国市場の取引規模がおよそ6〜7割を占めている。中でもイギリス（ロンドン）の規模が大きく，アメリカ（ニューヨーク）が2番目となっている。3番目を香港，シンガポール，東京が争っている。

表7-2　主要3都市外為市場の総取引高とシェアの比較
（各年4月の1営業日平均）

（単位：十億ドル）

	東　京		ロンドン		ニューヨーク		全世界	
2010年	312	6.2 %	1,854	36.7 %	904	17.9 %	5,045	100.0 %
13	374	5.6	2,726	40.8	1,263	18.9	6,686	100.0
16	399	6.1	2,406	36.9	1,272	19.5	6,514	100.0

（出所）　BIS, "Triennial Central Bank Survey 2016".

表7-3　世界の外国為替取引高推移（各年4月の1営業日平均）

（単位：十億ドル）

年	2001	2004	2007	2010	2013	2016
スポット（直物）	386	631	1,005	1,489	2,047	1,652
先物アウトライト	130	209	362	475	679	700
為替スワップ	656	954	1,714	1,759	2,240	2,378
その他	67	140	243	250	391	336

（出所）　BIS, "Triennial Central Bank Survey 2016".

第5節　為替市場で注目される新興勢力

1. 個人証拠金

1998年に外為法が改正され，近年は個人投資家の間で個人証拠金為替取引が急速に拡大してきた。インターネットの普及により為替に関する情報が簡単に入手できるようになったことで，個人投資家が参入しやすくなった。日本の個人投資家は「ミセス・ワタナベ」とも呼ばれる主婦等も積極的に参加しており，相場の流れにあえて逆らう「逆張り」を得意としている。為替市場では活発に取引を行っている海外投機筋も個人投資家の存在に一目置いており，ポジションやストップ・ロス（損失覚悟のオーダー）などの状況を分析している。

個人証拠金為替取引は，株式や投信などと比較して魅力が多いといわれる。少ない元手で口座を開設でき，しかも FX の取引コストは他の外貨商品に比べて格段に安い。さらに，レバレッジ（テコの原理）を活用して，少ない証拠金で大きな金額の取引が行える。この他にも，外貨預金と違って売りから入れるなど，さまざまな注文方法があることも，個人証拠金為替取引の大きな魅力である。

FX の有利な点として，スワップ金利が付くことも人気を集める要因となっている。取引者が保有しているポジションにおいて，2通貨間で金利差や通貨優位度が異なるため，差額決済金利のやりとりが発生する。この金利差額のことをスワップ金利といい，「買った通貨の金利」マイナス「売った通貨の金利」で計算される。つまり，金利の高い通貨の買い持ちポジションを保有していればスワップ収入を得ることができ，逆に金利の安い通貨の買い持ちポジションを保有していればスワップ差益を支払わなければならない。

日本における個人投資家の多くは母国の低金利に悩まされていることから高金利通貨の買い持ちポジションを保有しているが，スワップ金利にかかわらず，リスク管理には十分注意しなければならない。近年では，ファンダメンタルズが弱いトルコ・リラや南アフリカ・ランドなどといった新興国通貨の急落で，個人投資家が大きな損失を被った。また，経済が安定していてもスイス・フランのように，為替レートを買い支えていたスイス国立銀行が，周辺国との兼合いから突如それを撤廃し，個人投資家が不測の損失を被った事例もある。

日本の個人投資家には，東京市場ではほとんど売買を行わず，欧米市場に照準を絞った参加者がいる。欧米市場では，経済指標や要人発言などの相場を動かす材料が多く，短時間に効率的な収益を狙えることが影響している。

2. 高頻度取引（HFT）

外国為替相場は，EBS の電子ブローキング・システム，ロイターのディーリング・システム，ブルームバーグの FXGO や，外国為替ブローカーなどを，取引手段として行われることが多かった。しかし近年，市場の注目を集めているのは高頻度取引（HFT）である。HFT とは，情報技術の進歩によって 1 秒以内に数千もの売買注文を取引所などに送信することが可能なシステムをいう。

HFT にはアルゴリズム取引というコンピュータが相場の動きを分析して自動売買を執行するプログラムが組み込まれ，株式や為替市場でも存在感が非常に大きくなってきた。アルゴリズムは市場に大きな流動性を提供しているメリットがある反面，短期間に高頻度の取引を集中して行うことにより市場を大きく混乱させるといったデメリットがある。

2010 年 5 月 6 日アメリカの株式市場では，特段の材料がない数分間に株価が暴落する場面があった。これは，アルゴリズムが一斉に大量の売り注文を出して制御不能になったことが原因とされ，後にフラッシュ・クラッシュ（瞬間暴落）と呼ばれるようになった。また，突発的なニュースや要人発言に過剰な反応を示し，マーケットを歪める場面も見受けられる。このように，HFT などの自動売買システムが暴走すると不測の損失を被る恐れがあり，各国当局が徐々に規制を強めている。

高速の自動売買システムが増加している理由としては，裁定取引（アービトラージ）を有利にするために進化したことが考えられる。これはオプションや株価・為替などの取引で価格に歪みが生じた場合に利鞘を稼ぐ方法であり，人間には到底太刀打ちできない速さで行われている。このように，高速自動売買システムは確実に収益を上げられると期待され，大手金融機関は多額の費用をかけて開発を続けており，今後も株式や為替取引における存在感はますます大き

くなるだろう。その一方で，HFT 同士のぶつかり合いによって市場価格変動が減少したり，市場が硬直化するといった側面も指摘されている。

3. 人工知能（AI）

このところ，囲碁や将棋などの世界で AI が高い勝率を上げて話題となっている。AI の活躍は幅広い分野に波及しており，企業も業務の効率化に向けて開発に力を入れている。2017 年にはこれを活用して投信でも金融商品が開発された。顧客の評判がよければ，将来的に裾野が拡大していくだろう。

外国為替相場においても，金融機関は無論，それ以外の一般法人や個人なども直近の相場変動予測に AI を取り入れている。今後も，汎用性や多様性が広がり，企業体制やコスト面でのハードルが下がり，技術革新によってコグニティブ・コンピューティング（人間の能力をサポートする経験学習のシステム）やディープ・ラーニングがもっと身近になれば，為替市場はまったく違った形になるかもしれない。

第8章

フォワード市場

第1節　フォワード取引の概要

1. フォワード取引とは

　フォワード（為替スワップ）取引とは，もともと将来の為替リスクを回避（ヘッジ）するための為替予約である。手前の日付（期近）における直物為替の売り（または買い）と将来の日付（期先）における反対の取引を同時に行う，インターバンク市場取引の1つである。たとえば，ドル円の場合，A銀行はB銀行にスポット応答日（期近）にドルを売り，6カ月先の受渡日（期先）にそれと逆の取引をする（期近でドルの売り，期先はドルの買い：セル／バイ），といった2度の取引を1つの取引として約定することである。

　取引される通貨もさまざまで，ドルと円，ユーロとドル，ユーロと円，オーストラリア・ドルと米ドルといった通貨の取引が行われている。それ以外でも，アジア通貨，北欧通貨などが取引されることも少なくない。取引期間としては，レギュラー・タームと呼ばれる定型の期間物で約定されることが多く，オーバーナイト（約定日当日～翌営業日），トムネ（翌営業日～2営業日後），スポネ（2営業日後～3営業日後），そしてターム物として1～3週間，1カ月～1年

物などがある。

その他，規制面では，アメリカにおけるドット゠フランク法の制定にともない，金利スワップ取引が規制の対象となる一方で，フォワード取引はその対象とはなっていない。

2. フォワード市場の構成者

フォワード取引は，スポット取引と同様にインターバンク市場で行われている。市場は，多様な顧客を有する邦銀および外銀といった金融機関，その取引の仲介をしているブローカーで構成されており，銀行間直接取引，対顧客取引（カスタマー・トレード），そしてブローカー経由での取引が行われている。

取引方法にはボイス・ブローキングと電子ブローキングがある。フォワード市場でも電子ブローキングが参入しているものの，取引の繁雑性や需給に左右されやすいことなどから，スポット・マーケットほど電子化は進んでいない。リフィニティブ（旧トムソン・ロイター）社が開発・展開しているスクリーン・ビジネスが先行し，ICAP グループによる電子取引も展開しつつある。両者の出来高は表8-1 のように推移している。

ただ，資金の過不足調整に使われる短期物などでは，ボイス・ブローカーを通じて行うよりも，スクリーンを介しての取引のほうが効率がよく，手数料も割安となっているため利用頻度が高い。ディーラーはスクリーン上でプライスの確認，ヒット，締結を自分一人でこなすことができる。さらにコンファームと呼ばれる取引明細の確認も瞬時に行われ，ディーラー自身の持高の把握，また他行に対しての信用枠の更新なども行われることから有用なシステムである。

ただし近年，約定後のフロント・コンファームに関しては，ボイス・ブローキングにおいても，これまで専用回線などを用いて口頭で行われていたものが，専用の入力システム（TRTN）を用いて，

表 8-1　東京市場のフォワード取引におけるボイス・ブローキングと
電子ブローキングの出来高推移

(単位：百万米ドル)

年	ドル／円取引			ユーロ／ドル取引		
	全社計	ボイス・ブローキング	電子ブローキング	全社計	ボイス・ブローキング	電子ブローキング
2005	6,431,159	5,563,386 (87 %)	867,773	1,639,367	1,079,489 (66 %)	559,878
06	7,334,704	6,443,603 (88 %)	891,101	1,606,791	1,218,303 (76 %)	388,488
07	8,835,314	7,649,277 (87 %)	1,186,037	1,646,158	1,150,655 (70 %)	495,503
08	11,173,142	9,483,179 (85 %)	1,689,963	2,018,834	1,278,571 (63 %)	740,263
09	9,280,225	8,356,027 (90 %)	924,198	1,738,292	1,281,706 (74 %)	456,586
10	10,145,437	8,805,335 (87 %)	1,340,102	1,729,595	1,365,531 (79 %)	364,064
11	11,425,237	9,882,387 (86 %)	1,542,850	2,705,779	1,993,839 (74 %)	711,940
12	11,658,544	10,371,098 (89 %)	1,287,446	2,321,947	1,913,565 (82 %)	408,382
13	11,218,925	10,303,068 (92 %)	915,857	3,734,803	3,174,383 (85 %)	560,420
14	11,534,844	10,255,921 (89 %)	1,278,923	4,263,882	3,062,245 (72 %)	1,201,637
15	11,818,372	10,502,496 (89 %)	1,315,876	3,853,832	2,841,175 (74 %)	1,012,657
16	13,552,658	12,264,492 (90 %)	1,288,166	3,048,309	2,699,680 (89 %)	348,629
17	12,702,710	11,846,154 (93 %)	856,556	2,854,601	2,673,801 (94 %)	180,800
18	13,744,242	12,955,922 (94 %)	788,320	2,585,675	2,392,619 (93 %)	193,056

(資料)　マネー・ブローカーズ・アソシエイション。

電子的な約定内容のコンファームが主流になるといった変化が見ら
れる。

第2節 フォワード取引の実務

1. 実際の取引例

前節で述べたように従来の専用回線を用いた取引に加え，インターネット端末や専用端末上での会話（チャット機能）を使った取引が行われている。ブローカーと顧客の間では，たとえば，以下のようなやりとりがなされている。

　　ＺＺＺ銀行：ドル・円の6M（シックス・マンス＝6カ月物）は今いくら。

　　ブローカー：－96.8（ビッド）／－96.3（オファー）[1]です。

　　ＺＺＺ銀行：では－96.3を100本（1本＝100万ドル）マイン（＝期近でドルの売り／期先でドル買い：セル／バイ）。

　　ブローカー：ＡＡＡ銀行です，チェックをお願いします。

　　ＺＺＺ銀行：クレジット・ライン（与信枠）問題なし，OK。

　　ブローカー：ＡＡＡ銀行からもアグリー（Agree）されました。建値（スタート・レート）は，107円ちょうど

---

1)　「ビッド」や「オファー」を声に出して言うことは少なく，数字だけをクォートすることが多い。なお，今でこそ使われなくなったが，以前はビッド・サイド（＝ドルを売って買い戻す）を「とり」，オファー・サイドを「はらい」と呼んでいたこともあった。「とり」は為替差益を取ることを，「はらい」は為替差損を払うことを意味していた（ただしプレミアム体系では逆なので，意味合いも逆となるため混同されることを避けて使用されなくなった）。

　また，この例でのビッド／オファーは期先のドルに対しての表示であり，ビッド・サイドは期近のドル売り／期先のドル買いを行いたい銀行で，スプレッド幅（後出）が拡大したほうが為替差益を得られるように提示（－96.8）している。逆にオファー・サイドは期近のドル買い／期先のドル売りを行いたい銀行で，スプレッド幅が縮小したほうが為替差損を抑えられるように提示（－96.3）している。

　なお，ここでの為替損益は見かけ上のもので，金利裁定が働いている水準であれば互いに損得のない取引となる（本節 **6.** 参照）。

第 8 章　フォワード市場　283

（00 銭）でいいですか。[2]

　Ｚ Ｚ Ｚ 銀 行：OK，100 本ダン。

　また，クレジット・ラインに余裕がない場合は，チェックの依頼があった後のやりとりが以下のようになる。

　　Ｚ Ｚ Ｚ 銀 行：クレジット・ラインがタイトな（きつい）ので，

　　　　　　　　　　できない。

　　ブローカー：ナッシング・ダンです。

　このようなやりとりの結果，以下のような取引が行われることになる。

　　ドル・円 6 カ月物の 1 億ドル取引

　　約定日　　1 月 20 日

　　スポット応答日（期近）　　1 月 22 日

　　1 億ドルの売り，為替レート＝107 円 00 銭

　　期先受渡日　　7 月 22 日

　　1 億ドルの買い，為替レート＝106 円 03.7 銭

　　為替の差額＝0 円 96.3 銭

　上記の例では 6 カ月物をディスカウント 0 円 96.3 銭で取引している。これは−96.3（ディスカウント 96.3）という表記の仕方をすることもある。直物為替レート（スポット・レート）が 107 円 00 銭だとすれば，6 カ月後に取引される為替レートは，107 円 00 銭−0 円 96.3 銭＝106 円 03.7 銭となる。

　ここで発生している差額が「直先スプレッド」と呼ばれ，フォワ

―――――――――

　2）　スタート・レートについては特段の取決めがない限り，ヒットしたときのスポット・レートをベースに取り決めることが定められている（東京外国為替市場委員会〔銀行，証券，ブローカー，日銀の実務家で構成される〕が定めた Code of Conduct〔行動規範〕による）。

　　このような取決めが行われるのは，スプレッド（後出）に対して基準となる期近の為替レートをいくらにするか決定する必要があるためで，この事例ではスポット・レートが適用されるが，スポット市場の状況で大きな変動があった場合，このレートが合意されずナッシング・ダンとなることも稀にある。

ード取引で約定されるレートとなり，ドル（基軸通貨）と円（相対通貨）の金利差から算出される数値とほぼ等しくなる。通常，基軸通貨の金利のほうが相対通貨の金利よりも高い場合は「ディスカウント」（－〔マイナス〕表示）となり，その逆に相対通貨の金利のほうが基軸通貨の金利よりも高い場合は「プレミアム」（＋〔プラス〕表示）となる。

2. 決済方法について

近年，外国為替の決済リスクを削減するため，CLS による決済が主流となっている。

これにより決済方法によっては，市場においてビッドおよびオファーのレートが同一にもかかわらず約定に至らないといった現象（マーケット・アイザー）が発生するようになった。そのためブローカーは，レートをディーラーにクォートする際，あらかじめ決済方法を明示することが慣行となっている。

3. 直先スプレッドの算出方法

直先スプレッドの算出式は，以下のように表される（正確な算出式は BOX 8-1 を参照。なお，以下の本文では簡便化のため，円金利は 1 年＝360 日ベースで算出している）。

$$直先スプレッド＝先物為替レート－直物為替レート$$

$$＝（相対通貨金利－基軸通貨金利）$$

$$\times \frac{日数}{360} \times 直物為替レート$$

例：ドル金利　　1.9 ％

　　円 金 利　　0.1 ％

　　直物為替レート　　107 円 00 銭

　　6 カ月物　　180 日間

第8章　フォワード市場　　285

> ### BOX 8-1　直先スプレッドの算出式
>
> 　直先スプレッドの本来の算出式を詳しく表記すると，以下のようになる。
>
> $$先物相場 = 直物相場 \times \frac{1 + \dfrac{円金利}{100} \times \dfrac{日数}{365}}{1 + \dfrac{ドル金利}{100} \times \dfrac{日数}{360}}$$
>
> $$直先スプレッド = 直物相場 \times \frac{\dfrac{円金利}{100} \times \dfrac{日数}{365} - \dfrac{ドル金利}{100} \times \dfrac{日数}{360}}{1 + \dfrac{ドル金利}{100} \times \dfrac{日数}{360}}$$
>
> （金利，利回りは％表示）

　この条件を上記の算出式に代入すると，

$$\frac{(0.1 - 1.9)}{100} \times \frac{180}{360} \times 107.00 = -0.963 \text{円（} -96.3 \text{銭）}$$

となる。この −0.963 円（−96.3 銭）が直先スプレッドであり，マイナスはディスカウントを意味している。

4. 相場の変動要因

　直先スプレッドの数値が上下するのには，いくつかの要因が考えられる。この数値を構成するのは為替レートと金利であり，中でもとりわけ金利は直先スプレッドを動かす主要因となる。ある国の資産（通貨，もしくは債券，株式）は，経済状態の上昇・下降，政治や国際的な動向などから，それを購入するか売却するかが判断される。たとえば景気動向が思わしくないと判断されれば，その国の通貨価値は下がって為替相場で値動きが発生し，その変動が直先スプレッドの値を増減させることとなる。

2007年夏のサブプライム・ローン問題をきっかけに，アメリカの大手証券会社に経営危機が生じ，ヨーロッパ系銀行の傘下のファンドも凍結された。金融機関の信用縮小を回避するため，アメリカが政策金利の引下げや大規模な流動性の供給に追い込まれると，為替は円キャリー・トレードの巻戻しとも相まってドル売りが加速し，ドル・円の直先スプレッドは急速に縮小方向に傾いたということがあった。

2つ目に，実際の需要（実需）によっても値が上下する。これは，輸出入業者による先物為替の予約によって銀行の持高が偏り，それを解消しようとする動きから発生する。

3つ目には，スペキュレーション（投機）要因があげられよう。これは，将来，為替レートが上がる（下がる），金利が上がる（下がる）といった予測をもとに直先スプレッドの動向を予測し取引をすることで発生する。近年では，規制や会計に加えて，政治動向など，金融市場以外が及ぼす影響がより顕著になっている。

5. フォワード取引の目的

1 為替変動のリスク・ヘッジ

フォワード取引によって，将来の為替変動リスクをヘッジすることができる（為替予約）。たとえば，円高を予想する輸出業者が手取額の目減りを防ぐために将来の円買い・ドル売りの為替レートを予約する，あるいは円安を予想する輸入業者が支払額の増加を防ぐために将来の円売り・ドル買いの為替レートを予約するなど，顧客との外為取引のヘッジとして利用されている。またこれに付随して，外国為替公認銀行が貿易業者との間に結んだ為替予約の延長に対しても用いられている。

仮に，現在の為替相場が1ドル＝105円，ドル金利5％，円金利1％のときに，100万円持っていたとする。その100万円を半年間

（180 日間）円預金すると，半年後には 100 万 5000 円となって戻ってくる。一方で，ドルで預金すると，約 9761.90 ドルとなって戻ってくる。しかし，ドル預金した場合は，6 カ月後の為替相場が決定するまでは，円換算した手取金額は確定できない。したがって，どちらで預金した場合でも，最終的に同額が残るような為替レート（理論値 α）を算出する必要がある。つまり，

円預金した場合の半年後の残高：

$$1,000,000 \times 0.01 \times \frac{180}{360} + 1,000,000 = 1,005,000$$

ドル預金した場合の半年後の残高：

$$\frac{1,000,000}{105} \times 0.05 \times \frac{180}{360} + \frac{1,000,000}{105} = 9,761.90$$

この両者は以下の通り同額でなければならないことから，為替レート（理論値 α）が求まる。

ドル預金した場合×為替レート（理論値 α）

＝円預金した場合

$9,761.90 \times \alpha = 1,005,000$

為替レート（理論値 α）＝102.95

この理論値こそ，先物為替レートである。

なお，先物為替（アウトライト）取引は，理論値から直先スプレッドを求め，直物為替レートから引いた先物為替レートで約定する取引である。通常は順月確定日渡し（約定日における直物為替の受渡日を起算日とする各月の応答日が受渡日）であり，また先物為替取引に適用される相場が先物為替相場（アウトライト相場）である。

先物為替取引は，種々の受渡日があるため，インターバンク市場では直物為替取引に比べて売買注文の出合いはつきにくい。銀行は通常，こうした事態を避け為替ポジションにも影響が出ないように，先物為替の売買は直物為替取引とフォワード取引を抱き合わせて行

う。たとえば，銀行が企業から1カ月先のドル買い予約の注文を受けた場合，まず銀行は為替残高をスクエア（ゼロ）にするため，ドルの直物為替買い・先物為替売りのフォワード取引を行い，同時に直物為替の買持ちをスポット市場における直物為替売りで相殺する（これによって資金調整も解決する）。

輸出業者との対顧客取引では，スポット市場におけるドル売り・円買い取引に加えて，フォワード市場において期近のドル買い・期先のドル売りを行う。期間としては3カ月物あたりまでの短いものが多い。一方，輸入業者との対顧客取引では，スポット市場におけるドル買い・円売りの取引に加えて，フォワード市場において期近のドル売り・期先のドル買いを行う。この際は6カ月さらには1年物までが多い。

② 一定期間での資金繰り

フォワード取引は，銀行が自行の外国為替の持高を調整するためにも使用される。短期間の外貨の資金繰り調整の手段として，T/N（トムネ）やO/N（オーバーナイト）のフォワード取引が行われている。24時間絶え間なく取引が行われている現在，外貨ポジションに過不足が発生することも少なくなく，決済日を前に調整をする必要が出てくる場合にも用いられる（ミスマッチの解消）。また，流動性の確保などのためにも用いられ，年末年始や期末期初といった季節要因で外貨ニーズが増加する場合には調達手段として利用される。1990年代後半，邦銀は信用力が低下してドル金利市場で資金を調達することが難しくなり，フォワード市場で直物買い・先物売りの取引を積極的に行ってドル資金を確保していたことも，この一例である（ジャパン・プレミアム）。

③ 利益獲得を目的とした持高の構築

顧客から派生した先物（フォワード）持高を市場で手当てすることなく，そのまま保有し利益獲得を狙うことや，金融政策の変更を

図 8-1 リーマン・ショック前後の東京市場におけるフォワード取引出来高推移

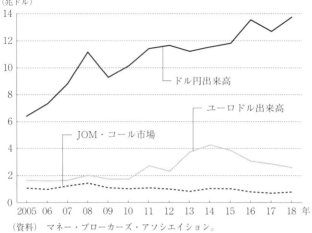

（資料）マネー・ブローカーズ・アソシエイション。

見極めようとする動きに付随して、該当する期間の持高を一方向に傾けるといった場合にも、フォワード取引が用いられる。たとえば、ドル金利の先安感が先行している市場で、期近ドル買い・期先ドル売りへフォワード持高を意識的に大きく傾けておくと、経済指標などの要因を受けてドル金利が逆に上昇した場合には為替売買益を獲得できることになる。

4 フォワード取引の多様化

ここまでフォワード市場の目的として、為替相場変動のリスク・ヘッジ、短期間の外貨資金繰り調整、また投機目的の持高構築などをあげたが、近年、金融市場参加者にとっては、資金の調達手段（金利裁定取引、後述）としての性格が顕著になってきた。通常、金融機関が円資金を調達する場合には、コール市場やデポ市場からの調達方法が考えられる。しかしそれ以外にも、ドル・コール市場などから調達したドルを、フォワード市場で直物売り・先物買いすることによって、円資金を調達するといった、一定期間において異な

る通貨での運用・調達を行うなどの取引が主となっている（図8-1）。

6.　金利裁定取引

最後に，フォワード取引を利用した資金調達の方法として金利裁定取引（円転，円投）を取り上げる（キャリー・トレード，BOX 8-2）。

① 円　　転

円転とは，以下のような流れで行われる取引である。①まずドル資金を調達し（ドルの調達コストの発生），②そのドル資金をフォワード取引で売って買い戻す（ビッド・サイドの）約定を締結する。③ドルを売ったことで得た円資金を運用（貸出し）し（期近受渡日），④約定終了日に，返済された円資金で（円の運用利息の発生），ドル資金を買い戻す（為替差益の発生，フォワード取引の期先受渡日）。

例1：β銀行は顧客への円融資のため，円の調達を考えている。マーケット状況が本節 **3.** の例であった際のフォワード・ポイントの理論値は−96.3 となっているが，輸出業者からの為替予約など何らかの要因で，実際のフォワード・ポイントが−100まで拡大していたとする。この場合，理論値よりもスプレッドが拡大している，すなわち為替差益を多く獲得できることから，市場で円資金を直接調達するよりも，フォワード市場で円を調達したほうがコストを抑えることが可能といえる。

市場で直接円を調達する場合（0.1 ％）と，市場でドルを調達しフォワード市場で円に転換する場合（ドルの調達コストが発生）を比較した際，ドルの調達コストが 1.9 ％，フォワード・スプレッドが−96.3 だとすれば，6 カ月物で直物売り・先物買いして為替差益を取得することは，107 円に対し6 カ月の間に 1.00 円の利息を受け取ったことと同義である。これを金利ベースに換算すると，

1.00 円÷107 円÷180 日×360=1.87 ％

BOX 8-2 キャリー・トレード

　低いコストで金融通貨を調達して，その通貨を売って（または貸して）高金利通貨や金融商品に投資し，その利鞘を稼ぐ手法。円を貸してドルで運用する円キャリー・トレードが一般的だが，2017年，FRBが10年ぶりに利上げを行う一方，日本では日銀がマイナス金利を続けていたことから，日米金利差が拡大したことの影響で，ドルを通常レートで貸し，円金利で大幅なマイナス金利を享受して日銀に積むという新たなキャリー・トレードも台頭した。2018年央までユーロ円市場で隆盛を見せたものの，FRBが利上げに転じたことで再び減少している。

　　1.90 %（ドルの調達コスト）− 1.87 %（為替差益）= 0.03 %

となり，ドルを調達しフォワード市場で円に転換すると，円の調達は 0.03 %で行えることとなる。

　このように外貨資金を円資金に換えて運用することを「円転」という。

　　　　円の調達金利（市場で直接）

　　　　＞ドルの調達金利 − 為替差益（金利換算）

というように，フォワード市場で円資金を調達する金利（ドルの調達金利から為替差益〔金利換算〕を引いたもの）が，直接円資金を調達する実際の金利よりも低いのであれば，かかるコストを抑えられるということから，「円転地合い」「円転がきく」などと表現されることがある。具体的には，自行内において市場で取引されているドル金利市場よりも低い金利での調達が可能な場合や，輸出予約（先物為替売り）などが入りフォワード・レート（直先スプレッド）が拡大（為替差益が拡大）した場合などが考えられる。

② 円　投

　一方，円投は，以下のような流れで行われる取引である。①まず

円資金を調達し（円の調達コストの発生），②その円資金をもってフォワード取引で買って売る（オファー・サイドの）約定を締結する。③円を売ったことで得たドル資金を運用（貸出し）し（期近受渡日），④約定終了日に，返されたドル資金で（ドルの運用利息の発生），円資金を買い戻す（為替差損の発生，フォワード取引の期先受渡日）。

　例2：γ銀行は顧客へのドル融資のため，ドル調達を考えている。マーケット状況が本節 *3.* の例であった際のフォワード・ポイントの理論値は−96.3 となっているが，輸入業者からの為替予約など何らかの要因から，フォワード・ポイントが−95 に縮小していたとする。その場合，理論値よりもスプレッドが縮小している，すなわち為替差損を少なく抑えることができることから，市場でドル資金を直接調達するより，フォワード市場でドルを調達したほうがコストを抑えることが可能といえる。

　市場で直接ドルを調達する場合（1.9 ％）と，市場で円を調達しフォワード市場でドルに転換する場合（円の調達コストが発生）を比較した際，円の調達コストが 0.1 ％，フォワード・スプレッドが−95 だとすれば，6 カ月物で直物買い・先物売りして為替差損を発生させることは，107 円に対し 6 カ月の間に 0.95 円の利息を支払ったことと同義である。これを金利ベースに換算すると，

　　0.95 円÷107 円÷180 日×360 ＝ 1.775 ％

　　0.1 ％（円の調達コスト）＋1.775 ％（為替差損）＝ 1.875 ％

となり，円を調達しフォワード市場でドルに転換した場合，ドルの調達は 1.875 ％で行えることとなる。

　このように円資金を外貨資金に換えて運用することを「円投」という。

　　ドルの調達金利（市場で直接）

　　　＞円の調達金利＋為替差損（金利換算）

第 8 章　フォワード市場　293

BOX 8-3　金利裁定の算出式

　本文で解説した資金の調達コストは，本来，それぞれ以下の式のような関係にある。

$$
円利回り = \frac{\dfrac{先物相場}{直物相場} \times \dfrac{ドル金利}{100} \times \dfrac{日数}{360} + \dfrac{先物相場}{直物相場} - 1}{\dfrac{日数}{365}} \times 100
$$

$$
ドル利回り = \frac{\dfrac{直物相場}{先物相場} \times \dfrac{円金利}{100} \times \dfrac{日数}{365} + \dfrac{直物相場}{先物相場} - 1}{\dfrac{日数}{360}} \times 100
$$

（金利，利回りは％表示）

というように，フォワード市場でドル資金を調達する金利（円の調達金利に為替差損〔金利換算〕を加えたもの）が，直接ドル資金を調達する実際の金利よりも低いのであれば，かかるコストを抑えられるということから，「円投地合い」「円投がきく」などと表現されることがある。具体的には，自行内において市場で取引されている円金利市場よりも低い金利で調達できる場合や，輸入予約（先物為替買い）などが入りフォワード・レート（直先スプレッド）が縮小（為替差損の縮小）した場合などが考えられる。

　これまでは金利と為替の水準から直先スプレッドが算出されていたが，最近では直先スプレッドからドル金利が算出されるといった逆算も行われるようになり，フォワード市場のみならず金利市場における指針的な存在として注視されるようになってきている（正確な算出式は BOX 8-3 を参照）。

　なお，2016 年 1 月末の日銀政策委員会・金融政策決定会合において，「マイナス金利付き量的・質的金融緩和」の導入が決定され，

一時的にボラティリティが上昇する場面が見られたが，2016 年 4 月末において，過去に見られたジャパン・プレミアムといった過剰な金利の上乗せ等の動きは見られなかった。

BOX 8-4　日本のオフショア市場取引

　第 7, 8 章で説明してきた国際的な資金取引に関連して，オフショア市場の解説をする。

1.　マネー・マーケットの金融商品
① 　特別国際金融取引（＝ JOM：Japan Offshore Market）勘定──金融機関同士による国内に流入しない無担保の資金貸借取引でオフショア勘定ともいう，取引に制限はない
② 　一般勘定取引──金融機関同士による国内に流入できる無担保の資金貸借取引で，取引に制限はない
③ 　国内外貨取引──金融機関同士による海外に流出できる無担保の資金貸借取引で，円は対象外（外貨コール勘定ともいう）
④ 　外貨 NCD 取引──金融機関同士による譲渡性預金の無担保の資金貸借取引で，とくに制限はない

　なお，取引時間帯については，東京市場ではとくに決められてはいないが，午前 9〜11 時と午後 3〜5 時がコアタイムとして取引が活発になる傾向がある。

2.　JOM 取引設立の経緯
　1980 年代初頭にアメリカ・ニューヨークのオフショア市場が開設された。日本では金融機関の国際取引が活発化し，金融自由化をめぐる日米間の摩擦から東京市場国際化への要請が高まったことなどが背景となり，1986 年 12 月に日本オフショア市場（Japan Offshore Market）が取引を開始した。

　1972 年に取引が開始された東京ドル・コール市場が，もっぱら国内における外貨貸借の円滑化を目的としているのに対し，オフショア市場は国内金融市場とは区別され，財務大臣から承認された外

第 8 章　フォワード市場　295

表1　外貨コールと JOM の相違

	外貨コール	JOM
商品種別	貸借取引	預金取引
マーケットの特性	資金は国内還流	海外用資金
金利計算日数	各通貨に準ずる （円は 365 日換算）	各通貨に準ずる （円は 360 日換算）
金融制度	円のみ 準預・当預積立て	な　し
規　　制	な　し	あ　り （入超・大口信用）
税　　金	申請で免除	課税なし

国為替公認銀行である金融機関が JOM 勘定を通じて資金の過不足調整を行う国際金融市場である。

相対の非居住者から調達した資金を国外で運用・調達する「外—外取引」を行うことが原則とされ，その資金が国内市場に還流しないオフショア（非居住者）勘定の円貨と外貨の取引を行う。

国内に比べより多数の金融機関が参加するオフショア市場で取引することで流動性が増し，取引時間に縛られることもないため，緊急時にも迅速な対応が可能な市場として成り立っている。また，相対先の多様化により，リスク分散とコスト低下などといった実務面でのメリットも向上しつつある。最近では，新興国の参入などによるクレジット・ラインの新設もあり，テクノロジーの進化では補いがたい多くの可能性を持つ資金取引にもなっている。

3.　JOM 勘定の定義

JOM は，資金市場の自由化や国際化を図る観点から制約が少ないように配慮し，国内勘定と区別した海外勘定[3]を指す。特徴として国内流入しない資金であること，準備預金対象外であること，租税特別措置法[4]のもとで源泉徴収が免除されていること，国内に比べ市場参加者が多く，まとまった金額での取引が可能であることがあげられる。取引通貨・期間・金利・金額に制限はなく，プライス

---

3)　オフショア勘定は独立した決済勘定を持たないので，決済は一般勘定を通じて行うロンドン市場型。

もよいことが多い。ただ，預金保険の対象外であるのみならず，国内の金融政策への影響を防ぐために入超規制[5]が課せられるほか，2014年から施行された大口信用供与規制により特定の相手に対して自己資本額の25％を超えてはいけないなど，厳しく管理されている。

　JOMの取引内容は，預け金，預り金，コール，貸付金，借入金，有価証券，本支店勘定，ローンであり，いずれも，現行の外国為替及び外国貿易法（外為法）が定める「特別国際金融取引勘定」を通じて取引が行われる。ただし，貿易金融，譲渡性預金，プロジェクト・ファイナンス，証書貸付などは対象外である。

4. 市場参加者

　現在，JOMの参加者は，外為法第21条第3項の規定により，財務省から「JOM勘定」の開設許可を受けた外国為替取扱認可の金融機関に限定される。主要参加者は，都市銀行を筆頭に信託銀行，農林中央金庫，商工中央金庫，地方銀行，信金中央金庫と各信用金庫，外国銀行，中央銀行，決済機構，SWF（sovereign wealth fund），政府系金融機関，その他一部金融機関などである。ただし，実際に常時取引を行っているのはその3割程度，そのうち東京市場では本邦金融機関が7割，外資系が3割を占めていると推定される。

　非居住者とは，外国法令に基づいて設立された法人（外為法第21条第3項），外国に事務所を有する法人（国際機関など），邦銀など金融機関の海外営業所，とされている（外国為替令第11条の2第2項）。近年の特徴として，2008年9月以降の国際的な金融危機の深刻化やカウンターパーティ・リスクの高進にともない，

---

4)　時限立法の租税特別措置法により一時的に源泉徴収の対象外となっていたが，2008年の法改正で特別国際金融取引勘定は預金利子等の非課税となり，事実上撤廃された（「オフショア市場・レポ取引に係る利子の非課税措置の恒久化（適用期限の撤廃）について」https://www.fsa.go.jp/news/19/sonota/20080501-3.html）。

5)　内外金融事情により，オフショア勘定から一般勘定へのネット・ベース資金流入は原則禁止されているが，月中のネット額で流入超過とならないことに加え，前月の非居住者資産の平残10％か100億円のいずれか高い金額内であること，1億円ルールなどの制限がある。

JOM における資金の出し手が減少傾向にあったが，11 年に入るとアジア勢を中心とした新興国の金融機関の参入が顕著になり，市場参加者も増加した。2014 年にも規制強化や会計基準の変更にともなって金融機関を取り巻く環境は変化し続け，資金の取り手も調達先偏重を緩和してクレジット・ラインを保有するために調達額を制限するなど，変化が生まれている。

5. JOM 取引額の経過

当初は 20 兆円に満たなかったものの，その後は国際金融取引における優遇装置の利点を生かして急激に増加し，1990 年には創設時の 4 倍強にあたる 90 兆円超にまで成長した。1991 年のバブル崩壊で若干の減少があり，本邦の金融システム危機を反映した円金利のジャパン・プレミアムを回避するために JOM 勘定の調整機能が活発化したことで，市場は 80 兆円前後と総じて高水準のうちに緩やかな伸びのまま推移した。その後は，BIS の自己資本規制の影響や 1997 年のアジア通貨危機から出来高の回復が続いた。

1998 年の法改正で有価証券がオフショア勘定に認められたことにより金融商品の門戸が広がって取扱高が増加したものの，深刻な不良債権問題の重圧や過度な運用が有価証券に転じて変調を来したことが回復の足かせとなった。2000 年代に入ってからアメリカで IT バブルが崩壊，また 2001 年 9 月のアメリカ同時多発テロの影響もあり，市場取引額の減少傾向は 05 年まで続いた。

2006 年になると，サブプライム危機による現金保有意識の高まりや不良債権の軽減に加え，自己資本比率の回復を背景に増勢傾向に転じるものの，08 年のリーマン・ショックによるカウンターパーティ・リスクの高まりから再び減少した。その後は各中央銀行が利下げや緩和刺激策で積極的に資金供給を行ったことで増加傾向に転じたこともあった。2010 年には日本でも国内経済の低迷を背景に日銀による量的・質的金融緩和いわゆる QQE が導入され，翌 11 年に東日本大震災が発生，さらなる資金供給が行われたことで，市場に過度な資金余剰が生じ，金利低下局面を強いられ運用難になった。これに加えて欧州債務危機からの外貨調達が加速し，一時的な増加に拍車がかかった。こうして，本邦金融機関が資産シフトによ

って外債保有を増加させたことで全体的な取引量は増えたものの，金利の低下と国内運用の不調から相手先が減少し，取引は再び右肩下がりになっている。

2013年になると，FRBによる第3弾の量的緩和（QE3）によって外貨調達が増え続け10年の約2倍にまで増加したが，14年からはFRBの出口政策によるテーパリングをはじめとして，段階的な規制強化や会計基準の変更を意識した市場環境の変化で取引は伸び悩んだ。

2015年12月にアメリカで約10年ぶりに利上げが行われたことでJOM勘定の取扱高は過去最高の約100兆円近くまで達したが，16年1月に日銀がはじめてのマイナス金利導入を決めると，日米金利差の拡大により積極的にJOM勘定で外貨調達や円貨運用を試みる市場参加者が増え，さらに市場が活性化した。しかし，それも束の間，同年夏に中国が端緒となって世界経済情勢の不確実性が高まり，市場環境が悪化して反転した。その後も円の長期金利がマイナスに突入したことがユーロ円市場で調達ニーズの低下を生み，流動性が枯渇，短期金融市場の機能に影響を与えた。

実質貸出金利においても国内運用利回りの低下やキャリー・トレードを享受しようと，積極的にオフショア勘定での運用を試みる市場参加者が増えるなどの側面もあった。しかし，ユーロ円市場ではマイナス金利導入の影響で円の調達サイドがいなくなったことで円余剰資金の運用難をオフショア市場で賄ってきた一部参加者が利回りを下げても相対すら見つからない状態になって取引の減少傾向が続き，さらなる参加者の減少・不在から取引額の減少を招いて，市場機能が不全となっている。

2017年にはFRBによる金利引上げ側面があったものの，長期にわたる金利低下が先物為替スワップ（フォワード）市場などを通じてドル・インプライド金利を押し上げ円投オファー主導のドル・コール市場とストレート・オファー中心のドル・オフショア市場の乖離をより顕著にし，邦銀のドル調達コスト高という一面を生じさせた。しかし，新興国，とくに成長著しいアジア圏内を中心とした参加者も加わって海外貸付市場参加者が増加したことで，徐々にではあるが伸び続け，再び100兆円に迫る勢いで過去最高値となった。

2018年になると，米中貿易摩擦が悪化に向かい，さらに覇権争いに拡大したため，その影響を受けて世界経済が徐々に鈍化していくと，市場出来高は減少に転じた。そのほか，LIBOR問題前後から続いている金融規制や会計基準の変更は，予想以上に市場を取り巻く環境を変えて，流動性を圧迫していった。日本国内でも，オフショア勘定が大口信用供与の規制対象となると，コール市場がオフショア市場の月間取引額を一時上回り，2019年には倍近くまで出来高が増加するなどの効果があった一方で，オフショア市場は伸び悩んでいる。

6.　取引単位，レート，金額

取引単位は，市場動向や時代により変化しているが，傾向として右肩下がりであることは否めない。発足当初は500・1000百万ドル以上のサイズもあり，100百万ドル未満はスモール・アマウント（small amount）として敬遠されるか，レートが変わるなどの盛況を見せていた。バブル崩壊，リーマン・ショック，欧州債務危機など，さまざまな金融危機を乗り越えた2017年には，ショートと呼ばれる当日物から2営業日後物，また1週間未満の期間では100～500百万ドル，週間物で50～200百万ドル，レギュラー・タームの1～3カ月物で20～100百万ドル，それ以降の期間だと10～50百万ドルで取引されることが多い。ユーロ円の取引額目安単位は1ヤード（10億円）だが，基本取引額は5～10ヤード（50億～100億円）が主流になりつつある。

2019年，約定金利については1/100％（1 bps）が基本で制限はない。1/10000（万分の一，0.01 bps）や，ゼロ，マイナスの取引も可能である。

7.　採　用　金　利

JOMの資金取引における適用金利については，外貨がLIBOR，円貨はユーロ円TIBORのほか，外貨預金・外貨レポと為替スワップ（フォワード）からの裁定取引によるインプライド金利や外国為替仲介業（外為ブローカー）のプライスなども参考にされている。

表2 取引期間

名　称		スタート	エンド
ショート・ターム	O/N (Over Night)	当　日 (Today+0)	翌営業日 (Today+1)
	T/N (Tomorrow Next)	翌営業日 (Today+1Day)	2営業日 (Today+2)
	S/N (Spot Next)	2営業日 (Today+2Days)	3営業日 (Today+3)
ウィークス	1～4Week	2営業日 (Today+2Days)	7～28営業日後
レギュラー・ターム	1～12Month	2営業日 (Today+2Days)	1～12カ月後営業日
ロング・ターム	12M超	2営業日 (Today+2Days)	各期間の営業日
オッド・ターム	Today Week	当　日 (Today+0)	7営業日後
	Tom Week	翌営業日 (Today+1Day)	7営業日後
	Spot End	2営業日 (Today+2Days)	直近の月末最終日
	Turn of the Quarter	直近四半期末日	翌四半期初日
	Meeting to Meeting	直近の政策決定会合	翌政策決定会合

8. JOM取引の優遇と規制

国際金融市場活性化の観点から，国内取引のみを行う金融機関よりも有利な制度となっており，以下のような優遇と規制措置がある。

(1) 優　遇　措　置

① 準備預金制度が課せられない

② 源泉所得税が非課税[6]

③ 金利上限規制の対象外

④ 預金保険制度の対象外

---

6) 従来，JOM市場の利子の非課税措置は，2年ごとに適用期間が延長されてきたが，2008年4月の所得税法等の一部を改正する法律の公布・施行により，この適用期間が撤廃され，非課税措置が恒久化された。

⑤　政府機関や外国公社債等が発行する債券を経理することが可能

⑥　日本国債の債券売買型レポおよび債券貸借型レポを経理することが可能

⑦　外国公社債などの債券貸借型レポを経理することが可能

(2)　規 制 措 置

国内の金融政策面への不測の影響を防止する必要から内外遮断措置を厳格にするため，オフショア勘定と国内金融機関の一般勘定との間での自由な金融取引に対しては，原則，次のような規制がある。

①　オフショア勘定は独立の決済勘定を有せず，一般勘定を通じて行う

②　振替額の限度

③　入超規制

④　オフショア勘定に経理可能なオフバランス取引の制限

⑤　大口信用供与等の規制

⑥　1億円ルール

⑦　オプション取引をオフショア勘定に経理することは認められていない

⑧　金融機関以外の外国法人との取引期間は2日以上であること

⑨　譲渡性預金は経理対象外

9.　取引までの流れ（オファー・サイド）

　　A銀行：今，ドルのO/N（オーバーナイト）はどうですか。

　　ブローカー：ドルのO/Nは0.50％オファーが海外から1行，リファー・ビッドで0.48％が東京から1行，0.47％で海外から2行です。

　　A銀行：0.48％のビッドをチェックしますのでファームにしていただけますか[7]。

　　ブローカー：はい。（ドルO/Nの0.48％）ビッドをファームにしてきます。……0.48％ビッドがファームになりました。B銀行東京で100本（＝100百万）プラスです。

---

7)　以降の取引のやりとりは各行や担当者によって異なるため，各担当者が適宜，対応を行っている。

Ａ銀行：チェックします……Ｂ銀行東京にO/Nで200本まで
　　　オファー（ユアーズ）します。

ブローカー：ドルO/N 0.48％でＢ銀行東京に200本をオファ
　　　ー（金額交渉）してきます。……先程の条件でクローズで
　　　きました。ダン（Done：取引成立）でお願いします。

Ａ銀行：当行の出し，ドルのO/NでＢ銀行東京に200本を
　　　0.48％で出しました。ダンです。

ブローカー：ありがとうございます，ダンでお願いします。
　　　……（チケットの記入，自分の取引ノートに記入，相対の
　　　リンクにも確認，バックにチケットを渡す）……

Ａ銀行：コンファームお願いします[8]。

ブローカー：はい，コンファームを申し上げます。御行の
　　　JOMの出し，Ｂ銀行東京へ，ドル200本を9/1から9/2
　　　まで1デイ（Day）のO/Nで，レートが0.48％，インタ
　　　イム扱い以上1件です。

Ａ銀行：お合いしております。
　　　……（コンファームが済んだことを自分の取引ノートにチ
　　　ェック）……

Ａ銀行：リコンファームお願いします。

ブローカー：はい，リコンファームを申し上げます。御行の
　　　JOMの出し，Ｂ銀行東京へドル200本を9/1から9/2ま
　　　で1デイのO/Nで，レートが0.48％，インタイム扱い以
　　　上1件です。

Ａ銀行：お合いしております。

ブローカー：ありがとうございました。
　　　……（リコンファームが済んだことを自分の取引ノートに
　　　再度チェック）

（財務省，金融庁，日本銀行，国税局，全国銀行協会，上田東短フォレ
ックス資料を参照）

---

8)　コンファームのやり方も各銀行によって異なり，相手側がいうのを担当者が
　　聞くだけの方法や決済口座（Standard Settlement Instruction：SSI）を伝え
　　るなど，さまざまなスタイルがある。

第9章

短期金利デリバティブ市場

　短期金利のデリバティブ（派生）取引を大別すると，相対取引である OTC（over the counter）デリバティブと，取引所に上場されている金融先物の，2種類に分けることができる。両者の中には，経済的機能がかなり近く，事実上競合する取引も存在しているが，銀行，証券会社，機関投資家は，各自のニーズに応じて，これらを使い分けている。OTC デリバティブ取引では，金利スワップ，通貨スワップ，スワップションが取引されている。

　スワップ取引とは，将来のキャッシュフローを交換する取引である。スワップ取引は，扱う通貨が単一か複数かによって分類される。広義には，金利の変動／固定にかかわらず交換されるキャッシュフローが同通貨間の取引を，金利スワップ（IRS：interest rate swap）と呼び，とくに円同士のスワップ取引を総じて，円―円スワップと呼ぶ。一方，狭義の金利スワップとは，固定金利のキャッシュフローと変動金利のキャッシュフローを交換する取引を指す。また，広義の金利スワップに対して，異通貨間のスワップ取引を，通貨スワップ（currency swap）と呼ぶ。他方，狭義の金利スワップに対して，変動金利と変動金利のキャッシュフローを交換する取引を，ベーシス・スワップ（basis swap）と呼ぶ。

　なお，日本の金利スワップ市場において，最も典型的な取引は，

固定金利と 6 カ月物 LIBOR を交換する金利スワップであり,「プレーン・バニラ」と呼ばれる。

本章では,金利スワップを中心に,OTC デリバティブ市場の現状を解説していく。まずは OIS（overnight index swap）を中心に OTC デリバティブを解説し,続いて LIBOR を原資産とする IRS,金融先物の概要,最後に金融危機以降のデリバティブ市場を取り巻く規制の変化を見ていくこととする。

第1節　OIS取引

OIS とは,狭義の金利スワップの一種であり,変動金利には無担保コール・オーバーナイト金利がインデックス・レートとして使われる。主な目的は,銀行間のオーバーナイト金利の変動リスクをヘッジすることである。各国のオーバーナイト金利は,一般にその国の中央銀行の政策金利との連動性が非常に高い。そのため,金融機関や機関投資家が中央銀行の政策変更の可能性を考慮して取引を行う必要がある場合に,OIS 市場が利用されている。日本では日銀が量的緩和策を解除して利上げを行った 2006 年から 07 年にかけて,円の OIS 取引が爆発的な急増を見せた。2016 年の,日銀によるマイナス金利政策導入後も,取引が増加した。

OIS 取引においては,当事者間で合意されたある期間の固定金利と,インデックス・レートとして同期間の毎日のオーバーナイト金利を複利化したものが交換される。元本は移動せず,交換される金利部分のみが当事者間で差金決済されるオフバランス（簿外）取引である。元本部分は「想定元本」と呼ばれる。

なお,市場参加者は,ISDA（International Swaps and Derivatives Association）のマスター・アグリーメントに沿って取引を行っている。

1. 円 OIS 市場の出来高推移

　日本では、1997 年半ばから取引が開始されたが、海外に比べると長い間取引は活発化しなかった。日銀のゼロ金利政策と量的緩和策により、オーバーナイト金利があまり変動しない状況が続いていたためである。東京市場におけるブローカー経由の円 OIS 取引の出来高（想定元本）は、2005 年頃まできわめて少額で推移していた（マネー・ブローカーズ・アソシエイション調べ）。

　その後、日銀が 2006 年 3 月に量的緩和を解除した頃から、円のOIS 取引は増加を始める（図 9-1）。日銀がゼロ金利を解除したのは同年 7 月だが、その前月である 6 月から取引は急速に拡大した。

　日銀が 2 回目の利上げ（0.5 ％へ）を行った 2007 年 2 月には、円OIS の月間出来高は 248.7 兆円を記録している。また、同年 8 月にヨーロッパ発の短期金融市場における流動性クランチが勃発し、政策金利引上げの先行きに対する市場の見解が錯綜したことから、同月の OIS 出来高は 227 兆円となった。

　しかし、その後の出来高は減少傾向をたどった。日銀が無担保コール・オーバーナイト金利誘導目標を 0.1 ％に引き下げた 2008 年12 月以降はさらに減少、09 年 3 月以降は月間平均取扱高は 10 兆円を下回っている。日銀が黒田総裁のもと、量的・質的金融緩和を実施した 2013 年 4 月以降、取引高はさらに減少し、15 年には月間平均出来高は 1 兆円を下回った。しばらくは取引が低調な状態が続いていたが、マイナス金利政策の導入された 2016 年 1 月以降、無担保コール・オーバーナイト金利の先行きの低下が見込まれると OIS取引に注目が集まり、同年 4 月には 4 兆円近くが取引され、同年の月間平均取引高は 2.7 兆円となった。2017 年と 18 年も、月間平均取引高はそれぞれ 2 兆円程度となり、最低時期に比べると増加傾向にある。

　また昨今は、LIBOR 廃止にともなうポスト LIBOR の最有力候補

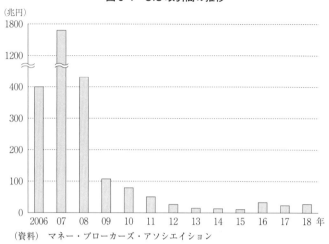

図9-1 OIS取引高の推移

(資料) マネー・ブローカーズ・アソシエイション

にOISレートがあげられている。OISレートを参照する商品が増えることでOIS取引に注目が集まり，一段の取引高の増加が予想される。

2. 円OIS市場の参加者

20社程度の日米欧の大手銀行・証券会社が取引を行っている（その背後には，海外ヘッジ・ファンド等バイ・サイドからの注文も存在している）。金融危機以前はヨーロッパ系を中心とする外資系金融機関が主なプレーヤーであったが，金融危機以降は，LIBORとのベーシス・スワップ（後述）の取引の拡大等により，日系のメガバンクや大手証券会社も取引を行っている。市場への参加障壁は高く，ISDAのマスター・アグリーメント締結や中央清算機関への登録，電子コンファメーション・システムの導入等が必要であり，想定元本も巨大である。そのため，地銀や生損保等にとっては，メガバンクや大手証券会社経由で取引するほうが経済合理的であり，直

接市場での取引は行わない。海外の OIS 市場ではヘッジ・ファンド等が市場に参加している。国内市場においても，将来，電子取引基盤やカウンターパーティ・リスク管理の発展により，参加者の裾野が広がることが期待される。

3. 円 OIS 取引の種類

円の OIS 取引は，主に次の 3 つに区分することができる。

① スポット取引

スポット日（約定日の 2 営業日後）からスタートし，1 カ月間，3 カ月間，6 カ月間，1 年間，1 年先からの 1 年間など，期間を定めて行う取引のことをいう。当事者間の合意があれば，IMM デート（シカゴ・マーカンタイル先物取引所インターナショナル・マネタリー・マーケットの決済日である限月の第 3 水曜日）をスタート日とすることもできる。東京金融取引所（TFX）上場のユーロ円 3 カ月金利先物（第 3 節参照）の決済日も IMM デートであるため，同先物と OIS の裁定取引を行う場合などに利用される。

② 金融政策決定会合間取引

ある日銀金融政策決定会合から次の金融政策決定会合までの期間を対象とした取引である。この取引は一般的に，簡略化した言い方で，「BOJ Date」と呼ばれている。

日銀はこの取引をサポートするために，2007 年 6 月から毎年 6 月と 12 月に先行き 1 年分の会合の開催日程を公表するようになった。それ以前は，最短のケースで 3 カ月程度先の会合日程しか知ることができなかった。また，2015 年 6 月に日銀は，年 14 回（4 月と 10 月は 2 回）行っていた会合を，欧米に合わせる形で年 8 回に減らす決定をした。

BOJ Date OIS とそれに織り込まれる市場予想の簡易な例をあげる。仮に現在の日銀の政策金利（無担保コール・オーバーナイト金利

誘導目標）が 0.5 %，市場が想定している次の政策金利変更の幅が
0.25 %だとしよう。将来のある月の金融政策決定会合間取引のレー
トが 0.75 %をやや超えていれば，一般的に，市場はその月までに
利上げが行われる確率を 100 %織り込んでいると見なすことができ
る。あるいは将来のある月のレートが 0.65 %であるということは，
便宜的に計算すれば，市場はおよそ 6 割程度の確率（（0.65−0.5）／
（0.75−0.5）＝60 %）で，利上げを予想していることになる。

　なお，後述するが，OIS ではインデックス・レートの計算を複利
化して行っている。ある月の会合 2 日目の翌日から次の会合 2 日目
までのオーバーナイト取引の加重平均金利「確報値」の平均が仮に
0.75 %だったとしても，インデックス・レートは複利化された分，
0.75 %よりも若干高くなる。また，日銀の先行きの政策金利変更の
刻み幅に関する市場の予想が割れているときは，上述のようなシン
プルな織込み確率の計算はできなくなることに注意が必要である。

　図 9-2 は，金融政策決定会合間取引のレートを表している。

　金融政策の変更により，日銀金融政策決定会合間取引 OIS カー
ブがどのように変化してきたのか，マイナス金利付き量的・質的金
融緩和策導入時にさかのぼり，その推移を見ていこう。

　「2016 年 1 月 4 日時点」のイールドカーブでは，2016 年 1 月会合
の気配値が 0.07125 %だったのに対して，同年 6 月会合で 0.05875
%，12 月会合で 0.04875 %となっており，穏やかな逆イールドカー
ブである。これは，市場が先行きの金融緩和や利下げをある程度意
識している状態といえる。

　2016 年 1 月 29 日に日銀がマイナス金利付き量的・質的金融緩和
を発表すると，直後にカーブはマイナス圏に下り，「2016 年 1 月 29
日時点」の通りとなった。このカーブの急激な形状変化からも，こ
のときの金融緩和に予想以上のインパクトがあったことがわかる。

　「2016 年 2 月 29 日時点」の 2nd BOJ 期間（翌々回の日銀金融政策

図 9-2 BOJ Date OIS の推移

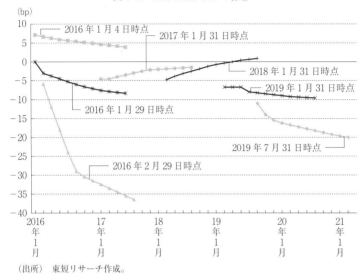

(出所) 東短リサーチ作成。

決定会合から翌翌々回の日銀金融政策決定会合の期間)での取引レートは−0.125％で無担保コール・オーバーナイト金利が政策目標値の−0.1％を下回っており,その後の BOJ 期間に対応するレートも今後の大幅な低下を織り込んでいた。しかしその後,実際のコール市場では,当局の思惑のようには無担保コール・オーバーナイト金利のマイナス化は進まず,BOJ Date 取引のイールドカーブの逆イールド化は徐々に解消していった。1 カ月単位での動きでは,日銀金融政策決定会合前に追加緩和への期待からカーブが低下し,期待が外れるとカーブが再上昇するような,ボラティリティの高い相場環境が続いた。

そして,「2017 年 1 月 31 日」時点の通り,2016 年 1 月の会合以来 1 年間をかけて,次第にイールドカーブの水準は上昇し,景気回復期待から若干の順イールドとなった。その後は「2018 年 1 月 31

日時点」および「2019年1月31日時点」から見て取れる通り，おおむね0％から−0.10％の範囲内に収まった。これは，無担保コール・オーバーナイト金利の誘導目標が，多少の誤差はあるものの現時点からの1年半先まではおおむね変更がないと，市場参加者が予想している状態といえる。

しかし，「2019年7月31日時点」から見て取れる通りに，2019年1月にフラット化して以降は次第に逆イールド化が進んでいった。これは，この頃に，貿易摩擦交渉の行方の不透明感から世界的な景気減速感が意識され，世界規模で金融緩和が進んだことによって円金利市場でもさらなる金融緩和が期待されたためといえる。

このように，円OIS市場に織り込まれた日銀政策金利の先行きの予想は，金融市場や経済の情勢によって，大幅に変化する。ただし，円OIS市場の主要プレーヤーが外資系中心となっていることもあって，OISレートと国内金融機関の資金ディーラーの金利観との間にずれが生じていたケースも，過去には時折見受けられた。

③ 円金利スワップ vs OIS スプレッド

円金利スワップとOISの取引を同時に行う取引のことをいう。比較的長めの期間でOISを取引する際に用いられる。主に1年超以降で取引され，40年までが取引対象である。このとき，円金利スワップは，Semi Bond 3M LIBOR，もしくはSemi Bond 6M LIBORが用いられる（以降は，円金利スワップ vs OIS スプレッドのことを，IRS-OIS スプレッドと表記する）。

4. 固定金利のレート刻み幅

OTCデリバティブ取引では，固定金利の刻み幅は当事者間で決めることができる。最近は8分の1ベーシス・ポイント（0.00125％）刻みが主流である。

一方，東京金融取引所に上場されているユーロ円3カ月金利先物

の価格刻み幅はハーフ・ベーシス・ポイント（0.005 %）である。日銀の政策金利が0.1 %や−0.1 %というようなここ数年の環境下では，OISやSPS（第2節参照）のほうが，きめ細かい取引を行うことができるといえる。将来，プラス・マイナスにかかわらず，政策金利の絶対値が大きくなれば，刻み幅も自然と大きくなっていくことになる。

5. OIS取引の計算例

円OIS取引の具体的な計算例として，9月5日にスタートし，9月12日にエンドが来る1週間物の円OIS取引を想定してみよう。なお，ほとんどの円OIS取引は，1年を365日として計算している。

① インデックス・サイドの利息

インデックス・レートには，日銀が日々公表している無担保コール・オーバーナイト取引加重平均レートの「確報値」が利用される。

その「確報値」を使って，複利で計算してみよう。一般に複利金利は次のように算出される。

確報値：R，日数：D，日数合計：D_t，元利合計（maturity value）：Pとすると，

1日目　　$P_1 = 1 + R_1 \div 100 \times D_1 \div 365$

2日目　　$P_2 = 1 + R_2 \div 100 \times D_2 \div 365$

$$\vdots$$

n日目　　$P_n = 1 + R_n \div 100 \times D_n \div 365$

であり，複利金利（%）は次のようになる。

$$R_c = [(P_1 \times P_2 \times \cdots \times P_n) - 1] \div D_t \times 365 \times 100$$

なお，日々の元利合計の計算では，小数点以下の桁数は第15位を四捨五入し，第14位までを有効とする方式が主流である。

具体的に計算してみよう。表9-1のように，取引開始日の9月5日の「確報値」が0.239 %だったとする。このオーバーナイト取引

312

表 9-1　インデックス・サイドの複利計算例

OIS 取引 1 週間物（9 月 5 日(火)スタート，12 日(火)エンド）

	平均金利	日数	元利合計	
9 月 5 日	0.239 %	1	$1 + 0.239 \div 100 \times 1 \div 365 = 1.00000654794521$	(a)
6 日	0.241	1	$1 + 0.241 \div 100 \times 1 \div 365 = 1.00000660273973$	(b)
7 日	0.257	1	$1 + 0.257 \div 100 \times 1 \div 365 = 1.00000704109589$	(c)
8 日	0.256	3	$1 + 0.256 \div 100 \times 3 \div 365 = 1.00002104109589$	(d)
11 日	0.260	1	$1 + 0.260 \div 100 \times 1 \div 365 = 1.00000712328767$	(e)
複利計算			$(a) \times (b) \times (c) \times (d) \times (e) = 1.00004835701880$	

（注）　元利合計の小数点は第 14 位まで有効（第 15 位を四捨五入）。

が終わる 9 月 6 日時点の元利合計は，

$$1 + 0.239 \div 100 \times 1 \div 365 = 1.00000654794521$$

である。同様に，期間内のそれぞれの元利合計を計算する。ただし，9 月 8 日（金曜日）のオーバーナイト取引は週末越えの 3 日間として計算する。

　以上で求めた毎日の元利合計を乗じて複利化を行う。その結果，この 7 日間の複利元利合計（compounded maturity value）は，1.00004835701880 となる。そこから複利金利（年利）を求めると，

$$(1.00004835701880 - 1) \div 7 \times 365 \times 100 = 0.25214731231379 \%$$

となる。ただし，最終的にインデックス・サイドの利息を計算する際は，小数点以下第 6 位で四捨五入して，第 5 位までを有効桁数とする。このため，インデックス・サイドの金利は 0.25215 ％となる。

　仮に，想定元本が 1000 億円であれば，

$$1000 \text{ 億} \times 0.25215 \times 7 \div 36{,}500 = 4{,}835{,}753 \text{ 円（円未満は切捨て）}$$

となる。

② 固定金利サイドの利息

　固定金利サイドの約定レートが仮に 0.25 ％であれば，その利息は，

1000 億×0.25×7÷36,500＝4,794,520 円

である。

③ 差 金 決 済

以上により，「固定金利受取り・変動金利支払い」の取引を行った金融機関は，

　　　＋4,794,520－4,835,753＝－41,233 円

つまり，4 万 1233 円の支払いとなる。

　なお，6 カ月物 LIBOR を変動金利のインデックスとする一般的な金利スワップ取引の場合，変動金利期間の期日が来る 6 カ月ごとに固定金利との差金決済が行われている。しかし，OIS 取引の場合，インデックス・サイドはオーバーナイト金利（期間 1 日）である。それを毎営業日ごとに固定金利と差金決済するとなると，事務作業が非常に煩雑になる。そこで，OIS 取引では，オーバーナイト金利を上記のように複利計算して，全体の満期日にそれと固定金利の差額を計算し，満期日の 2 営業日後に決済を行う。OIS の変動金利は，期間の最終「確報値」が満期日（日本時間午前 10 時頃）に発表される関係で，海外センターの事務処理の時間をとるため，LIBOR スワップ等ほかの取引と違って，満期日と決済日が異なることに注意が必要である。ただし，期間が 1 年を超える OIS 取引のほとんどは，スタートから 1 年後にいったん支払いを行う「annual payment」方式を採用している。また，満期日の休日考慮は，「modified following」のルール（満期日の応当日が休日の場合は翌営業日とする，応当日が月越えとなる場合は当該月の最終営業日とする）で計算される。

　たとえば，15 カ月の取引の場合，OIS では 1 年後に 1 度決済を行い，残りを 15 カ月後に行う。一方，一般的な金利スワップでは，3 カ月後，9 カ月後，15 カ月後に決済を行う。なお，15 カ月の取引であっても 15 カ月分の決済を一括で行う「ブレット取引」という

ものもある。

6. 1件当たり取引金額

円 OIS は 1 件当たりの取引金額が大きい。市場での最低取引金額は，一般的に 1 年未満の短期の取引では 500 億円，1 年超 10 年未満では 50 億，10 年超では 10 億となっている。そういったルールが存在するわけではないが，大手の銀行，証券会社が中心的プレーヤーであるため，自然と大ロットの取引が行われている。

国内市場での平均取引額を見てみよう。取引が非常に活発だった 2007 年の年間の出来高を年間取引件数で割ってみると，1 件当たりの平均取引金額（想定元本）は 3400 億円となる。同年 7 月の平均取引金額はとくに大きく，4115 億円に達していた。金融危機のあった 2008 年以降，円金利スワップと OIS の差が意識されるようになると，IRS-OIS スプレッドが取引されるようになり，1 年超から中期や超長期の取引が増えたために，1 件当たりの取引金額は低下の一途をたどっている。2018 年の平均取引金額は 1 件当たり 360 億円であった（マネー・ブローカーズ・アソシエイション資料より）。

7. 円 OIS 取引の期間

アウトライトの取引では，1 カ月から 1 年までが一般的であるが，円金利スワップと OIS を組み合わせた取引である IRS-OIS スプレッドでは，実質的には 40 年等の超長期まで取引することが可能になっている。

2007 年の円 OIS の取引期間別出来高（想定元本）を見ると，「1 カ月未満」が全体の 62 ％，「1 カ月から 2 カ月未満」が 32 ％を占めていた。両者を合わせると 94 ％に達する。金融政策決定会合間取引は，スタート日は先日付となるが，期間は 1 カ月前後であるため，それらのどちらかに含まれている。

日銀が政策金利を引き上げていた 2006〜07 年には，円 OIS 市場に占める金融政策決定会合間取引のシェアは 9 割前後の時期もあったと推測される。しかし，2009 年 1〜2 月においては，「1 カ月未満」と「1 カ月から 2 カ月未満」の合計のシェアは 66 ％に低下した。金融政策決定会合間取引が減っていることが主因である。

その後，量的・質的金融緩和による事実上ゼロ金利政策下において，金融政策決定会合間取引は見られなくなった。2018 年は，期間が 2 カ月未満の取引のシェアは 24 ％まで低下している。また，3 カ月以上 7 カ月未満は 40 ％のシェアである。なお，24 カ月以上のシェアは 15 ％であるが，取引件数では 63 ％を占めている。これは IRS-OIS スプレッド取引によるところが大きい（マネー・ブローカーズ・アソシエイション資料より）。

第 2 節　LIBORを原資産とするデリバティブ取引

本節では，LIBOR を原資産（変動金利）とするデリバティブ取引，とくに，相対でのフォワード取引を行う SPS 取引と，金融危機後のさまざまなカウンターパーティ・リスクの顕在化によってヘッジ利用が拡大した，いくつかのベーシス・スワップについて述べる。

1.　SPS 取引，FRA 取引
□　SPS 取引・FRA 取引とは

短期金利の OTC デリバティブとして活発に取引が行われているものには，OIS のほかに，SPS（single period swap）取引がある。約定日の一定期間後にスタートする金利契約期間の金利を，事実上予約する取引のことである。たとえば，スポット日（当日から 2 営業日後）から 1 カ月後にスタートし，スポット日から 4 カ月後に満

期が来る期間3カ月の金利は「1×4」と表示される。あるいは，スポット日から3カ月後にスタートし，スポット日から9カ月後に満期が来る期間6カ月の金利は「3×9」と表示される。

「1×4」で表示される金利契約期間を取引する場合，取引当事者間で合意された期間3カ月の固定金利と，その期間が始まる時点のインデックス・レート（3カ月物 LIBOR 等）が交換される。「3×9」の場合6カ月物 LIBOR がインデックス・レートとして固定金利と交換される。SPS の "single period" とは，変動金利（インデックス・レート）の期間が1回だけということを意味している（一般的な金利スワップ取引の場合は，変動金利の期間が何度もある。BOX 9-1参照）。

市場では，6カ月物 LIBOR・3カ月物 LIBOR・1カ月物 LIBOR をそれぞれインデックス・レートとする SPS が取引されており，TIBOR を変動金利とする SPS も取引されている。一方，東京金融取引所には，3カ月物 TIBOR を変動金利とする FRA 取引（次に述べる）を規格化した「ユーロ円3カ月金利先物」が上場されている。

SPS とほぼ似た経済的機能を持つ OTC デリバティブとして，FRA（forward rate agreement）という取引もある。SPS も FRA もオフバランス取引なので，元本は移動せず，固定金利とインデックス・レートの差額が決済される。SPS は通常の金利スワップと同様に，金利契約期間が終了する時点で決済が行われる。一方，FRA の場合は，金利契約期間がスタートする際に決済を行うため，決済する金額は金利契約期間終了時（マチュリティ・デイト）における決済金額を現在価値に割り引いた額となる。東京市場では刑法上の賭博罪にあたる疑義があるとの見方から近年 FRA 取引は行われておらず，市場慣行として FRA という名前を使う場合でも SPS 取引を意味する。

BOX 9-1　金利スワップ取引

　本文でも説明したように，ある期間の固定金利と変動金利など，当事者間で金利を交換するオフバランス取引を，金利スワップ（IRS：interest rate swap）取引と呼ぶ（変動金利同士の交換もある）。同取引においては，元本は移動せず，交換する金利の差額だけが取引当事者間で決済される（差金決済）。

　円—円の固定金利と円の変動金利を交換する取引は円—円スワップ，ドルの固定金利とドルの変動金利を交換する取引はドル—ドル・スワップと呼ばれる。

　円—円スワップの場合，変動金利のインデックス・レートとして使用されるものには LIBOR と TIBOR がある。しかし，実際は LIBOR が使われるケースが圧倒的に多い[1]。変動金利の期間が1回だけの取引は，前述のように SPS 取引と呼ばれている。

　取引は，期間の長さによって，大まかにショート・ターム（短期）とミディアム・ターム（中長期）に分けられている。法的な区分があるわけではないが，1年までをショート，1年超をミディアムと見なすケースが多い（2年で分ける見方もある）。なお，ミディアム・タームの金利スワップの場合，標準的には，変動金利に6カ月物 LIBOR が使われている。

　企業がミディアム・ターム金利スワップを利用する際の典型例としては，次のようなケースがあげられる。LIBOR などに連動する短期の変動金利で資金を調達すれば借入金利が割高となり，社債発行による長期固定金利で調達すれば割安となる企業 X と，その逆のパターンの企業 Y があったとしよう。何らかの事情により，企業 X は変動金利での調達を望み，企業 Y は固定金利での調達を望んでいる場合，銀行などの金融機関が間に立って，両企業が調達金利を交換すれば互いにメリットを享受することができる。

　金融機関は取引先企業と実際はさまざまな金利スワップ取引を行っている。その際，金利変動リスクが生じた金融機関は，そのリス

---

1)　米ドル・英ポンドの金利スワップでも LIBOR が使われているが，ユーロの金利スワップの場合は EURIBOR（Euro InterBank Offered Rate）が一般的に使用されている。

クを相殺するために金利スワップ市場を通じて，他の金融機関と取引を行う。また，金融機関はさまざまな裁定取引や，金利見通しに基づくディーリングも行っている。

「固定金利の受取り・変動金利の支払い」になるほうを「レシーバー」，「固定金利の支払い・変動金利の受取り」になるほうを「ペイヤー」という。

金利スワップのレート（固定金利）は国債の利回りに強い影響を受けている。このため金利スワップ市場の参加者は常に国債の現物市場および先物市場の動向を注視している。国債の入札時には，証券会社などが入札のヘッジ手段として金利スワップを利用するケースも見られる。

1. 金利スワップの具体例

ここで，2年物の円─円・金利スワップを想定してみよう。A銀行を「固定金利の受取り・変動金利の支払い」，B銀行を「固定金利の支払い・変動金利の受取り」として，固定金利1％・想定元本100億円で約定した場合，実際にどのような資金の流れになるのかを見てみることにする。

現実の円─円・金利スワップ取引においては，固定金利は年365日ベース，変動金利は年360日ベースで計算されている。しかし，ここでは説明を単純化させるために，固定金利，変動金利ともに，1年を360日，半年（6カ月）を180日として計算してみよう。変動金利となる6カ月物LIBORが以下のように推移したと仮定する。

現在のLIBOR	0.6％
0.5年後のLIBOR	0.8％
1年後のLIBOR	1.0％
1.5年後のLIBOR	1.2％

6カ月物LIBORが以上のような場合，現在から0.5年後に，計算上，A銀行は0.6％の6カ月物LIBORの利息3000万円を支払い，B銀行は1.0％の固定金利（6カ月分）である5000万円を支払う。このため，実際は，差引き2000万円をB銀行がA銀行に支払うことになる。その後も含めた半年ごとの差金決済の流れは，次ページの表の通りになる。

第 9 章　短期金利デリバティブ市場　319

図　A銀行とB銀行の金利スワップ取引

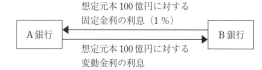

表　差金決済の流れ

(単位：万円)

	0.5 年後	1.0 年後	1.5 年後	2.0 年後	2 年間の合計
A 銀行	+2000	+1000	±0	-1000	+2000
B 銀行	-2000	-1000	±0	+1000	-2000

2.　取引高の推移

　東京市場におけるブローカー経由の金利スワップ取引高（想定元本，ドル換算，SPS を含み，OIS，FRA は含まない）の推移は以下の通りである（マネー・ブローカーズ・アソシエイション調べ）。

　2018 年の通貨別取引高を比較すると，ショート・ターム物においては，円―円が 68.9 %，ドル―ドルが 17.7 %，その他が 13.4 %だった。ミディアム・ターム物においては，円―円が 80.7 %，ドル―ドルが 12.5 %，円―ドルが 6.5 %，その他が 0.3 %だった。

　円―円のショート・ターム物の年間出来高（ドル換算）は，2003年に 5487 億ドル，04 年 4797 億ドル，05 年 7187 億ドルだったが，日銀が量的緩和策を解除した 06 年は劇的に増加し，6 兆 1688 億ドルになった。さらに，日銀の利上げに対する市場の予想が錯綜した 2007 年には 20 兆 358 億ドルへ達した。しかし，2008 年は 10 兆 1291 億ドルへ減少，低調な状態が続き，2013 年は 1 兆 6258 億ドル，14 年は 1 兆 2324 億ドル，15 年は 7747 億ドルだった。

　一方，円―円のミディアム・ターム物の出来高（ドル換算）は，2003 年 2 兆 2746 億ドル，04 年 2 兆 6201 億ドル，05 年 3 兆 4504 億ドル，06 年 4 兆 8266 億ドル，07 年 4 兆 9106 億ドル，08 年 5 兆 1952 億ドルと，増加を見せてきた。とはいえ，金利スワップ市場で非常に大きなプレーヤーだったリーマン・ブラザーズが 2008 年 9 月に破綻すると，市場は大きな混乱に陥った。ただし，同年 10 月の取引量は月間としてはそれ以前に比べ最高水準に近い 5418 億

ドルに増加している。リーマンを取引相手としていた金融機関は自分のポジションを新たにヘッジする必要に迫られた。その他にもリーマン破綻にともなうさまざまな取引が発生したため，いったん取引量が増加したのである。しかし，そういった動きがある程度一巡した同年11月以降，取引量は減少した。

その後，市場環境の回復に従って取引量も増加し，2013年には6兆7110億ドル，14年は6兆5531億ドルと豊富に取引されてきたが，15年，世界的な金融不安になると4兆2938億ドルに低下した。日銀がマイナス金利政策を決めた後，2016年3月の取引量は8187億ドルと，過去十数年で最大の月間取引高を記録した。その後，2018年は5兆158億ドルであった。

② 金融危機後の変化

2007年，サブプライム・ローン問題に端を発した金融危機は，国内の金利デリバティブ市場にも多大な影響を与えた。米リーマン・ブラザーズは，円—円スワップ市場において，1，2を争うメイン・プレーヤーであった。米リーマン・ブラザーズがデフォルトした後，同行とスワップ取引を契約していた金融機関は，その組換えに数週間を費やした。その間，飛び抜けて割安なレートでの取引が頻発した。その後，市場参加者間での信用リスクに対する相互不安が高まり，流動性が不健全化したことで，IRS-OISスプレッドやベーシス・スワップが急拡大した（後述）。

これらの変化は，それ以前の金融工学の前提理論を覆すこととなった。従来は，「ベーシス・スワップのスプレッドはゼロ」と仮定されていたが，スプレッドの拡大にともない，新しい評価方法の適応を強いられることとなったのである。金融危機以前の金融工学理論では，異なるテナー（インデックスとする金利の期間）の複数市場レート（スワップ，LIBOR，FRA等）から，単一のイールドカーブを構築することが可能と考えられていた。しかし，危機以後は，

評価すべきテナーごとに，複数のイールドカーブを構築しなければ
ならないと考えられるようになっている。

2. 世界金融危機時に当局が注目した「LIBOR-OIS スプレッド」

2007 年 8 月以降深刻化した世界的な金融システム危機において，
短期金融市場のストレスの強さを測る 1 つのメジャーとして，
「LIBOR-OIS スプレッド」が市場関係者や，各国金融当局，国際機
関などにおいて注目されてきた。期間 3 カ月の同スプレッドのケー
スを解説してみよう。

3 カ月物 LIBOR は，代表的なターム物金利である。それは，今
後 3 カ月の間に想定されるオーバーナイト金利の水準に，3 カ月と
いうターム（期間）の政策金利の見通しと，クレジット・リスクや
流動性リスクに対するプレミアムを上乗せしたものと考えることが
できる。一方，3 カ月のスポット物 OIS レートは，その通貨の今後
3 カ月間のオーバーナイト金利の推移を市場が予想したものであり，
オフバランス取引であることから，クレジット・リスクや流動性リ
スクに対する効果が，きわめて限定的である。したがって，前者か
ら後者を差し引けば，その通貨における流動性リスクとクレジッ
ト・リスクのプレミアムを大まかに算出することができる。

LIBOR-OIS スプレッドを見ることの利点としては，たとえば，3
カ月物 LIBOR が低下したときに，それが市場参加者間の中央銀行
の利下げ予想から生じたものなのか，インターバンク市場で高まっ
ていた緊張が緩んでプレミアムが縮小したことから生じたものなの
かを判断する材料になりうる点があげられる。

平常時においては 3 カ月物の LIBOR-OIS スプレッドは数ベーシ
ス・ポイントから 10 ベーシス・ポイント前後のことが多い。平時
のインターバンク市場では，金融機関は，互いの財務内容を信頼し
合った上で，無担保で巨額の資金を融通し合っている。しかし，金

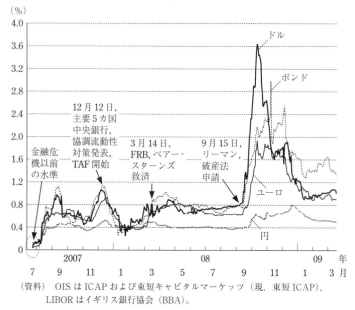

図9-3 主要通貨の3カ月物LIBOR-OISスプレッド

（資料）OISはICAPおよび東短キャピタルマーケッツ（現, 東短ICAP），LIBORはイギリス銀行協会（BBA）。

融システム危機のように，市場における参加者間の信頼が崩壊の危機に瀕すると，このスプレッドは跳ね上がることになる。

金融機関の財務状態がどの程度劣化しているのか互いに判別しにくい環境においては，市場で信用力に対する疑心暗鬼が高まり，取引期間が長くなるほどインターバンク市場で資金を貸すことが怖くなってくる。今日から明日のオーバーナイトの貸出しであればデフォルトが起きる確率は低くても，3カ月間の貸出しとなると資金が返ってこなくなるリスクを金融機関は意識せざるをえなくなる。その場合，3カ月物LIBORは3カ月物OISレートよりも大幅に高くなり，両者のスプレッドは急拡大する。

金融危機以後，LIBOR-OISスプレッドが急拡大したことで，市場では，IRS-OISのスプレッド取引が注目されるようになっていっ

た。

図 9-3 は，リーマン・ショック前後のドル，ユーロ，ポンド，円
のそれぞれの 3 カ月物 LIBOR-OIS スプレッドを表している。2007
年夏以降，ドル，ユーロ，ポンドのスプレッドが顕著に大きくなっ
た。当局の流動性対策等により一時小さくなる局面もあったが，
2008 年 9 月のリーマン・ショック直後にスプレッドは凄まじい勢
いで拡大した（円のスプレッドも拡大したが，他の主要通貨に比べれ
ば激しくなかった）。なお，LIBOR が 2021 年末で公表停止になれば，
市場の緊張を測る別の指標を探す必要が生じることになる。

3. ベーシス・スワップ
1 ベーシス・スワップとは

ベーシス・スワップとは，異なる種類（6 カ月物と 3 カ月物，
TIBOR と LIBOR 等）の変動金利同士を交換するスワップ取引であ
る。

3 カ月物 LIBOR と 6 カ月物 LIBOR のベーシス・スワップ取引
が主流である。「6v3 LIBOR」（シックス・スリーズ・ライボー）と
表示され，現在は 1 年から 40 年までの年限において JSCC での
清算が可能となっている。実際の取引では，6 カ月物 LIBOR＝3 カ
月物 LIBOR＋a における a が表示レートとなる（日数計算は
ACT/360 である）。

日本の商習慣として四半期（3 カ月）ごとの決算が主流である一
方で，IRS 市場において最も流動性が高い取引がプレーン・バニラ
（6 カ月物）であるため，その橋渡しとして利用される。また，近年
では，サムライ債を起債した金融機関が調達した円資金（6 カ月物）
を，ドル（3 カ月物）に転換する過程においての利用も，頻繁に観
察される。

また，1 カ月物 LIBOR と 3 カ月物 LIBOR や 6 カ月物 LIBOR と

の交換を行う「3v1 LIBOR」や「6v1 LIBOR」,日系を中心として,TIBOR をインデックスとするベーシス・スワップである「3v1 TIBOR」「6v3 TIBOR」「6v1 TIBOR」も,取引が行われている。さらに,3カ月物・6カ月物の,それぞれ TIBOR と LIBOR を交換する「TIBOR vs LIBOR スプレッド」も,盛んに取引が行われている。

② ベーシス・スワップの拡大とデフォルト・リスク

LIBOR は借り手となる銀行のデフォルト・リスクが織り込まれている値だと理解されている。そのことを念頭に置き,仮に,6カ月間を3カ月物 LIBOR で運用する場合と6カ月物 LIBOR で運用する場合とを比較してみよう。

① 3カ月物 LIBOR で運用する場合（前半3カ月間を3カ月物 LIBOR で運用し,3カ月後に再び3カ月物 LIBOR で運用する）——3カ月後に貸出先の信用力が低下していた場合,他の銀行に貸出先を変更することができる。

② 6カ月物 LIBOR で運用する場合——3カ月後に貸出先の信用力に低下があったとしても,変更することはできない。

上記からわかるように,6カ月物 LIBOR には3カ月物 LIBOR よりも大きなクレジット・リスク・プレミアムが乗せられている。金融危機以降に大きく広がったこのベーシス・スワップは,銀行の財務状況の改善や市場の透明化もあり,徐々に縮小してきている。リーマン・ショック以後,一時 0.23 ％にまで拡大していた1年 6v3 は,2016 年初旬には 0.03 ％前後にまで縮小した。

第3節　金融先物取引

金融先物取引（financial futures）の一般的な特徴として,以下の点があげられる。

① 相対取引である OTC デリバティブと異なり，取引所に上場されている。

② 取引相手（カウンターパーティ）が取引所になる。

③ 上場商品（先物）が対象とする原資産，限月，最低取引金額，取引単位，最終取引日などが規格化されている。

④ 反対売買により，建玉（ポジション）を相殺する（消す）ことができる。

⑤ 建玉を作った場合は，証拠金を差し入れる必要が生じる。日々の清算価格でポジションを値洗いし，必要が生じれば追加証拠金を差し入れる。

　短期金利金融先物は，金利ではなく価格（100から金利を差し引いたもの）で表示される。たとえば，金利が2.75％であれば，価格は100−2.75＝97.25，金利が0.45％であれば，価格は100−0.45＝99.55となる。このため，金利が上昇するとき価格は下落し，金利が低下するとき価格は上昇することになる。

1.　世界の短期金利金融先物の状況

　世界の主要な短期金利金融先物の市場規模を概観してみよう（以下に示す建玉の実績は，2013年9月は9月18日時点，15年9月は9月16日時点のものである）。

□　3カ月金利先物

　最も建玉が巨大なのはドル3カ月物LIBORを原資産とするユーロドル3カ月金利先物（CME上場）である。2015年9月の建玉は1109万枚と群を抜いて多い。その2年前の2013年9月は建玉が879万枚存在したので，この2年間で26％も増加したことになる。2012年9月に始まった量的緩和策第3弾（QE3）は13年12月のFOMCでテーパリング（縮小）が決定され，FRBは15年内の政策金利引上げを示唆していた。そのため，ドル短期金利のボラティリ

ティが増加したことが主因である。

ユーロドル3カ月金利先物が世界最大の短期金利金融先物となっているのは，ドルが基軸通貨であることに加え，原資産であるドル3カ月物 LIBOR が世界中のさまざまな金融取引（企業の借入金利の基準など）に使われていることが理由と考えられる。

その他の3カ月物の2015年9月の建玉を見ると，EURIBOR 3カ月金利先物（NYSE Liffe 上場）は39万枚，スターリング・ポンド3カ月金利先物（NYSE Liffe 上場）は328万枚，ユーロ円3カ月金利先物（東京金融取引所上場）は21万枚だった。2013年に比べ，スターリング・ポンド3カ月金利先物は増加した（＋17％）。一方で，ユーロ円3カ月金利先物の減少は激しく，50％減少した。

② オーバーナイト金利先物

オーバーナイト金利を対象とする金融先物として世界で最も成功した上場商品は，アメリカのフェデラル・ファンド30日金利先物（CBOT 上場）である。2015年9月の建玉は97万枚だった。これは，2013年9月の30万枚から3倍以上増加している。金融緩和策の縮小（テーパリング）と政策金利引上げ期待によるものであった。

ユーロの EONIA 1カ月金利先物（Eurex）は，2013年9月，15年9月のいずれも，建玉は0枚であった。NYSE Liffe は EONIA 3カ月金利先物を上場させているが，2015年5月上旬時点の建玉は約0枚である。ポンドの SONIA 金利先物は上場されていない。

2. 円短期金利先物の商品概要

表9-2が，東京金融取引所に上場されているユーロ円3カ月金利先物の商品概要である。ユーロ円3カ月金利先物には，それを対象としたオプション取引も上場されている。

表9-2　ユーロ円3カ月金利先物の商品概要

取引対象	全国銀行協会（JBA）が公表する期間3カ月のユーロ円TIBOR
取引単位	元本金額1億円
価格の表示方法	100から年利率（％，90/360日ベース）を差し引いた数値（小数点以下第3位〔1000分の5単位で表示〕）
最小変動幅・価値	0.005（0.005％）で1250円 （1億円×0.005％×90日/360日）
限月設定	四半期ごとの限月（3,6,9,12月限）を20限月（5年） 四半期以外のシリアル限月を直近2限月 [注]
取引最終日	限月第3水曜日の2営業日前
最終決済日	取引最終日の翌営業日
最終決済方法	差金決済
新たな限月の取引開始日	取引最終日の翌営業日
最終決済価格	JBAが取引最終日に公表する期間3カ月のユーロ円TIBORの小数点以下第3位未満を四捨五入したものを100から差し引いた数値
取引時間	午前8時30分～午前8時45分　　プレオープン 午前8時45分～午前11時30分　日中取引 午前11時30分～午後0時30分　取消し・数量削減専用時間 午後0時30分～午後3時30分　　日中取引 午後3時30分～午後8時00分　　夜間取引
取引最終日限月の取引時間	午前8時30分～午前8時45分　　プレオープン 午前8時45分～午前11時00分　日中取引

（注）　シリアル限月は，四半期限月を除いた月で設定する。たとえば4月1日時点では4月限，5月限，5月1日では5月限，7月限，6月1日では7月限，8月限となる。

（資料）　東京金融取引所。

3.　金融先物とOTCデリバティブ取引の比較

　短期金利の金融先物とOTCデリバティブは，短期金利の変動リスクをヘッジするためのデリバティブ取引という点では，類似した機能を持っている。それぞれが持っているメリットを整理，比較してみよう。

① 3カ月TIBORとオーバーナイト，SPS金利の差

ユーロ円3カ月金利先物は1989年6月に上場され，以降，日銀政策金利変更のヘッジ手段としても重要な役割を担ってきた。同先物の流動性は高く，大規模に取引を行うプレーヤーのニーズにも応えることができる。ただし，同先物の原資産である3カ月物TIBORと日銀政策金利のスプレッド（差）は一定ではない。このため，日銀政策金利の変動リスクを正確にヘッジしたい場合は，OISやSPS LIBORのほうが有用な面がある。実際，マイナス金利政策の施行が決定した後，日系銀行において預金や貸出しの基準金利として参考されているユーロ円TIBORよりも無担保コールO/N金利やSPS LIBORのほうが，先立って低下していった。後者を変動金利とするIRSのほうが，より実勢を反映していたといえる。

② 「既製品」か「オーダーメイド」か

金融先物は規格化された「既製品」である。利用者が売買できる対象は決められた限月の先物となっている。スタート日や期間を変更することはできない。しかし，規格化されているがゆえに，取引が集中して，流動性が厚くなりやすいという利点がある。

一方，OTCでの取引では，当事者間で合意すれば，「オーダーメイド」的に自由に取引条件（スタート日，期間など）を設定することが可能である。それゆえ，銀行・証券会社・機関投資家などのさまざまなニーズに取引を適応させることができる。ただし，あまりに取引が「オーダーメイド」化して個別取引の様相が強まると，流動性が低下して，反対取引を行ってポジションを閉じにくくなる恐れが出てくる。

そのため，過去にLIBORスワップを取引した際の変動金利（6カ月物LIBOR等）のうち，日付の違いで閉じにくくなった複数のポジションを抱える複数の取引参加者が集まり，日付と取引レートを融通し合いながらポジションを解消する電子取引（CMEグルー

プの RESET 社が提供する RESET 等）の活用も見られる。

③ 最低取引金額

ユーロ円 3 カ月金利先物の最低売買枚数である 1 枚の金額は 1 億円（想定元本）である。円 OIS の場合，想定元本の最低金額は当事者間で決めることができるが，一般的には 100 億円以上となっている。このため，取引所では難しい大口の取引をしたい場合は，金利先物より OIS や SPS 等の OTC のほうが利用しやすいといえる。

④ カウンターパーティ・リスク

金融先物は取引所に上場されているため，売買の相手方は取引所になる。このため，カウンターパーティ・リスクは原則考慮しなくてよい（取引所の会員がリスクをシェアしている）。一方，OIS は OTC デリバティブであり，取引の相手方は金融機関など市場参加者になる。また，OIS のプレーヤーは，金融先物と異なり，原則として証拠金の差入れや追証を請求されることはない。その分の資金負担や事務上の負担は軽くなるが，取引を開始する際には清算機関（LCH クリアネット，JSCC）の利用が義務づけられており，清算機関への参加者登録や取引ごとの清算費等の費用を負担しなくてはならない。

第 4 節　市場を取り巻く規制

1. 国内での規制対応

リーマン・ブラザーズの破綻直後，金融機関の間で相互に対する不信感が高まり，いくつかの店頭デリバティブ市場では流動性が著しく低下する事態が起きた。その影響は，国家や地域の枠組みを越えてグローバルに取引をされる店頭デリバティブ取引を介して，世界中へ伝搬された部分もあり，深刻な世界的金融危機となった。危機後，G20 各国では店頭デリバティブ取引におけるカウンターパー

ティ・リスク管理の重要性が強く認識されるようになり，中央清算機関（CCP）の利用を中心とし，電子取引基盤や取引情報蓄積義務の導入等の法規制の整備が進められるようになった。

さらには，今後，店頭デリバティブ市場に参加する各金融機関等が，取引の約定や照会，清算，決済という一連のフロー，さらにそれら取引情報の保存・報告を，より効率的かつ安全に行っていくためにも，STP（straight through processing）化していくことが期待されるようになった。

2009年9月，G20のピッツバーグ・サミットにおいて，デリバティブ市場をより安全にすることを目的として，店頭デリバティブ取引について次の3点が合意された。第1に，CCPの利用を義務づけ，清算を集中させること。第2に，取引情報の保存・報告を義務づけること。第3に，電子取引基盤の利用を義務づけることである。

アメリカではドット゠フランク法，ヨーロッパではEMIR（欧州市場インフラ規則）とMiFID（金融商品市場指令）が，新しい規制を制定した。

日本では，2010年に金融商品取引法が改正された。下記の通り，2012年11月より証拠金規制と清算集中義務，取引情報保存と取引情報蓄積機関（TR）への報告義務が施行され，15年9月1日には，電子取引基盤の使用が義務づけられた。危機的状況が生じた際のセーフティ・ネットとして期待されるが，過度な利用義務づけは市場の縮小を招くリスクがあるため，段階的に実施されていくこととなる。2019年の段階でも，各ブローキング・ハウスは独自の電子取引基盤を保有しているものの，ほぼ利用されていない。

① 中央清算機関（CCP）を通じた清算集中──2012年11月に，清算集中対象商品を清算する清算機関の直接参加者である大手証券会社などの金融商品取引業者（金商業者）を対象として施

行された。2015 年 1 月にはその対象者を拡大し,「店頭デリバティブ取引残高 1 兆円以上の金融商品取引業者等（金商業者等）」に清算集中義務が課され, 16 年 3 月 31 日時点では 23 社が JSCC の金利スワップ清算参加者となっている。2015 年 12 月には,「店頭デリバティブ取引残高 3000 億円以上の金商業者」まで清算集中義務が拡大し, 16 年 12 月には保険会社にも集中義務が課せられた。

　また, 清算機関を通さない取引に関する証拠金規制が敷かれたが, 現状の店頭市場では清算機関を通さない取引はほとんど見受けられない。

② 取引情報蓄積機関（TR）への報告——2012 年 11 月より取引情報に関する保存義務が実施され, 13 年 4 月より報告義務が課された。

③ 電子取引基盤（ETP）を通じた取引義務——取引の公平性・透明性を向上させるために, 一定の店頭デリバティブ取引を対象に, 電子取引基盤の使用が 2015 年 9 月 1 日より義務づけられた。2019 年 9 月現在では, その対象者は店頭デリバティブ取引の残高 6 兆円以上を有する金商業者に限られている。その対象商品はプレーン・バニラ型の円金利スワップの 5 年と 7 年, 10 年の年限のアウトライト取引に限られているが, 今後, 段階的に規制対象は拡大していくと見られる。

2. ポートフォリオ・コンプレッション

　民間発のカウンターパーティ・リスク削減サービスの利用も広がっている。TriOptima 社が運営するシステム「triResolve」「triReduce」は, 登録した金融機関のカウンターパーティ・クレジット・エクスポージャーを管理して相殺し, 彼らのポートフォリオを圧縮させている。

一般に，金利スワップ取引を満期前に解約することは困難である。それは，取引相手と解約料（時価評価額に相当）を相対で合意しなければならず，価格交渉が個別に必要となり，解約に至る前に市場が動いてしまう場合もあり，経済的合理性をともなうほどに多くの取引を解約することは非常に難しいためである。

そこで利用されているのが2003年にTriOptima社がサービスを開始したポートフォリオ・コンプレッションと呼ばれる集約型解約プロセスである。解約イベントを開催し，複数の金融機関から数千〜数万件の解約希望取引を集め，独自のアルゴリズムを用いたマッチングで大量の解約を一度に行う。ポートフォリオの残高を大幅に削減することで，信用リスク，事務処理コスト・リスク，自己資本規制上のリスク・アセット，カウンターパーティがデフォルトした際の法務・管理コスト等，さまざまなリスクとコストを削減できるメリットがある。金融機関間のみならず，LCH Swap Clear（LCH社）等のCCPも，コンプレッションに参加している。清算集中後の利払いやマージン（担保）のやりとりなどの業務コストを削減できるためである。

金利スワップ取引の場合，triReduceは19の通貨，100以上の金融機関に利用されている。OTCデリバティブのリスク管理をいかにして向上させるかという議論は，今後も高い関心を呼ぶものと思われる。

索　引

アルファベット

ABCP　208, 209
AI　→人工知能
annual payment　313
BIS〔国際決済銀行〕　87
BOJ Date OIS　307
BOJ 期間　308
bp　114
Brexit　→イギリスの EU 離脱
CCP　→中央清算機関
CD〔NCD, 譲渡性預金〕　121, 149,
　233
　——現先　242, 243
　——市場　4
　——市場の参加者　238
　——の最終投資家　239
　——の実質調達コスト　237
　——の譲渡手続き　244, 246
　——の譲渡方式　236
　——の商品性　235
　——の税制　237
　——の流通取扱高　246
　——発行金融機関　238
　——発行金利　4
　——発行残高　240
　——発行市場　237
　——発行レートの決定要因　239
　——流通業者〔流通取扱業者〕
　239, 243
　——流通市場　7, 241
　——流通市場における取引種類
　242
　——流通レートの決定要因　246

CLS　271, 284
CP〔コマーシャル・ペーパー〕　199,
　200, 233
　——アウトライト取引　217
　——および社債等買入オペ　76
　——買入オペ　218, 223, 226-228
　——格付け　208, 213
　——現先取引　217, 218
　——現先レート　221, 224
　——市場　4, 224
　——市場参加者　208
　——市場の最終投資家　211
　——ディーラー　206, 210, 222
　——等買現先オペ　71, 223, 227, 231
　——の引受業者　210
　——の法的位置づけ　203
　——売買の取引例　219
　——発行期間　206
　——発行金額　207
　——発行残高　215
　——発行市場　206, 224
　——発行者の要件　208
　——発行登録企業　208
　——発行のディスクロージャー
　208
　——発行方法　206
　——発行レート　227
　——発行レートの決定要因　213
　——流通市場　217, 224
　——流通市場の投資家　221
　——流通取扱高　223
　——流通レートの決定要因　221
サムライ——　201, 210
ショウグン——　201

政府保証—— 228
　ダイレクト—— 209
　手形—— 199, 200, 204
　電子—— 199
CPI〔消費者物価指数〕 66
　コア—— 66, 86
　コアコア—— 66
DD 取引 →ダイレクト・ディーリング取引
DVP 決済 111, 205
ECB〔欧州中央銀行〕 36
ELB 39, 45
EMIR〔欧州市場インフラ規則〕 330
ETF〔指数連動型上場投資信託〕 20, 77
　——購入増額 57
　——および J-REIT 買入オペ 76
ETP →電子取引基盤
FB〔政府短期証券〕 115, 149
　——の公募入札 119, 121
　——の発行方式 119
　——売却オペ 117
　——流通市場 7
　——を発行している会計 116
　3 カ月物—— 121
FOMC〔連邦公開市場委員会〕 12
FOP 決済 113
FRA 316
FRB〔アメリカ連邦準備制度理事会〕 12, 17, 43, 48, 74, 85
FX →外国為替証拠金取引
GC〔GC 取引，GC レポ取引〕 4, 13, 169, 192, 193
　——オファー・ニーズ 170
　——金利 173, 192
　銘柄後決め—— 162, 170, 171
GMRA 156
HFT →高頻度取引
IB 取引 →インターナショナル・ブロ

ーキング取引
IMM デート 307
IPA〔発行支払代理人〕 220
IRS →金利スワップ
IRS-OIS スプレッド〔円金利スワップ vs OIS スプレッド〕 310, 314, 320, 322
ISDA 304
ISIN コード 204
ISMA 156
JGBCC →日本国債清算機関
JOM〔日本のオフショア市場〕 4, 294
　——取引額の経過 297
　——取引の規制措置 301
　——取引の適用金利 299
　——取引の優遇措置 300
　——の参加者 296
　——の取引内容 296
JOM 勘定〔オフショア勘定，特別国際金融取引勘定〕 294-296
J-REIT〔日本版不動産投資信託〕 45
　ETF および——買入オペ 76
JSCC →日本証券クリアリング機構
LCH クリアネット 329
LCR →流動性カバレッジ比率
LIBOR〔ロンドン銀行間取引金利〕 8, 299, 315, 317, 323, 324
　——-OIS スプレッド 321
　SPS—— 328
　TIBOR vs ——スプレッド 324
　3 カ月物—— 321
　6v3 —— 323
　ドル 3 カ月物—— 326
　ポスト—— 305
LSAP →大規模資産購入策
M&A 253
MiFID〔金融商品市場指令〕 330
MMF〔マネー・マーケット・ファン

ド〕　32

modified following　313

MRF〔マネー・リザーブ・ファンド〕
　55

NCD　→CD

OIS　304, 315

　──市場　4

　──レート　306

　IRS-──スプレッド　310, 314, 320,
　322

　LIBOR-──スプレッド　321

　円──　329

　円──市場の参加者　306

　円──市場の出来高推移　305

　円──取引の期間　314

　円──取引の計算例　311

　円──取引の種類　307

　円──のスポット取引　307

　円──の取引金額　314

　3カ月のスポット物──レート
　321

O/N　→オーバーナイト

OTCデリバティブ　303, 315, 325, 327,
　329

　──取引の固定金利の刻み幅　310

PSA〔全米証券業協会〕　166

PTS　143

QE　→量的緩和政策

QQE　→量的・質的金融緩和政策

QQE II　→黒田バズーカ第2弾

REIT〔不動産投資信託〕　210

RTGS〔即時グロス決済〕　8

　次世代──　102

SC〔SC取引，スペシャル〕　4, 169,
　173, 192

　──金利　173

SLF　→国債補完供給オペ

SPC　→特定（特別）目的会社

SPS取引　315, 317

SSI　271

STP化　197, 205, 330

TB〔割引短期国庫債券〕　115, 117,
　149, 233

　──第1回債　118

TBMA　156

TFX　→東京金融取引所

TIBOR〔東京銀行間取引金利〕　8,
　122, 317

　── vs LIBOR スプレッド　324

TONAR　3

TR　→取引情報蓄積機関

TRTN　270, 280

TTB　265

TTM　→仲値

TTS　265

Tビル　→国庫短期証券

WI取引　→発行日前取引

YCC　→イールドカーブ・コントロー
　ル

ZIRB〔ゼロ金利制約〕　45

あ　行

相対通貨　284

アウトライト取引　→先物為替取引

アグリー　282

揚　超　→受超

アジア通貨危機　251

アセット・アプローチ説　261

アービトラージ　→裁定取引

アベノミクス　254

アメリカ財務省証券〔米Tビル〕
　132

アルゴリズム取引　276

イギリスのEU離脱〔Brexit〕　57,
　255

異次元緩和策　48, 50, 192, 254

一次流通市場　→発行市場

一括清算条項　156, 166

一般勘定取引　294
一般投資家　212
イールドカーブ〔金利曲線〕　49, 61,
　308, 320
　逆——　213, 255, 308
　順——　309
イールドカーブ・コントロール〔YCC〕
　48, 59, 74, 130, 193
インターナショナル・ブローキング取引
　〔IB取引〕　266
インターバンク市場〔銀行間市場〕
　2, 89, 242, 321
　——取引要綱　101
インデックス・レート　304, 311, 316,
　317
インプライド金利　299
インフレ目標　15, 17, 86
　——の事実上の柔軟化　59
　広義の——　15
インフレ率の安定　→物価の安定
受超〔揚超〕　21
売戻しまたは買戻し特約付きの売買
　148
エクスポージャー　157, 166
円—円スワップ　303, 317, 318
円金利スワップ vs OIS スプレッド
　→ IRS-OIS スプレッド
円調達利回り　130
円　転　290
円　投　290, 291
円安効果の限界　67
オイル・ショック　234, 250
応札責任　137
欧州債務危機　127, 252, 253
大口信用供与規制　296
オッド・エンド物　98
オッド・スタート物　98
オーバーシュート型コミットメント
　62, 64

オーバーナイト金利　20, 304, 321
　——先物　326
オーバーナイト取引　3
オーバーナイト物　94, 99
オ　フ　99, 268
オファー　99, 169, 268
オフショア勘定　→ JOM 勘定
オフショア市場　294
　日本の——　→ JOM
オフバランス取引〔簿外取引〕　304
オープン・エンド取引　107, 160, 167,
　187, 191
オープン市場　3, 7, 139, 148, 242
オペレーショナル・リスク　263
オペレーション〔オペ，公開市場操作，
　市場操作〕　9, 18, 32
　日本銀行の——　69
オペレーション・ツイスト　48
主な意見　12

か　行

外貨 NCD 取引　294
外貨コール勘定　→国内外貨取引
外貨資金供給オペ　78
外貨調達　130, 132
外国為替〔為替〕　256
　——相場の変動要因　261
　——取引の種類　264
　——取引の取引単位　265
　——取引のリスク　263
　——の表示方法　257
外国為替及び外国貿易法　259
外国為替決済専門銀行　271
外国為替公認銀行制度　259
外国為替資金特別会計　80
外国為替市場　249, 256
　——の構成　258
　——の取引用語　267
　海外の主要な——　273

東京——　256, 266
　東京——の取引時間　266
外国為替市場介入　→介入
外国為替証拠金取引〔FX〕　258, 275
外国通貨建て　258
回転売買　211
介入〔外国為替市場介入，為替平衡操作，
　市場介入〕　22, 259, 262
　委託——　262
　協調——　262
　通常——　262
　覆面〔ステルス〕——　75, 262
買戻契約　148
カウンターパーティ・リスク　329
　——削減サービス　331
確定日付料　246
貸出支援基金　82
　——オペ　55, 79
貸出増加を支援するための資金供給
　79
カスタマー・トレード　280
カットオフ・タイム　158
株価形成　77
空売り　151
借換債　117
カレント銘柄　174
為　替　→外国為替
為替心理説　261
為替スワップ取引　→フォワード取引
為替ブローカー　259, 260, 267
為替平衡操作　→介入
為替変動のリスク・ヘッジ　286
為替予約　279, 286
還収超　21
カントリー・リスク　→地政学リスク
企業金融支援特別オペ　227, 228
機　構　→証券保管振替機構
期　先　279
基軸通貨　252, 257, 284

期日物　99
基準担保金率　167
議事要旨　12
議事録　13
規制金利政策　7
基礎残高　54, 92, 193
期待〔市場の予想〕　14
　——のチャネル　42
期待インフレ率　63
期　近　279
ギブン　270
希望価格較差　73
希望利回較差　73
期末初物　98
キャッシュ潰し　124
キャッシュ・マネジメント・システム
　209
キャッシュ物　→当日物
キャップ効果　83, 85
キャリー・トレード　252, 290, 291
　円——　291
共通担保資金供給オペ　70, 227, 228,
　232
　固定金利方式・——　59, 71
強力な金融緩和継続のための枠組み強化
　63
銀行借入れ　200
銀行券の還収　21
銀行券の発行　20
銀行券要因〔日銀券要因〕　18, 20, 24,
　27
金銭消費貸借取引　90
金兌換制度　249
金本位制　249
金融工学理論　320
金融先物　303, 324
金融市場　2
　——の自由化・国際化　7
金融情勢　59

金融商品取引法　212, 330
金融政策決定会合　9, 12
　――間取引　307, 314
金融政策手段　31
金融政策正常化策　→出口政策
金融政策の副作用　226
金融調節　18, 31
　――方針　9
金融引締め　64
金利裁定取引　289, 290
金利裁定の算出式　293
金利スワップ〔IRS〕　280, 303, 313,
　316, 317, 328, 332
　――取引高の推移　319
　――のレート　318
　狭義の――　303, 304
　広義の――　303
金利正常化　226
金利操作　76
クォート　258, 267, 268
クレジット・ライン　99
クレジット・リスク　321, 324
クロス・デフォルト条項　156
黒田バズーカ　50
　――第2弾〔QQE II〕　51, 128
経常収支　261
月間所要積数　33
月間所要平残　33
現金担保付債券貸借取引〔現担レポ取引,
　日本版レポ〕　147, 149, 154, 158,
　163, 164, 188
　――の利金　191
現金担保の規制　152
現先市場　149
現先取引　155
現担レポ取引　→現金担保付債券貸借取
　引
公開市場操作　→オペレーション
公社債店頭売買参考統計値　145

構造改革　16
公定歩合　7, 9, 83
購買力平価説　259
公表レート　265
高頻度取引〔HFT〕　253, 262, 276
顧客電信売買仲値　→仲値
国債売現先オペ　72
国債買入オペ〔輪番オペ〕　72, 170,
　192
　固定利回りによる――〔指値オペ〕
　59, 193, 194
国債買現先オペ　71
国債管理政策　176
国債系オペレーション　192, 193
国債決済期間短縮（T+1）化　147,
　150, 151, 161
国債決済制度改革　153
国債現先オペ　150
国債資金同時受渡システム〔国債 DVP
　システム〕　111
国債市場　60, 132, 151, 192
　――のモラル・ハザード　175
国債市場特別参加者制度　136
国債市場特別参加者・第 I 非価格競争入
　札　131
国債市場特別参加者・第 II 非価格競争入
　札　138
国際収支　261
　――説　259
国債の買入れ　52
国債の大量発行　7, 234
国債売却オペ〔売切オペ〕　74
国債発行方式　176
国債引受シンジケート団　137
国債振替決済制度　111, 134
国債補完供給オペ〔SLF〕　79, 174,
　175, 192
国債保有残高　130
国内外貨取引〔外貨コール勘定〕　294

索　引　339

コグニティブ・コンピューティング
　　277
国民経済の健全な発展　14, 62
個人証拠金為替取引　274
国庫短期証券〔Ｔビル〕　3, 115, 121,
　　128, 192, 193, 211
　　——買入オペ　72, 170, 192
　　——市場　3, 132
　　——市場の動向　121
　　——の根拠法　131
　　——の商品性　134
　　——の税制　135
　　——の発行条件　131
　　——の発行方法　134
　　——売買オペ　145
　　——発行市場　136
　　——流通市場　139
　　——流通市場の業者間市場　143
　　——流通市場の参加者　140
固定金利　318
固定相場制　249
コード・オブ・コンダクト　264
コマーシャル・ペーパー　→ CP
コリドー・システム　74, 85
コール市場　3, 7, 89, 155, 170, 211
　　——参加者　92
　　——残高　90
コンダクト・リスク　264
コンチネンタル・ターム　258
コンファーム　270, 280
コンファメーション・スリップ　271

さ　行

債券現先市場　7
債券現先取引〔債券等の条件付売買〕
　　147, 148, 181
　　——に関する契約書　161
　　——の取引参加者　155
　　——の取引対象債券　155

　　——の取引フロー　155
　　——の法的位置づけ　155
　　——の利金　160, 188
債券貸借市場　151
債券貸借取引　163
　　——に関する基本契約書　168
　　——の取引参加者　166
　　——の取引対象債券　165
　　——の取引フロー　164
　　——の法的位置づけ　163
　　——の利金　168
債券等の現先取引に関する基本契約書
　　161, 218
債券等の条件付売買　→債券現先取引
債券レポ　147
　　——市場の決済　177
　　——市場の参加者　194
　　——市場の動向　191
　　——市場の取引の流れ　196
　　——取引　147
　　——取引の利用形態　169
最後の貸し手　43
財政等要因　18, 21, 22, 24, 27
裁定取引〔アービトラージ〕　92, 276
先日付物　94, 99
先物為替取引〔アウトライト取引〕
　　264, 287
先物為替レート　287
差金決済　304, 313, 317
指値オペ　→国債買入オペ（固定利回り
　　による国債買入オペ）
サブスティテューション〔銘柄差替え〕
　　159, 185
サブプライム・ローン問題　253, 286
サムライ債　323
3カ月金利先物　325
参照レート　180
時間軸政策　→フォワード・ガイダンス
直先スプレッド　283, 293

——の算出式　284, 285
——の変動要因　285
直物為替レート〔スポット・レート〕
　　283
直物取引〔スポット取引〕　264, 280
資金過不足　18, 91
　　——パターン　26, 27
　　——要因　20
資金吸収　72, 175
資金供給　70
　　金融危機対応としての——　228
資金繰りのノウハウ　39
資金繰りのラスト・リゾート　92
資金決済　19
資金需給構造　234
資金需給日足予想　26
資金需給要因　25
資金取引　170
資金のすくみ　105
資金不足要因　21
資金余剰要因　21
シグナリング・オペ　71
自国通貨建て　257
資産買入等の基金　73, 76
市場介入　→介入
市場価格変動リスク　→マーケット・リ
　　スク
市場操作　→オペレーション
質的緩和策　→信用緩和策
時点ネット決済　103
支払準備制度　31
資本収支　261
指名債権譲渡方式　236
社債買入オペ　228
ジャパン・プレミアム　123, 288
住宅価格　68
10年物アメリカ国債利回り　261
10年物国債利金利〔10年金利〕　75, 193
　　——の変動許容幅拡大　63

集約型解約プロセス　332
需要の前借り効果　46
準備預金　20
　　——残高　13
　　——所要額　36
　　——制度　30, 237
　　——率　30, 32
証券保管振替機構〔機構〕　203, 215
証拠金規制　330
譲渡性預金　→ CD
少人数私募形式　206
消費寄託契約　163
消費者物価指数　→ CPI
消費税　25
消費性向　68
ショート・ターム　317
新現先取引　150
　　—— Best Practice Guide　158
人工知能〔AI〕　277
進捗率乖離幅　37
新日銀ネット　103
信用緩和策〔質的緩和策〕　43-45, 50
信用秩序の維持　62
信用のアロケーション　87
信用リスク　263
信　頼　2
スイス・ショック　254
スクエア　262
スクリーン・ビジネス　280
スタート利含み売買単価　160
スタート・レート　→建値
ストップ・ロス　274
スペキュレーション　→投機
スポット取引　→直物取引
スポット物　98
スポット・レート　→直物為替レート
スポネ　98
スミソニアン合意　250
スムージング効果　263

索　引　341

スワップ金利　275
スワップ取引　303
政策委員　9
政策金利　9, 304
　　——の見通し　321
政策金利残高　20, 55, 92, 193
　　完全裁定後の——　56, 64
清算集中義務　330
生産年齢人口の減少　68
成長基盤強化を支援するための資金供給
　　〔成長基盤強化オペ〕　79
　　——・米ドル特則　80
政府短期証券　→FB
税率変更　25
セカンダリー市場　→流通市場
ゼロ金利政策　39, 122
総括的な検証　58
総需要刺激策〔景気対策〕　43
想定元本　304
ゾンビ企業　68

　た　行

大規模資産購入策〔LSAP〕　43, 48
貸借市場　149
対民収支　21
代用有価証券担保付債券貸借取引
　　147, 165, 173, 176
ダイレクト・ディーリング取引〔DD取
　　引〕　107
諸成的消費貸借契約　163
建値〔スタート・レート〕　282
ターム・プレミアム　87
ターム物　3
　　——金利　13, 321
　　有担保の——取引　3
ダン　99
短期オペ　70
短期金融市場　→マネー・マーケット
短期金融市場取引活性化研究会〔短取

研〕　103
短期金利　9, 19, 193
　　——の事実上の下限　39
　　——の平準化　32, 36
　　——の変動リスク　327
短期金利金融先物　325, 327
短期金利デリバティブ取引　303
短期国債金利　120
短期国債市場　120
短期社債　4, 199, 203
　　——のメリット　204
短期社債振替口座　217
短期社債振替システム　202
短期社債振替制度　199
短期投資法人債　210
短資会社　5, 99, 242
短資取引担保センター　8, 111
短資取引約定確認システム〔約確システ
　　ム〕　104, 106
短取研　→短期金融市場取引活性化研究
　　会
担保の受渡し　111
チェンジ　268
地政学リスク〔カントリー・リスク〕
　　263
チーペスト銘柄　174, 195
中央銀行　11, 86, 262
　　——当座預金残高　41
　　——のバランスシートの資産サイド
　　44
　　——のバランスシートの負債サイド
　　41
中央清算機関〔CCP〕　177, 330, 332
中長期的な物価安定の理解　15
中立調節　37, 85
超過準備　35, 37, 42
長期金利　60, 193, 261
　　——誘導政策　47
長期国債買入れ　49

――オペ　42
長期・資本市場　2
超金融緩和策の長期化　61
長短金利操作付き量的・質的金融緩和政
　策　59, 128, 193, 194
長短金利の操作方針　59
超長期金利　60
直接金融　200
賃　金　66
追加緩和　59
通貨スワップ　128, 132, 303
通貨戦争　47
通貨の種類　256
通貨ペア　256
通常会合　12
通常口　103, 113
積立不足　36
低インフレの構造的要因　66
定期預金　233, 234
テイクン　270
ディシジョン効果　263
ディープ・ラーニング　277
定率公募残額日銀引受方式　117
ディール　271
手形売出オペ　72
手形買入オペ　70
手形売買市場　3
手形レス取引　108
適格担保取扱基本要領　70
適合的な期待形成　58
出口政策〔金融政策正常化策〕　30,
　42, 74
テナー　320
テーパリング　77
　ステルス・――　75
デフォルト・リスク　324
デフレ脱却と持続的な経済成長の実現の
　ための政府・日本銀行の政策連携に
　ついて　16

デリバリー・リスク　204
テレフォン・マーケット　244, 256
電子取引　328
電子取引基盤〔ETP〕の使用義務づけ
　330
電子プラットフォーム　197
電子ブローキング　272, 280
　――・システム　256
店頭デリバティブ市場　329
展望レポート　58, 86
テンポラリー・オペ　143
テンポラリー資金吸収オペ　72
テンポラリー資金供給オペ　41, 70
投機〔スペキュレーション〕　262, 286
東京金融取引所〔TFX〕　307
東京ドル・コール市場　294
東京レポ・レート　173
同時・後積み混合方式　35
同時決済口　103
当日物〔キャッシュ物〕　94, 99
当面の長期国債等の買入れの運営につい
　て　73
特定投資家　212
特定（特別）目的会社〔SPC〕　209
特別国際金融取引勘定　→ JOM 勘定
ドット＝フランク法　280, 330
トムネ　94
トモロウ物　94
取引情報蓄積機関〔TR〕への報告義務
　330
取引情報保存　330
ドル円ベーシス・スプレッド　132
ドル・ディスカウント　132
ドル―ドル・スワップ　317

な　行

内外遮断措置　301
内国為替　256
仲値〔TTM, 顧客電信売買仲値〕

265
二次流通市場　→流通市場
2000 年問題　122
日銀券要因　→銀行券要因
日銀券ルール　73
日銀トレード　132
日中コール市場　89
日中コール取引　113
日中の当座貸越し　105
日中流動性の節約　105
日本銀行
　──の外貨資産　80
　──のバランスシートの正常化　74
　──の目的　14
日本銀行政策委員会　9
日本銀行当座預金　18
　──口座　103
　──残高　13, 18
日本銀行法　9
日本国債清算機関〔JGBCC〕　141
日本証券業協会　161
日本証券クリアリング機構〔JSCC〕
　140, 141, 177, 329
日本政策金融公庫　228
日本政策投資銀行の CP 買入れ　228
日本版ビッグバン　149
日本版レポ　→現金担保付債券貸借取引
入　札　136
入超規制　296
ニューヨーク・ターム　258
値洗い　157, 166
ネッティング取引　105
年末初物　98
納税方法　25
残り所要平残　37

は　行

売買金額算出比率　159
バイラテラル・ネッティング　105

バックアップ・ライン　208
発行市場〔一次流通市場，プライマリー
　市場〕　136
発行超　21
発行日前取引〔WI 取引〕　139
パーマネント資金供給オペ〔買切オペ〕
　72
払　超　21
パリバ・ショック　126
半日物コール　113
非価格競争入札　136
東日本大震災　253
被災地金融機関を支援するための資金供
　給オペ　77
ヒット　270
ビッド　99, 170, 268
非伝統的金融政策　39
人手不足　69
非利含み現先　161
ファーム・オーダー制　99
ファンダメンタルズ　60
フェイル　177
　──・チャージ　180
　エンド・──　179
　スタート・──　178
フェデラル・ファンド金利　43
フェデラル・ファンド 30 日金利先物
　326
フォワード・ガイダンス〔時間軸政策〕
　40, 48, 50
　カレンダー式の──　41
　条件式の──　41
　政策金利の──　64
　マネタリー・ベース拡大に関する──
　64
フォワード市場の構成者　280
フォワード取引〔為替スワップ取引〕
　279
　──の決済方法　284

——の取引例　282
——の目的　286
——を利用した資金調達の方法
　290
複利元利合計　312
複利金利　311
札割れ　42
物価安定の目途　16
物価安定目標　16, 17
物価水準　67
物価の安定〔インフレ率の安定〕　14,
　62
プライマリー市場　→発行市場
プライマリー・ディーラー　170
——制度　136
プラザ合意　250
フラッシュ・クラッシュ　276
振替国債　134
ブレット取引　313
ブレトンウッズ体制　249
プレーン・バニラ　304, 323
フロア効果　84, 85
フロア・システム　73, 74, 85
ブローカーズ・ブローカー　143
ブローカレッジ　267
ペアオフ　→ペイメント・ネッティング
　（バイラテラルのペイメント・ネッ
　ティング）
ヘアカット　158, 167, 182, 189
ベアリングズ事件　153, 154
米Tビル　→アメリカ財務省証券
平均残高方式　36
米中貿易戦争　255
米ドル資金供給オペ　79, 80
ペイメント・ネッティング
　異額面の——　177
　バイラテラルの——〔ペアオフ〕
　177
ペイヤー　318

ベーシス・スワップ　303, 315, 320,
　323
ベスト・プライス　269
ヘッジ　279
ヘッジ・ファンド　252
ペーパーレス化　199, 201
返金先行ルール　105
変動金利　315, 317
変動相場制　250
ボイス・ブローキング　273, 280
貿易収支　261
法定所要額　33
簿外取引　→オフバランス取引
補完貸付制度〔ロンバート型貸出し〕
　83
補完当座預金制度　84, 194
ポートフォリオ・コンプレッション
　332
ポートフォリオ・リバランス　130
本人確認の強化　212, 248

ま　行

マイナス金利　215, 254
　——取引対応　91
マイナス金利政策〔マイナス金利付き量
　的・質的金融緩和政策〕　20, 39,
　45, 46, 53, 90, 92, 128, 132, 192, 224,
　225, 293, 305, 308
　3階層式——　54
マイン　268
マクロ加算残高　54, 92, 193
　——の基準比率　55
マーケット・アイザー　284
マーケット・プレイヤー　267
マーケット・メーカー　267
マーケット・リスク〔市場価格変動リス
　ク〕　263
マージン・コール　157, 166, 179, 183,
　190

索 引 345

マスター・アグリーメント 166, 304
マチュリティ・デイト 316
末初物 98
マネー 2
マネタリー・ベース 41, 49, 192, 193
　——・コントロール 49
マネー・ポジション 92, 93
マネー・マーケット〔短期金融市場〕
　　1, 2
　——のストレス 321
　東京—— 2, 7
　日本の—— 4
マリー 259
マルチラテラル・ネッティング 177
ミディアム・ターム 317
見直し 35
無担保コール・オーバーナイト金利
　　3, 4, 9, 13, 14, 304, 328
　——誘導目標 9
無担保コール・オーバーナイト取引加重
　　平均レートの確報値 311
無担保コール市場 3, 89
無担保コール取引 94
　——の期間 94
　——の資金決済 102
　——の取引単位 98
　——の取引レートの刻み幅 98
　——の媒介手数料 109
無担保コール利息 108
無担保債券貸借取引 147, 164, 173,
　　176
　銘柄後決め方式 161
モメンタム 59

や 行

約定当日スタート 109
約束手形 199
家賃 68
約確システム →短資取引約定確認シス

テム
ユアーズ 268
有価証券 199, 236
　——信託〔レポ信託〕 194
　——取引税 149
融通債 116
有担保コール市場 3, 89
　——の残高 109
有担保コール・ディーリング（オファ
　　ー・ビッド） 109
有担保コール・ディーリング（気配値）
　　110
有担保コール取引 109
　——の期間 110
　——の種類 109
　——の担保 111
　——の取引単位 110
　——の取引レートの刻み幅 110
　——の媒介手数料 113
有担保コール・ブローキング 110
有担保コール利息 113
有利子負債 206
ユーロ 251
ユーロ円 TIBOR 299, 328
ユーロ円 3 カ月金利先物 307, 310,
　　316, 326, 328, 329
ユーロドル 3 カ月金利先物 325
預金保険制度 237, 240

ら 行

ライン・チェック 99
ライン・フル 99
落札責任 137
リオープン発行 176
リーズ・アンド・ラグズ 262
リスク・アセット 77
リスク・コントロール条項 166
リスク・プレミアム 87, 228
リバーサル・レート 61

リパトリエーション　253
利含み現先　160, 188
リプライシング〔再評価取引〕　159,
　　182, 184
リーマン・ショック　43, 126, 227, 228,
　　253, 323
流通市場〔セカンダリー市場，二次流通
　　市場〕　139
流動性カバレッジ比率〔LCR〕　207
流動性供給入札　174
流動性クランチ　2
流動性指標　239
流動性節約機能　103, 105
流動性リスク　263, 321
量的緩和解除　124, 305, 319
量的緩和政策〔QE〕　41, 45, 50, 123,
　　124
　　——の効果　43
　　狭義の——　41, 43, 45
　　広義の——　41, 48, 126
量的・質的金融緩和政策〔QQE〕　19,
　　37, 42, 45, 49, 63, 73, 77, 128, 130, 192
　　——補完措置　52

リンク・マン　260
輪番オペ　→国債買入オペ
レギュラー・エンド物　98
レギュラー・スタート物　197
レギュラー・ターム　279
レシーバー　318
レッド・オーシャン　68
レピュテーション・リスク　264
レポ・オペ　150
レポ市場　3, 4, 92, 109
レポ信託　→有価証券信託
レポ取引　4, 147, 154, 155, 166
レポ・レート　164
ロシア経済危機　251
ローリング決済　153
ロンバート型貸出し　→補完貸付制度
ロンバート・レート　127
ローン・ポジション　93

わ　行

割引短期国債　115
割引短期国庫債券　→ TB
ワンタッチスルー・ブラインド　196

東京マネー・マーケット〔第8版〕
Introduction to Tokyo Money Market〔8th edition〕 〈有斐閣選書〉

1983年 3月30日	初　版第1刷発行
1985年12月20日	新　版第1刷発行
1988年11月25日	第3版第1刷発行
1992年 5月20日	第4版第1刷発行
1996年 4月10日	第5版第1刷発行
2002年 8月10日	第6版第1刷発行
2009年 5月25日	第7版第1刷発行
2019年11月20日	第8版第1刷発行
2024年 4月20日	第8版第4刷発行

編　者　東短リサーチ株式会社

編集代表　加　藤　　　出

発行者　江　草　貞　治

発行所　株式会社　有　斐　閣
郵便番号 101-0051
東京都千代田区神田神保町 2-17
https://www.yuhikaku.co.jp/

印刷／萩原印刷株式会社・製本／大口製本印刷株式会社
©2019, The Totan Research Co., Ltd. Printed in Japan
落丁・乱丁本はお取替えいたします。

★定価はカバーに表示してあります
ISBN 978-4-641-28145-5

JCOPY　本書の無断複写（コピー）は、著作権法上での例外を除き、禁じられています。複写される場合は、そのつど事前に（一社）出版者著作権管理機構（電話03-5244-5088, FAX03-5244-5089, e-mail：info@jcopy.or.jp）の許諾を得てください。